★

1946-1950

国共生死决战全纪录

刘晶林◎著

聚歼天津卫

长城出版社

图书在版编目（CIP）数据

聚歼天津卫/刘晶林著. - 北京：长城出版社，2011.4
(国共生死决战全纪录丛书)
ISBN 978-7-5483-0080-9
Ⅰ. ①聚… Ⅱ. ①刘… Ⅲ. ①平津战役（1948～1949）- 史料 Ⅳ. ① E297.4

中国版本图书馆 CIP 数据核字（2011）第 070582 号

责任编辑/徐 华 箫 笛

聚歼天津卫

著　　者/刘晶林
图　　片/解放军画报社授权出版 gettyimages 授权出版
　　　　资深档案专家王铭石先生供稿
出　　版/长城出版社
地　　址/北京甘家口三里河路 40 号
邮　　编/100037
电　　话/(010) 66817982 66817587
开　　本/720 × 1000mm 1/16
字　　数/280 千字
印　　张/20 印张
印　　刷/北京龙跃印务有限公司
版　　次/2011 年 4 月第 1 版
印　　次/2014 年 3 月第 2 次印刷

标准书号/ISBN 978-7-5483-0080-9/E · 1011
定　　价/49.80 元

解读国共生死大较量的历史

重温先辈们激情燃烧的岁月

① 1949.1.14~15

敌我双方交战示意图

天津战役要图

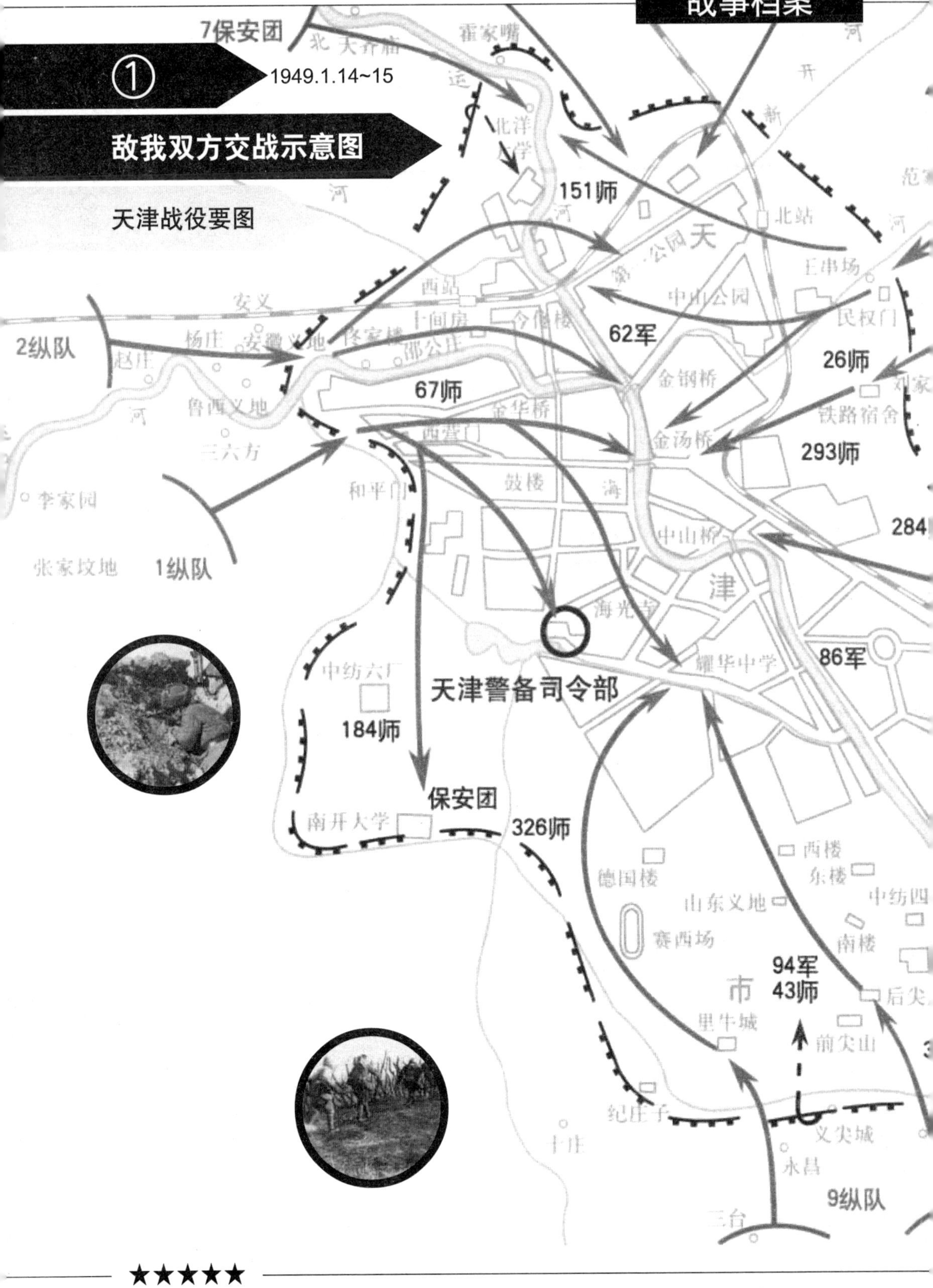

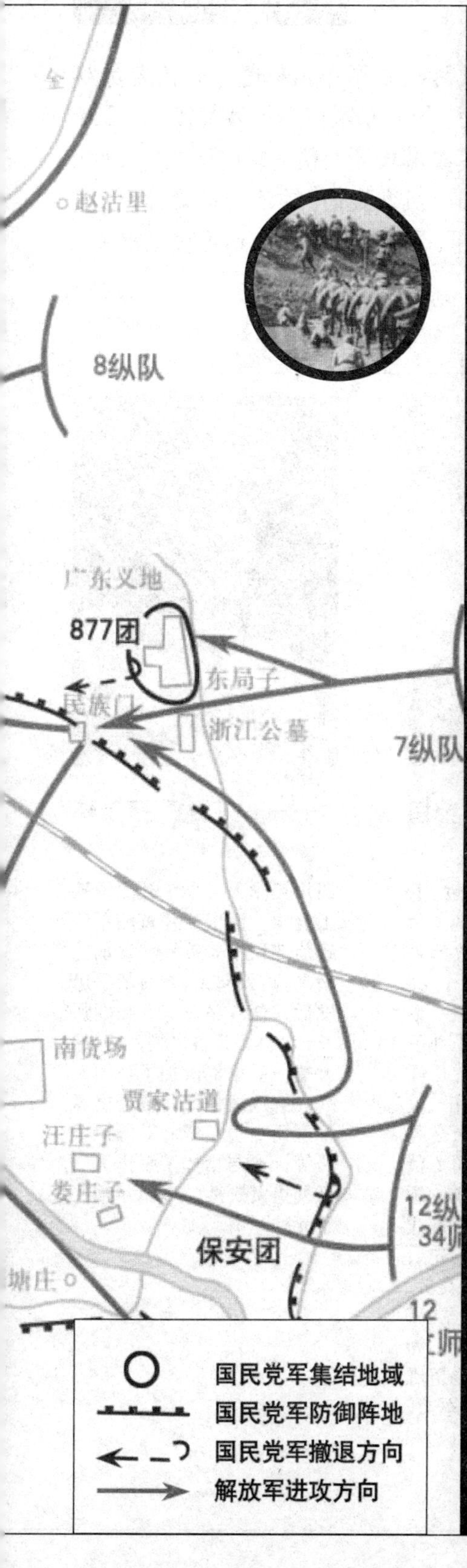

② 作战时间

1949 年 1 月 2 日～15 日

③ 作战地点

华北第二大城市——天津

④ 敌我双方参战兵力

我军：

东北野战军第 1、第 2、第 7、第 8、第 9 纵队和特种兵纵队大部及第 6、第 12 纵队各 1 个师，共 22 个师 34 万人。

敌军：

国民党天津警备司令部、第 62 军（欠 1 个师）、第 86 军等部 10 个师，连同非正规军 13 万余人。

⑤ 作战结果及意义

我军经 29 小时激战，歼灭全部守军 13 万余人，生俘国民党军天津警备司令部中将陈长捷，敌 62 军军长林伟俦，敌 86 军军长刘云瀚。天津战役是解放战争中最大的城市攻坚战之一，也是人民解放军步兵、炮兵、装甲兵、工程兵等诸兵种大规模的协同作战。同时对拒不投降之敌坚决彻底地消灭，毛泽东称其为“天津方式”。

⑥ 我军主要指挥官

东北野战军司令员林彪、政治委员罗荣桓，华北军区司令员聂荣臻，东北野战军参谋长刘亚楼，东北野战军第1纵队司令员李天佑、政治委员梁必业，第7纵队司令员邓华、政治委员吴富善。

★林　彪

湖北黄冈人。黄埔四期毕业。早年参加国民政府举行的第二次北伐。土地革命战争时期历任连长、团长、纵队长等职，参加了南昌起义和井冈山革命根据地的反“围剿”斗争。抗日战争时期，任八路军115师师长，指挥所部取得平型关大捷。抗战胜利后转赴东北，先后任东北人民自治军总司令、东北民主联军总司令、东北野战军司令员等职，参与指挥了辽沈、平津等重大战役。1955年被授予元帅军衔。

★罗荣桓

湖南衡山人。早年参加过“五卅”反帝爱国运动。土地革命战争时期曾任红4军政治委员，红一军团、红八军团、红五军团政治部主任等职，参加了中央苏区反“围剿”斗争和长征。抗日战争时期，历任八路军115师政治部主任、政治委员，山东军政委员会委员兼书记，山东军区司令员兼政治委员、代军长等职，领导部队的党政军工作。抗战胜利后率部进军东北，先后任东北民主联军副政治委员、东北野战军政治委员等职，参与指挥了辽沈等战役。为人谦厚，曾三次与林彪搭班子。1955年被授予元帅军衔。

★聂荣臻

四川江津人。早年赴法国勤工俭学。回国后任黄埔军校政治部秘书兼教官。参加过南昌、广州起义。抗日战争爆发后，任八路军115师副师长，与林彪指挥平型关战役，大捷。后率部参加了百团大战。解放战争期间任晋察冀军区司令员，华北军区司令员等，参与指挥了平津等一系列重大战役。1955年被授予元帅军衔。

★ 刘亚楼

福建武平人。1929年参加中国工农红军，历任团政治委员，师政治部主任、政治委员等职，参加了中央苏区历次反“围剿”和长征。1936年入抗日红军大学学习，1939年赴苏联，1945年8月随苏联红军进入中国东北地区对日作战。解放战争期间，任东北民主联军参谋长、东北野战军参谋长等，参与组织了辽沈、平津等战役。1955年被授予上将军衔。

★ 李天佑

时任东北野战军第1纵队司令员。1955年被授予上将军衔。

★ 梁必业

时任东北野战军第1纵队政治委员。1955年被授予中将军衔。

★ 邓 华

时任东北野战军第7纵队司令员。1955年被授予上将军衔。

★ 吴富善

时任东北野战军第7纵队政治委员。1955年被授予中将军衔。

⑦

敌军主要指挥官

国民党天津警备司令陈长捷、副司令兼第62军军长林伟俦，第86军军长刘云翰。

★ 陈长捷

福建闽侯人。国民党军陆军中将。1919年毕业于保定军官学校。先后于晋军中任排长、连长、团长、代理团长、旅长、师长等职。1936年7月，任晋军第72师师长。抗战时期，任第61军军长兼第72师师长，第13集团军副总司令，第6集团军总司令，伊克昭盟守备军总司令，兰州补给司令等职。1947年，任西北行营第八补给区司令。1948年，任天津警备司令部司令。1949年1月在平津战役中被解放军俘虏。

★ 林伟俦

广东台山人。国民党陆军中将。黄埔军校毕业。曾任国民党第1教导师4团团长，159师475旅副旅长兼95团团长，第12集团军151师中将师长。1947后升任第62军军长、天津警备司令、津浦铁路北段护路司令兼津沧“绥靖”区指挥官。1948年底任第17兵团副司令，天津警备司令部副司令兼第62军军长。1949年1月在天津战役中被俘。

★ 刘云翰

江西大庾人。国民党陆军中将。国民党中央陆军军官学校毕业。1946年任国防部第一厅副厅长、第五厅厅长。1948年6月任陆军新编第5军军长。1948年任第86军军长。1949年1月，在天津战役中被俘。不久，脱身南逃。1949年10月后去台湾。

★★★★★

目 录

第四章　一团永远理不清的乱麻 / 106

一根藤，缠着一棵树，向上不断地攀援。树想摆脱藤的纠缠，不停地舞动枝干却总不能得逞。直至某一天，藤把树缠绕死了。

失去生命的树虽然立着，却成为一根干柴。此后，攀得很高的藤失去依托便枯萎了。树死于对手。藤，死于自身。

第五章　鸽子的翅膀轻轻拍打着流云 / 132

天高。地阔。一条弯弯曲曲的小路，十分艰难地伸向远方，好像要把天与地连接起来。终于，一阵轻风掠过，一个小小的、浅浅的身影出现了。

它一点一点地成长壮大，一点一点地变得清晰起来，一点一点地走进我们正在讲述的这个故事……

目 录

第六章 伸出你的手来，拉你一把 / 162

很大的一棵树。树下坐着一位老人。

老人仰起脸往上望去，看见天空被茂密的枝叶切成许多碎块。那些不规则的细碎天空，是在向老人暗示着什么？

风风雨雨、曲曲折折……老人都经历过。他把一切装在了心里。因此，他显得十分平静，亦显得很有力量。这个老人，就是岁月。

第七章 横扫千军如卷席 / 194

山坡上，一位年轻的将军，骑着一匹白马，目光穿越手中的望远镜，如鹰，朝着远方展翅疾飞。太阳升起。阳光将将军的轮廓镀得锃亮锃亮。将军一动不动地站在那里。他看见了什么？他在思考着什么？不久，将军转过身来，扬鞭催马，迅速离去。此刻，即使将军的马跑得再快，也走不出那一页辉煌的战争历史……

第八章 当炮火映红历史的天空 / 226

“轰隆”一声，大炮发出愤怒的吼叫。强烈的后坐力，使炮身一晃，随后，炮栓迅速把弹壳“咣当”退了出来。此时，一缕淡淡的青烟从空弹壳敞口处徐徐往外冒着，而金灿灿的弹壳躺在地上，一动不动。 大炮仍在发射。天津外围战仍在进行。炮口所指的方向，天空红如胭脂……

第九章 人民英雄纪念碑浮雕上的人们 / 252

太阳的桂冠放金辉／月亮的桂冠闪银辉／士兵的桂冠是什么／火焰铸成铁钢盔／钢盔它带在头颅上／紧紧地贴着英雄眉／士兵的桂冠最豪迈／托起祖国山和水／年轻的头颅最高贵／戴得起光荣和壮美／士兵的桂冠像什么／阳光催开向日葵

——摘自歌曲《士兵的桂冠》

第十章 风展红旗如画 / 278

战斗继续进行着。

在这城市的上空，硝烟弥漫，化作大朵云彩腾起；爆炸产生的光芒闪耀四方。当这一切消失之后，一个战士把一杆红旗插在这座城市的废墟上。这时，云开日出，阳光下的红旗，分外醒目！

第一章

利剑出鞘，刀锋铮铮作响

★★★★★

∧ 1948 年，毛泽东在西柏坡。

20世纪40年代末，华北风起云涌。
国共双方的统帅们都将目光投向这片土地。一场大战即将爆发。这是一场正义与非正义之间的较量，也是一次智者与非智者之间的角逐。
一次走向光明或是黑暗的艰难抉择，摆在了历史的面前。
问苍茫大地，谁主沉浮？

1. 于无声处听惊雷

这是一个不眠之夜。

西柏坡。灯光下，身穿旧棉袄的毛泽东，敞着怀，一手习惯性地掐在腰间，一手夹着一支点燃的香烟，正入神地看着挂在墙上的一幅巨大的作战地图。

毛泽东站在地图前多时了。他的目光在那些用等高线标出的崇山峻岭中不知疲倦地行走着。地图上的河流、山峦、村庄、田野……在毛泽东眼里，已不再是平面的、没有生命的，而是立体的、鲜活的。毛泽东熟悉它们，就像熟悉自己的掌纹。

也许是太投入的缘故，毛泽东竟然忘了吸烟。那只香烟在毛泽东的指间一点一点地缩短，缕缕淡蓝色的烟云，像是他的有形思绪，在空中缓缓升腾。

此时，寒风一阵阵刮来，把门窗轻轻摇响。那细碎的响声，使夜晚显得格外寂静。

这是1948年的冬天。

早在数月之前，也就是这一年的春天，毛泽东正是站在这张巨大的作战地图前，勾画出了先解决东北，后拿下华北的战略决战的宏伟蓝图。毛泽东说了："在今冬解决东北问题。东北解决了，我军可以入关，最后解决傅作义。"不曾想，辽沈战役的胜利比预料的还要快、还要早，冬季尚不到一半的时间，仅用52天，就歼灭了卫立煌集团的1个"剿总"总部，1个指挥所，4个兵团部，11个军部，36个整师（旅），非正规军9个师（总队），共45个师，总计47万人。辽沈战役的胜利，不但改变了敌我军事力量的对比，使得国民党军队减少至290万人，我军增至300万人，而且大大加速了中国革命战争的历史进程。现在，东北既然解决了，那么，解决华北必然成为毛泽东和中央军委迫切需要考虑的问题。

在蒋介石的6大战略集团中，卫立煌集团和刘峙集团已经被我东北野战军歼灭，剩下的4个，是西北的胡宗南集团和华中的白崇禧集团，以及华北的傅作义和阎锡山两个集团。解决华北问题，就是要解决傅作义和阎锡山，解放北平、天津、太原等城市。为此，毛泽东曾设想先取归绥，再夺太原，消灭阎锡山；接着，集中华北部队和东北野战军主力，拿下北平、天津，吃掉傅作义。

但这仅是毛泽东的初步设想，后来，这个设想，由于形势变化，而发生了改变。

1948年11月6日，淮海战役打响。尽管我华东野战军在粟裕将军的指挥下，围追黄百韬兵团，打得蒋介石心里直疼，但在淮海战场敌我双方的兵力对比中，我军毕竟不占优势。这样一来，蒋介石便抱着一线希望，试图从华北抽兵增援徐州的刘峙集团以继续扩大这种优势。毛泽东和中央军委考虑到华北的傅作义部队不仅有西撤绥远或南撤江南的机会，还有增援国民党徐蚌战场的可能。在这种形势下，“抑留傅的部队于平、张、津、保地区，以等我东北主力入关协同华北力量彻底消灭该敌”，便显得十分重要。这一考虑后来成为我军平津战役中总的作战意图和整体设想。

鉴于此，攻击归绥的计划随即取消，目的是为了稳住傅作义，不使傅作义的部队在增援归绥时顺势西退绥远。

那么，太原还打不打？

此时的毛泽东仍旧主张撤围归绥，集中兵力夺取太原。11月9日，在周恩来起草、毛泽东修改的一封电报中，中共中央的统帅们是这样部署的：

（甲）杨、罗、耿即率2兵团之3、4两纵和第4旅，于戌真起秘密移至阜平地区整补7天，戌哿开始向太原地区移动，准备亥东起参加太原作战，并受、徐周指挥，争取于亥删以前攻克太原。

可是仅过6天，即11月15日，林彪、罗荣桓、刘亚楼电致中央军委和毛泽东，提出了相反意见，建议“暂不攻太原”。

林彪等人的理由是，徐向前、周士第1兵团和杨得志、罗瑞卿2兵团“两部目前既未正式总攻太原，亦可暂不攻太原，而集中力

> 解放战争初期的林彪。天津战役发起前，他对中央决定攻打太原的决定表示了不同的看法。

量迅速包围保定或张家口（除留一部监视太原外）”。“在这两处中何处敌人较多较可能达到包围的目的，则包围何处，切断其与北平的联络。对所包围之敌，采取围而不攻的办法，以达到拖住敌人的目的。使傅作义及其部署之中央军，既不能撤手南下，亦不能撤退绥远，亦不能集中兵力守天津（这一可能也是存在的，他可钳制我军行动，而又随时可能从海上安全撤退）或守北平。如我不攻城，他来增援则便于我军歼灭，等到东北部队南下后，再同时合力发动攻势，歼灭全部敌人。”

林彪等人还认为：“太原已成死城，在我军歼灭傅作义及其所属之中央军后，届时可随时轻易拿（下）。故太原之敌横直可歼灭的，并可有意留在打了平津之后作为那时无仗可打时的目标。”

毛泽东收到这封电报后，在地图前已经站了很久。

毛泽东在思考。

为了解决华北问题，毛泽东曾设想过要打三个战役，即打归绥，打太原，最后进行平津战役。可是战场形势发生了变化，为了抑留傅作义，是否撤围归绥尚显不够，还需要留下太原暂时不打，才能将戏做足，把傅作义拴在华北？

想到这儿，毛泽东忽然觉得手指间发热，低头一看，原来香烟已经快燃尽了，便连忙吸了几口，把烟头揿灭在烟灰缸里。

随后，毛泽东两手掐腰，在屋里来回踱步。

林彪等人的电报，毛泽东看了不止一遍。他觉得颇有道理。

林彪善战，且不囿于常规所限。这正是毛泽东比较欣赏他的一个方面。当年长征路上，毛泽东令林彪领一支部队，两天半内竞相夺取160公里之外的泸定桥。结果林彪不按章法食宿，强令部队昼夜兼程，抵达目的地，冒着枪林弹雨飞夺泸定桥，创造了红军战史中的一页灿烂辉煌。抗战初期，林彪率115师首战平型关，痛击侵略者，打破了“皇军不可战胜”的神话，让国人为之一震。进入解放战争后，林彪越战越勇，率11万“多山头部队”去东北，转眼之间，便由弱到强，羽毛翼满，在消灭了蒋介石百万精锐部队的同时，则把自己迅速发展成了百万雄师……毛泽东本身思维就很活跃，从来电中，他认为林彪等人的视角独特，值得认真考虑。

按理说，作为东北野战军的司令员，一般情况下，关于华北战事，不在林彪的考虑范围之内。林彪等人之所以越权，来电建议不打太原，则与毛泽东的支持与鼓励分不开。毕竟大战在即，且此战关系到整个中国的命运，毛泽东希望在决策的过程中，能够听到不同的声音。于是，11月7日，他特地在一封电报中提出，中央军委和华北军区应将傅作义部的全盘动态一一通报给林彪等人。正是在此前提下，由周恩来亲自起草的一封关于抑留傅作义部队不使西退也不使南撤的电文，引发了林彪等人的思考。为此，林彪等人来电提出了如下建议：

∧ 平型关战斗中，八路军115师的重机枪阵地。

平型关大捷

位于山西省东北部繁峙县城东北65公里处，自明朝起平型关城与内长城相接，成为内长城关口之一。平型关据恒山东麓，滹沱河谷贴山脚而过，为南北交通要冲。1937年9月25日，八路军115师于平型关东北5公里处山沟中伏击日军第5师团第21旅团一部，歼灭日军1,000余人，被称作平型关大捷，为抗战爆发后中国军队打的第一个大胜仗，极大地鼓舞了全国抗日军民的士气。

∧ 抗日战争时期，时任八路军115师师长的林彪（前骑马者）与时任115师副师长的聂荣臻等策马奔赴前线。

第一，暂不攻太原，就使傅作义很难做出南撤的决定。这实际上是稳住傅作义固守平津的措施。

第二，集中华北我军主力包围保定或张家口。这也是防止傅作义南撤或西退的措施，包围保定，堵截了傅作义南撤的道路；包围张家口，堵截了傅作义西退绥远的通道。

第三，采取围而不攻的办法，拖住敌人。如敌军增援，我则打援；敌军不增援，我则围困。使傅作义既不能撤手南下，又不能西退绥远。这是稳住傅作义固守平津的进一步的措施……

应当说，这个电报来得非常及时，阐述也非常到位。毛泽东发觉他已经被林彪等人说服了。他的思路开始从一个方向，朝着另一个方向转移。

这里出现了一种可能性。

毛泽东深知，任何一种可能，都是尚未实现的现实；而任何一种现实，都是已经实现了的可能。

于是，毛泽东在思考，如何将这种可能性变成现实。

与此同时，毛泽东对来电中的“围而不攻”发生了极大的兴趣。

毛泽东在看到这四个字时，目光倏地一亮。后来，毛泽东由这四个字，引发了一系列联想，以至于联想的结果，让他的思维一步步向位于远方的纵深地带走去……接下来，“围而不打”，“隔而不围”这八个字，渐渐在毛泽东的脑海里变得清晰起来。

这时，天已渐亮。

谁家的院墙上一只雄鸡引吭高歌，嘹亮的声音，从窗外传了进来。

闻听鸡鸣，毛泽东搓了搓脸，自言自语道：“又一天开始了！”

这是1948年11月16日。

在这新的一天里，毛泽东致电徐向前、周士第。毛泽东说，估计到太原攻克过早，有使傅作义感到孤立，自动放弃平、津、张、唐南撤，或分别向西、向南撤退，增加尔后歼灭的困难，请你们考虑下列方针是否可行：“再打一二个星期，将外围要点攻占若干并确实控制机场，即停止攻击，进行政治攻势。部队固守已得阵地，就地休整。待明年一月上旬东北我军入关攻击平、津时，你们再攻太原。”

也就是说，毛泽东已经接受了林彪、罗荣桓、刘亚楼“暂不攻太原”的建议。

然而，毛泽东在作出这一重大决策时，清醒地意识到，撤围归

∧ 美国为了帮助蒋介石发动内战，向国民党政府派驻了军事顾问团。左为顾问团团长巴大维，右为美国驻华大使司徒雷登。

绥、缓攻太原，只能对傅作义迅速逃跑起到心理上的阻碍作用，却不能从根本上解决问题，因为傅作义一旦决定放弃平津，就目前我华北部队的实力，仍难以阻挡得住。

毛泽东心里明白，一方面，华北有60多万敌人，他们不管跑到哪里，将来都会对我们不利。我们必须把他们就地歼灭。另一方面，我华北野战军40万人，要想包围或阻拦60万敌军的逃跑，并歼灭他们，就好比小锅炖全羊，困难实在是太大了。

怎么办？

这是一道难题，摆在了毛泽东的面前。

然而，毛泽东毕竟是毛泽东，当他的目光停留在华北的时候，并没有忽略东北。在东北，有我百万大军形成的一柄高悬于敌人头顶随时都可以劈下来的利剑。据悉，辽沈战役刚刚结束，曾一度支持卫立煌的美国驻华联合军事顾问团团长巴大维连声哀叹："满洲和它的30万左右最优秀的军队的丧失，是对国民党政府的一个令人吃惊的打击。就我看来，军队的丧失是最严重的结果，这实在是国军死亡的开端。共军增添了有36万人的军力，现在可以自由行动，进攻关内，对华北因此不可能有任何保全的希望。"瞧，就连美国人都看出了这步棋，那么，兵贵神速，东北野战军便马上入关好了！这样一来，东北野战军与华北部队携起手来，共同发动平津战役，看傅作义还能往哪里逃？！

毛泽东是伟大的军事家，同时，也是激情澎湃的诗人。一想到一声令下，百万大军闻风而动，立即起程，浩浩荡荡，大举入关，毛泽东便禁不住豪情满怀。在毛泽东的想像中，那该是一幅怎样的壮观的情景啊，是大风起兮，云飞扬？还是横扫千军如卷席？那铁流滚滚的宏伟气势，足以用惊天地、泣鬼神来形容了！

即日，也就是11月16日，毛泽东经与朱德、周恩来等人商定，给林彪、罗荣桓、刘亚楼发了一封电报。

毛泽东在电报中说："我们曾考虑过你们主力早日入关，包围津沽、唐山，在包围态势下进行休整，则敌无从从海上逃跑。"

此时的毛泽东，用商量的语气，告诉林彪等人，中央军委决定东北野战军提前入关。

至此，那柄高悬于蒋傅军队头顶的利剑，终于要劈下来了！

至此，中国革命战争的进程，已纳入了快速的轨道！

当电波从西柏坡发出，以一道无形的弧线划破寂静的天空，飞向远方的白山黑水时，整个华北，面对历史的回音壁，你听到了什么？

此处无声胜有声啊！

2. 瞬间美丽过后

这是一个不眠之夜。

北平。傅作义在他“剿匪”总司令部宽敞的办公室里来回踱步。傅作义有个习惯，喜欢思考问题时把两只手分别掐在棉裤的后腰处。这样一来，他的胸便挺得很直。于是，傅作义以标准的军人姿势，挺着胸，在屋里来来回回很有规律地走动着。木地板在他的脚下发出一阵阵节奏感很强的嘎吱嘎吱的声响。

在这个夜晚，傅作义已经踱步多时了。

傅作义从南京飞回北平，迫不及待地做了两件事：

一件是密令军需处长将他的一部分私人钱财，通过作汽车生意的美国商人甘成恩，以在天津付款，香港交货的方式，购买大量的汽车轮胎，进行倒手，将财产转移到香港。傅作义日常生活极其俭朴。他不吸烟，不喝酒，不赌博，不跳舞，着装和士兵一样，扎腰带，打绑腿；在饮食上，讲究清淡，每餐分别以白菜、豆腐、山药、鸡蛋为主，尤其偏爱吃家乡的没碱馒头和小米稀饭……但这一切并不妨碍他有钱。眼下，华北战事迫在眉睫，傅作义即使再忙，也要把自己多年的积蓄安置妥当。

另一件事是派副官将家眷刘芸生和几个子女送往重庆。当傅作义把这个决定告诉夫人刘芸生时，他尽量使自己的语气平静下来，仅是故作轻松地说：“你带孩子们到南方去吧，那里天气暖和。去了，不要着急，好好玩玩。等开春了，再回来。”他怕说重了，吓着夫人。毕竟形势严峻。不久之前，偌大一个东北，好端端不到两个月时间，就被卫立煌折腾得一败涂地，最后连根带梢整个儿交给了共产党。虽说南边还有刘峙，可刘伯承、邓小平、陈毅、粟裕率领的大军，正张开铁臂向他合围。刘峙能逃过这一劫吗？据悉，东北失利后，美国驻华大使司徒雷登曾召集美国在华联合军事顾问团高级人员及各兵种武官开会，讨论国民党政府的军事形势，尤其是华北战局。这位大使认为：鉴于局势的再度恶化，中国或是美国都不能得到采取军事措施的充分时间以挽回军事局势。在华北地区，傅作义不能抵挡共产党在华北所能集中的力量对他的进攻……瞧，就连美国驻华大使司徒雷登都这样悲观，傅作义不能不防啊！傅作义需要做必要的准备，安排好夫人与孩子，以免除后顾之忧。

现在，这两件事都办妥了，接下来傅作义需要着重考虑的是针对华北的军事形势，

∧ 1948 年 11 月 2 日，我军解放沈阳。沈阳人民集会游行，庆祝全东北解放。

∧ 蒋介石与傅作义在北平。

制定相应的对策。

此时，夜已经很深了。

傅作义仍在屋里不知疲倦地来回踱步。灯光把他的影子忽而投向身后，忽而抛向身前。于是，那个黑黢黢的影子总是跟着他，频频地晃动。

1948年11月2日，解放军占领沈阳，宣告国民党在东北的战事以失败告终。蒋介石得此噩耗，痛苦之余，当即决定于11月4日在南京召开高级军事会议，研究军事形势，以便制定华北地区的防御方针。

傅作义参加了这次会议。

傅作义得知，美国人对华北战局趋于悲观。美国驻华联合军事顾问团团长巴大维口无遮挡，竟然在不该说的场合说出了这样的话。他说："满洲和它的30万左右最优秀的军队的丧失，是对国民党政府的一个令人吃惊的打击。就我看来，军队的丧失是最严重的结果，这实在是国军死亡的开端。共军增添了36万人的军力，现在可以自由行动，进攻关内，对华北因此不可能有任何保全的希望。”美国驻华大使司徒雷登随后竟也面无表情地说：东北的失败是“国民党最后一连串军事失利的开始”。

不过，尽管如此，美国人对傅作义还是挺够意思的。据傅作义所知，美国“国会中有人认为掌握华北兵权的傅作义是一位第一流的军人”，“以为傅氏颇有可为，征诸过去事迹，为欲遏共党，径与傅氏签订援助契约”。正是在这样一种背景之下，司徒雷登曾于9月中旬承诺直接向傅作义提供两个军的武器装备，过后虽然被蒋介石拒绝，但东北失利，情况发生了变化，蒋介石转而又同意了由傅作义直接从美国人那里接受援助。这是一件让傅作义十分高兴的事情。

与美国人的看法不同，蒋介石一方面认为，目前的军事形势是抗战结束以来最严重的时刻，另一方面却觉得，东北虽然失利，但在关内政治、经济、军事等各方面的基础却并未动摇，与共产党的实力相比较，国民党仍然居于优势。于是，蒋介石不止一次地强调：“东北战事虽告失利，但共匪主力尚难遽予华北局势直接威胁”，“华北国军战意战力均佳，且已有坚强部署，共军窜犯占不了便宜去”。蒋介石还认为：“傅总司令作战精神与战略之运用，均极勇敢周备”，只是“适时加强战力，整个战局无虞”。

而对于华北局势，傅作义却有着自己的主张。傅作义虽然意识到“东北不保，华北亦难独存”，但毕竟他有强大的军事实力，共军一时又能奈他如何？所以，当傅作义来到南京，由何应钦在傅作义的下榻处，转达了蒋介石关于内定傅作义为东南军政长官，华北的部队全部从海上南撤的意见后，傅作义在会上提出了不同的看法。

傅作义面对蒋介石，义正词严，积极主战。

他说，我对华北局面还不像人们说的那么悲观，我自信还有扭转华北危局的办法。

他说，固守华北是全局，退守江南是偏安，历史的教训值得深思，也免得被外国人耻笑。

他说，非万不得已时，不应南撤。

他说，我们完全可以固守平、津、塘、沽，依海作战。

他说，在东北野战军入关之前，他可以再扩充20万至50万军队，加固津塘80公里弧形阵地，以完善平津防御体系……

傅作义的一番慷慨陈词，竟让蒋介石对于北平和天津究竟是放弃还是固守，犹豫不决，举棋不定。从南撤的角度来讲，目前傅作义的部队是他惟一能够调动的机动兵力。徐州的刘峙，要是万一经不住“共匪”华东、中原两大野战军的联合打击，丢了徐蚌，南京、上海便岌岌可危。那么，傅作义的移师，对于加强长江防线，无疑至关重要。然而，换一个角度讲，傅作义抬腿就走，往南一撤，就等于放弃平津，一枪不放，就把整个华北轻而易举地送给了“共军”，这让他咽不下这口窝囊气不说，还必将在政治上引发地震，动摇人心。再说，傅作义的数十万人马也不是你想撤，就可以顺顺当当安安全全撤走的。你想，如果从陆上走，解放区和黄河天险，注定是道拦路虎；如果从海上行，也并非易事，人多船少且不说，渤海湾冰冻期将至，老天爷实在是不帮这个忙啊！于是，蒋介石见傅作义力主固守平津，反倒动了心，最后决定顺从傅作义，在华北地区采取“暂守平津，控制海口，扩充实力，确保津沽”的方针。为此，会议结束时，蒋介石握着傅作义的手，十分动情地说，宜生，华北拜托给你了；党国的命运，也拜托给你了！记住，务必要以一部分兵力守备北平，以主力确保天津，一旦华北不能支持，立即由海上南撤。

其实，傅作义主战，是他小算盘打得精的结果。傅作义不愿意离开绥远。在他的部队中，绝大多数官兵均是绥远人。绥远是他起家的根据地，他的命脉所在。一旦离开绥远，离开那片热土，他这棵大树就没了根，蒋介石会随时随地把他和他的部队吃掉。蒋介石集团派系林立，傅作义不是他的嫡系。所以，南撤，对于傅作义，就是死路一条。

而坚守平津，情况就不同了，一是美国政府不愿意放弃它在华北的政治、经济和军事利益，愿意为傅作义投资，花大本钱，提供武器装备等物资，以及1,600万美金的援助；二是一旦打起仗来，万一局势不妙，他傅作义随时可以西去绥远，或从海上开溜；三是还有一条不便透露的退路，那就是罢战求和，保存实力。傅作义懂得政治斗争的作用，既然蒋介石已无力挽回败局，他何必去当殉葬品呢！

于是，回到北平之后，傅作义在兵力部署上，并未按蒋介石的旨意，将主力集中于津、唐、塘地区，而是将自己的嫡系部队17个师置于平绥路东段和北平以西一带，为必要时西撤绥远留一手；将蒋系部队的25个师配置在北宁线平津唐段和北平以东地区，阻挡“东北虎”入关，并保持海上通道的畅通无阻……如此一来，傅作义摆出了长达500公里的长蛇阵，蛇头在唐山、天津，蛇腹在北平，蛇尾则甩向了宣化、张家口。

傅作义喜欢这条“长蛇”。他知道世上没有龙。所谓龙，是人们根据蛇想像而来。后来龙就成了历代帝王的象征。由此，傅作义相信他摆出的这条龙一样的“长蛇”阵，一定能够在这决定命运的紧要关头，大显神通，给他带来好运！

傅作义继续把手掐在棉裤后腰里，挺着胸，在屋里来回走着。

门被推开，勤务兵悄悄地走了进来，给傅作义倒了一杯热茶，放在桌上，然后悄悄离去。

办公室里仍旧只有傅作义一个人。

傅作义在边踱步边思考问题。

他在想，一条兼顾东逃西撤的“一字长蛇阵”已经布好，争取在三四个月内扩军20万人的任务已经交给河北省主席楚溪春和保安司令陈光斗，并且正在落实之中。而各防守区主官的人事安排也已就绪……至于兵力部署方面，蒋介石对他没有放弃张家口，相反还在张家口设立了一个防区，不太满意。蒋介石明确认为，要“以固守海口为主”。蒋介石令傅作义“以主力保守塘沽、大沽、天津”，“确实控制一个海口”。可是傅作义不买他的账。傅作义所作的部署表明，能战则战，一旦战局不利，到了非走不可的时候，他的部队便通过张家口，西撤绥远，而蒋系的部队，则可移至塘沽海口，从那里通过海运进行南撤。这是傅作义必须坚守的一条事关他的部队生死存亡的底线。除此之外，傅作义想来想去，觉得似乎没有什么漏洞了，他已经把固守平津的计划实施得十分完美。

尤其让傅作义放心的是，东北的“共军”不会立即入关，这样一来，在华北，他的部队与“共军”的部队相比，兵力上他占有很大的优势。傅作义认为，东北的“共军”经过辽沈战役，消耗过大，如果没有四五个月的休整和补充，绝对是入不了关的。对此，傅作义的手下，津塘防区中将副司令、天津警备司令陈长捷也同意他的看法。陈长捷的观点是：“最可顾虑的是东北解放军的入关。但估计经一度大会战后，需要一段时间的休整，从战争史实看，都得3个月以后才能举行另一次会战。现在东北解放军要消化辽沈的大战果，从事扩展，或者半年才能大举行动。”陈长捷是福建人，17岁时入保定军官学校，毕业后在阎锡山的晋军中任职，因为得罪了阎锡山而被傅作义收留。从此，陈长捷跟定傅作义，成了傅作义的嫡系。1948年6月，傅作义特地将陈长捷由兰州调来华北，出任了天津警备司令。所以，陈长捷关于东北“共军”暂时不会入关的言论，傅作义十分爱听。但傅作义此时忽略了一点，既战争的规律，不仅具有普遍性，还有特殊

晋　军 ——————————————————————————▲—

山西军阀阎锡山的部队，1911年阎锡山任山西都督时建立。1926年阎联合张作霖击败西北军，进占绥远（今并入内蒙古自治区），所部称晋绥军。1927年6月，晋绥军通电参加国民党军的北伐，并改称北方国民革命军。1928年2月，又改称国民党第3集团军。抗日战争时期，进攻中共领导的人民军队。日本投降后，晋军积极参加反人民的内战，解放战争中被解放军消灭。

国民党河北省主席楚溪春 ——————————————————◀—

河北蠡县人。保定陆军军官学校第五期步兵科毕业。曾任北京执政府卫队参谋长，国民党第3集团军北路军参谋长，北平宪兵司令，第9军第25师师长、第27师师长。抗战爆发后，任第二战区司令部参谋处处长、第8集团军副总司令。1946年，任沈阳城防司令，不久任河北省主席，天津警备司令部参谋长。1949年2月，随傅作义在北平起义。

性。眼下，傅作义只是对战争进行了一般性的认识。他把问题看得过于简单了。

天亮的时候，傅作义仍在办公室里来来回回地走着。

是勤务兵拉开窗帘，让早晨的阳光照进屋里，才使傅作义意识到新的一天到来了。

此时的傅作义虽然劳累，但心情很好。他走近窗口，朝屋外看去。他看见了正在升起的满天朝霞。他忽然发现在这个寒冷的冬天，竟有那么多的云朵被霞光浸染着，真是太绚丽了！

然而，傅作义犯了一个常识性的错误，即朝霞看上去很美，但很快那种美丽便会消失。尔后，取代朝霞的大多是乌云，或是闪电，甚至还会有雨雪……

3. 该出手时，就出手

获取战争胜利的要素很多，果断就是其中之一。

果断，属于成熟；

果断，属于自信；

果断，属于智慧；

果断，属于对本质的接近与把握。

既然抑留平津之敌，必须增加兵力，而东北野战军则是眼下惟一能够增援华北的部队，那还有什么可说的，该出手时，就出手！于是，1948年11月16日，毛泽东给林彪、罗荣桓、刘亚楼发去电报：

我们曾考虑过你们主力早日入关，包围津、沽、唐山，在包围姿态下进行休整，则敌无从从海上逃跑。请你们考虑你们究以早日入关为好，还是在东北完成休整计划，然后入关为好，并以结果电告为盼。

接到毛泽东的电报，林彪面对墙壁上的那张巨大的作战地图，

> 时任东北野战军司令员的林彪。

沉默了许久。辽沈战役历时52天，歼敌47万余人，但我军伤亡也不小，共损失人员69,213万人，其中陈亡人数达1,401万人，负伤53,329万人，失踪1,874人，其中团以上干部就损失了18人。此时，部队需要补充兵力，进行休整。其次，部队中东北籍战士居多，故土难离，需要做大量的思想工作。再次，部队的冬装均未下发，后勤保障的展开，需要一定的时间……作为东北野战军司令员的林彪，不得不为他的部队考虑。

林彪不说话，只是盯着地图，默默地看看。

大军入关，需要急行军800公里。林彪用他的目光通过地图在这千里迢迢的漫漫征途上一点一点地丈量着……在他浓眉下的一双眼睛里，禁不住流露出了些许难色。

11月17日，林彪等向中央军委复电，一一陈述了提前入关的困难，希望部队能够留在东北进行休整。

收到电报的当天，中央军委给林彪等人并东北局、华北局发出了一份极为重要的电报。这份电报由周恩来起草，毛泽东修改，并经刘少奇、朱德、任弼时等阅后发出。

电报全文很长。

电报在分析了当前的形势后，指出我们的方针是抑留傅作义部队于华北加以就地歼灭。

从全局来看，抑留蒋系24个师及傅系步骑16个师于华北来消灭，一则便利东北野战军入关作战，二则将加速蒋匪统治的崩溃，使其江南防线无法组成，华东、中原两野战军既可继续在徐淮地区歼敌，也便东北野战军将来沿津浦路南下，直捣长江下游。

为此，电报中提出两个方案供林彪等人郑重考虑。这两个方案，一是东北野战军提前于11月25日左右起向关内开动，预计现在锦州、义县地区的部队，下月10日以前可到天津、唐山地区。如敌正在南撤，我可歼灭其一部或大部；如敌尚未开动，我可抑留该敌，继续休整并修复北宁路，然后大举歼敌。二是不管蒋、傅军是否撤走，仍按原计划休整到12月份然后南进。“即是说蒋、傅军要撤就让其撤走，你们则准备于到平、津后无仗可打时即沿平汉路南下，先在长江中游作战，逐步东进与刘陈会攻京、沪。”

毛泽东在发这封电报的时候，倾向性十分明显，即决定东北野战军提前入关，但毛泽东考虑到如此重大的行动，一是要尊重前线指挥员的意见；二是辽沈战役刚刚结束，东北野战军主力还没来得及休整，随即入关，确实有困难，所以他在电报中采取了商量的口气。

但在这之后，华北军区城工部部长刘仁提供的情报，引起了毛泽东的极大关注。

刘仁说，蒋介石电召傅作义赴南京参加紧急军事会议；

刘仁说，蒋介石许诺傅作义扩兵20万；

刘仁说，绥远各村均成立"筹备粮草委员会"，准备迎接傅作义部队的到来；

刘仁说，傅作义从南京回到北平后，立即派副官把夫人和孩子送往重庆……

毛泽东立即警觉起来。

毛泽东认为，眼下淮海战役已进入紧张阶段，华北傅作义集团亦有从海上逃跑的可能。因此，毛泽东纵观全局，认为要抑留华北的敌人，东北野战军必须立即入关。纵然东北部队主力入关困难再大，也要想尽一切办法加以克服。于是，毛泽东见军情紧迫，已没有更多的时间和林彪商量了，随即拍板定案，做出果断决定，并于11月18日18时，一连向林彪发出三封电报。

连续三封电报，大气磅礴。

那一道道划破天际的无形的电波，瞬间被岁月珍藏，以至于翻开中国革命的史册，迄今仍可以清晰地听到那嘀嘀嗒嗒电键敲打的发报声音！

而当时，毛泽东则在电报中一改商量的口气，字字句句，铿锵有力，透出的是军令的断然性、严肃性和不可违抗性：

望你们立即令各纵以一二天时间完成出发准备，于21日或22日全军或至少八个纵队取捷径以最快速度行进，突然包围唐山、塘沽、天津三处敌人，不使逃跑，并争取使中央军不战投降（此种可能很大）。

望你们在发出出发命令后先行出发到冀东指挥。

林彪接到毛泽东的电报，没有表态。

他问罗荣桓和刘亚楼："你们的意见？"

∧ 时任东北野战军政治委员的罗荣桓。

罗荣桓是政委。

罗荣桓从毛泽东的来电中读出了东北野战军提前入关事关平津作战大局。何况东北部队与华北部队联合解决华北之敌这一设想，毛泽东早在我军战略反攻开始时就提出过，应当说，现在大军入关，他早有思想准备。于是，罗荣桓态度十分明确：

“坚决执行中央军委和毛主席的指示。至于困难，我们自己想办法克服。”

作为军事家，林彪身经百战。他当然知道在瞬息万变的战场上捕捉战机的重要性。其实，11月17日复电中央军委和毛泽东之后，林彪已经意识到部队入关的十万火急，一旦延误时间，致使华北之敌向西或向南撤退，那么，不仅坐失良机，增加今后我军作战的困难，而且会酿成历史性大错，对解放战争的整个战局十分不利。对于征战，林彪一向深思熟虑。这次也不例外。他的主意已经拿定，但出于个人性格的原因，不爱张扬。他没有把话事先说出来。现在，见罗荣桓政委表了态，林彪这才不慌不忙地对参谋长刘亚楼说：“命令部队，立即行动，准备入关。”

林彪下达这个命令的时候，面部风平浪静，语气十分随和，听上去，根本不像是在指挥千军万马，而是与房东老大爷在聊家常。

接着，经过和罗荣桓、刘亚楼等商定，林彪口述了一份给中央军委和毛泽东“关于东北野战军主力入关行动计划”的电文：

东北野战军决定暂时以玉田及其东西两侧地区为目标，向冀东前进。并计划取道两条平行路线分头前进，北路将经由义县、沈家台、达子岭、孤山子、喜峰口、遵化等地；南路则过锦州、边门、青龙、三岔口、建昌营。鉴于诸多困难，各路部队可能比军委要求的时间推迟一天。南路先头部队为锦州之第3纵队，北路先行者为义县之第5纵队，各纵均于23日黄昏出发，在沈阳之部队则于24日黄昏出发。各部都将采取夜行晓宿原则，迅速秘密前进。

此时，正值1948年11月19日9时30分。

刚刚升起的太阳，从灰蒙蒙的晨霭里钻出来，很快就映红了天边的云朵。

电报发出去了。

∧ 东北野战军先遣部队，通过冀热辽边境的山地秘密入关。

与此同时，东北野战军立即行动起来。

为了做好入关的思想动员，林彪、罗荣桓、刘亚楼、谭政于11月19日当天，联名致电各兵团、各纵队、各师的领导，提出了详尽的入关动员提纲。

在沈阳召开的入关作战动员大会上，罗荣桓政委充满激情，豪迈地说：

“同志们，我们现在的任务是立即入关！一两天之内部队就开动，去拿下天津、北平。现在的情况不允许我们再有1个月的休整。全国形势急转直下，蒋介石想撤退华北，要部队南下，傅作义却想西逃和‘二马’会合。我们不能让敌人撤走，再死灰复燃，卷土重来。我们要迅速消灭敌人，夺取整个华北……徐州已经歼灭敌人19个师，现在敌人已经更加混乱，所以我们现在要赶快进关去……”

入关！入关！入关！！

这是进军的宣言。

整个白山黑水都听到了这样雄壮有力的声音！

1948年11月23日——请记住这一天吧，东北野战军开始了具有历史意义的伟大进军！

这支由10个步兵纵队和特种兵纵队70万人、火炮1,000门、坦克100辆、装甲车130辆、随同民工15万人组成的滚滚铁流，在极短的时间内，迅速向关内作800公里史诗般的推进。

历史，伸出巨臂，拉开了劲弓。

射出的利箭，在飞……

4. 一剑封喉的特殊效果

1948年11月23日，东北野战军主力开始秘密入关。

他们像一阵掠过树林的微风，过后，几乎看不见枝叶在晃动；

他们像一道无形的闪电，在天空纵横驰骋，却瞬间消失得无影无踪。

他们把高山甩在身后，把大河甩在身后，把村庄甩在身后，把田野甩在了身后，甚至把疲劳也甩在了身后……浩浩荡荡的百万大军，在一种极其隐蔽的状态下，争分夺秒，快速前进着。

这是一支利剑，以迅雷不及掩耳之势，在向平津飞快地逼近。

很多年以后，时任东北野战军第3纵队副政委的刘西元将军回忆起当时的情况，仍旧激动不已。刘西元说："夕阳西下，晚霞如火。我和纵队几位领导同志站在大路旁，深情地注视着眼前那动人的场面。只见通往关内的一条条山路上，到处是载满物资的汽车、马车，威风凛凛的火炮，全副武装、步伐矫健的战士，赶着大车、挑着担子的民工，一眼望不到头。那川流不息的行军队伍，似滚滚铁流向前奔腾。"

此情此景，便是当时大军入关的生动写照。

> 刘西元，1955年被授予中将军衔。

刘西元

江西吉安人。土地革命战争时期，任红一军团第4师青年干事、12团政治委员。抗日战争时期，任八路军115师343旅686团营政治教导员、团政治委员，鲁南支队政治委员，教导第2旅6团政治委员，滨海军区滨北军分区政治委员。解放战争时期，任通化支队司令员兼政治委员，独立第2师师长兼政治委员，东北野战军第3纵队副政治委员，第四野战军47军副政治委员。

然而，面对如此众多部队的大规模行动，傅作义却茫然不知。傅作义几乎每天都派飞机到山海关那边去侦察，然而，飞行员归来后的报告千篇一律，总是说"平安无事"。

傅作义心想，是啊，怎么可能会有事呢？东北共军仅在52天的时间里，就吃掉卫立煌的47万人马，已经够他们劳累的了。他们也是人啦，又不是铁打的，打了那么大的仗，说什么也得休整四五个月，甚至半年吧！因此，即使飞行员不报告，他也知道侦察的结果会是什么样的。

傅作义的"放心"，让毛泽东十分满意。

为了稳住傅作义，毛泽东先是命令撤围归绥、停攻太原，后来又令聂荣臻、薄一

∧ 喜峰口抗战中，中国军队的大刀队。

波、滕代远"转令攻击保定之7纵停止攻击，改取包围监视方针"；接着，一再叮嘱东北野战军，提早入关的行动务必注重隐蔽性。毛泽东甚至还细致到，让林彪根据不同的地域，选择不同的部队分批行动。比如驻沈阳部队，宜推迟出发的时间，因为沈阳肯定有潜伏的敌特，我军一有动作，敌人就会通过电台向傅作义报告。所以，一方面要麻痹敌人，让敌人以为我仍在原地休整；另一方面要"夜行晓宿秘密入关"，不让敌人觉察我军的任何行踪。

在行军路线的选择上，毛泽东提醒林彪，"傅、蒋在山海关的一个军尚未撤退，

喜峰口抗战

1933年3月，日军在侵占承德后，以2个师团、3个混成旅的兵力企图攻占长城各口要隘。3月9日，日本关东军第14混成旅团攻占喜峰口，中国军队第29军第37师数千官兵组织大刀队，夜袭日军，经过激烈肉搏夺回喜峰口。尔后，日军不断增兵，双方在喜峰口阵地一线反复争夺。中国第29军以伤亡数千人的代价歼灭日军千余人，沉重地打击了日本侵略者，鼓舞了全国人民抗日的决心，至4月13日，第29军因战局恶化被迫撤离喜峰口。

其目的是估计你们主力入关必走该地，让该部先挡一挡。”可是我们不走山海关，而走热河境内经冷口、喜峰口出冀东。俗话说，条条大道通罗马。天下的路，多着啦，傅作义只把眼睛盯住山海关，又有什么用呢。

当然，一切内幕，傅作义不可能知道。

傅作义被蒙在鼓里。

对于东北野战军的入关行动，傅作义成了聋子和瞎子。

就在这年的11月下旬，傅作义接二连三地接到手下人报告，说沈阳、亲民、营口、锦州各地的东北野战军正在召开祝捷庆功会；说各部队休整期间还没忘记大练兵；说后勤部门及时下发了冬装，部队战士穿在身上如何的暖和；说林彪在沈阳看望某某部队，和战士们共同包饺子；说罗荣桓出席某个政工会议，作出重要指示……傅作义虽然听得烦了，但他还是愿意听。这些消息统统来自新华社以及东北各大新闻传媒。对于傅作义来说，有了这些消息的存在，就等于有了安全感，说明东北野战军还在东北歇着，华北一带，暂时可以高枕无忧了。

其实，傅作义错了。

兵书曰：兵不厌诈。

孙子亦曰：能而示之不能，用而示之不用，近而示之远，远而示之近。

自古以来，战争中的诡谲、狡诈、欺骗、刁钻……都是褒奖的代名词，其目的在于迷惑对方，战胜对手。何况战争本身具有着极大的不确定性，用兵之道岂有一成不变、表里如一的道理？！

表象就是表象。

表象离本质，完全可以是天壤之别。

现在，傅作义得到的情报，便是毛泽东有意制造出来的一种表象。早在决定东北野战军提前入关之时，毛泽东为了迷惑敌人，不使傅作义过早发现我东北野战军的行动，以达到出其不意迅速出拳的目的，特意巧作安排，令东北各有关媒体大肆炒作我军开展多种活动的新闻，并提请东北军区副政委陈云、第二参谋长伍修权及东北野战军政治部副主任陶铸，在林彪、罗荣桓、刘亚楼带轻便指挥机构先行一周过后，在报上刊登一条林彪仍在沈阳的新闻，同时要求新华社转发该条消息……傅作义果真上当，中了毛泽东的计。

∧ 东北野战军第 10 纵队从长城隘口秘密入关。

工农革命军的建立

1927年8月，中共中央决定以工人纠察队和农民自卫军为主体，创建工农革命军。9月，中共湖南省委前敌委员会将参加起义的革命武装，编为中国工农革命军第1军第1师，举行秋收起义。随后，工农革命军在前委书记毛泽东率领下，向井冈山转移。途中在江西永新县的三湾村改编为中国工农革命军第1军第1师第1团，并建立了部队中各级党组织，实行民主制度，初步奠定了人民军队的基础。

据说，自打1927年建军以来，毛泽东身上从未佩带过手枪，但这并不表明毛泽东没有武器。此时，毛泽东用“信息”作为武器，在东北野战军主力刚刚踏上入关的征途，就打了一个隐性的大胜仗！

在毛泽东“信息战”的掩护下，东北野战军主力10个纵队及特种兵共73万余人，连同民工15万人，按照事先规定的路线，于11月23日开始，分别夜行晓宿，迅速向关内挺进：

——11月23日，1纵从沈阳地区出发，3纵从锦州地区出发，5纵从义县地区出发，10纵从大虎山、北镇地区出发；

——11月23日至25日，8纵各师先后从海城、牛庄地区出发；

——11月24日，6纵从辽西黑山地区出发；

——12月1日，2纵从沈阳地区沿北宁线南下；

——12月4日至5日，12纵所属各部分别从沈阳附近地区出发……

林彪、罗荣桓、刘亚楼、谭政在11月30日晚率指挥部乘火车由沈阳出发，到锦州改乘汽车，经义县、朝阳、建平、平泉、宽城，从喜峰口入关，按照预定计划，于12月7日，顺利抵达了蓟县以南10公里的孟家楼。

当我东北野战军主力大规模行动数日之后，敌人的飞机终于发现了蛛丝马迹。当时，空中的飞行员几乎不敢相信自己的眼睛。他看见地面上有一条细线在游动。那究竟是什么呢？难道是“共军”的部队？“共军”的部队怎么会出现在这里？于是，飞行员把飞机一次次降低高度，作低空盘旋。随后，飞行员看清楚了，是“共军”，真的是“共军”！“共军”在大规模地急行军！飞行员顿时惊恐万状，急忙向地面指挥人员报告：

“不好啦，‘东北虎’入关了！”

见敌人已发现我军的行踪，部队夜行晓宿失去了意义，林彪便当机立断，改变原计划，命令各部队白天也行军，马不停蹄，人不下鞍，日夜兼程，加速入关；而由沈阳地区出发的3个纵队和特种兵纵队，则取捷径，由山海关向冀东快速进发。

对于行军计划的改变，林彪事先没有来得及向中央军委和毛泽东汇报。事后他报告说：由于山海关以北地区及平泉至遵化这条路上人烟稀少，所过部队太多，同时，我们大量部队已经长途行军南下，每日每夜均有敌机侦察轰炸，已无秘密可言。昨已令我最后3个纵队经山海关入关。

这样一来，东北野战军便以猛虎扑食的方式，无需隐蔽地向华北排山倒海般猛扑过去。

百万大军的脚步声，把大地当作战鼓擂响。

敌人被强烈震憾了。

国统区的所有报纸，言及“东北虎”，便纷纷谈“虎”变色。

傅作义愤怒了，发火了。他怒斥手下人：“不是天天说‘平安无事’的吗？怎么突然之间东北共军的大部分部队进入了关内！难道他们是从地底下钻出来的吗？近一百万部队啊，浩浩荡荡，竟然我们没有一人及时发现？！”

手下的人个个垂头丧气，耷拉着脑袋，一声不吭，任凭傅作义痛骂。

但傅作义很快就不骂了。他没有时间骂了。他需要阻止“共军”入关。于是，傅作

∨ 东北野战军第10纵队向关内进军途中，跨过辽西的大凌河。

天下第一關
歡迎大軍入關

义命令飞机不间断地对东北野战军的行军队伍进行狂轰滥炸。

12月5日，敌人的飞机在遵化地区发现了一队由吉普车组成的“共军”的车队。凭感觉，飞行员认定这是“共军”指挥机关人员乘坐的车辆。随后，他们便对行进中的车队发起了猛烈袭击。

敌人的机枪从空中连续喷射出一颗颗子弹，打得地面尘土飞扬。

其中有一辆吉普车被击中，车队停了下来。

竟然没有人伤亡。

车里的人遭到袭击后，纷纷跳下来，就地疏散，进行隐蔽。

飞行员见状，很是得意。他们乐呵呵地追打了一阵，见继续打也打不出什么效果了，便抖抖翅膀，心满意足，得意洋洋地飞走了。

然而，敌人怎么也想不到，被子弹射中的那辆吉普车，竟是东北野战军司令员林彪的坐车！

而在林彪那辆车后面的另一辆车上，坐着大名鼎鼎的罗荣桓！

一个歼灭对方首脑机关的极好机会，就这样被敌人轻而易举地丧失了。

如果傅作义得知，除了后悔不及，又能如何？

要知道，历史是不可逆转的啊！

接下来，直至12月8日，东北野战军已有5个纵队越过长城踏入关内的土地，5个纵队和特种兵纵队正在快速入关的途中……

傅作义不由惊恐万状。

直到此时，傅作义方才意识到，战争瞬息万变，是不以他的意志为转移的。事实上，东北野战军原本就存在着两种可能性，一种是大战之后的休整，一种是大战之后接着再战。然而，傅作义偏偏只看到了前者，忘却了后者，竟把如此简单的一个问题严重忽略了，实在是他此生的一种莫大悲哀！

平心而论，东北野战军入关，是傅作义最害怕的一件事。现在，这件事不可阻挡地发生了。于是，傅作义有一种大祸临头的感觉。在他的潜意识里，总觉得有一柄剑正向他迅速刺来。而那柄剑的剑锋，直抵他的咽喉……

顿时，傅作义乱了方寸，他的喉部有了剧烈的疼痛之感。

< 华北民众热烈欢迎东北野战军入关作战。

❶ 我军通过荒无人烟的草原。

② 

③ 

④ 

⑤ 

❷ 我军某部在山间追剿敌军残部。
❸ 我军正突破敌军防线，向纵深发展。
❹ 我军某部机枪手在扫射敌人。
❺ 我军某部涉过河流，向前线进军。

杨得志

(时任华北军区第2兵团司令员)

傅作义把40多个师摆在津沽、北平、张绥三个防区，长达一千多公里的战线上，形成了一个“长蛇阵”。“蛇头”在津沽，“蛇尾”在归绥（今呼和浩特），摆出既可固守，又可从海上南逃或向绥远西窜的态势。

毛主席透彻地剖析了美、蒋、傅三方的矛盾及其各自的打算，牢牢地把握着战争的主动权。

傅作义这个充满矛盾的“长蛇阵”，为我军实行战略保卫和战役分割，斩头剁尾，各个歼敌提供了极好的条件。正是考虑到这样的客观条件，也考虑到如果敌人南逃或西窜，虽然我军可以不战而得平津，但对未来战局却有不利的因素。毛主席在辽沈战役凯歌高奏，淮海战场鏖战正酣之际，出敌不意地做了东北野战军主力不待休整，迅速秘密入关，会合华北野战军抓住蒋傅两系主力于华北地区就地歼灭的英明决策，及时地发起了平津战役。

——摘自：杨得志《横戈马上》

聂荣臻

（时任华北军区司令员）

辽沈战役结束不久，毛泽东同志就要东北野战军迅速隐蔽入关，准备发起平津战役，与华北部队一起，共同歼灭华北的敌人。

1948年12月11日，毛泽东同志发出关于平津战役作战方针的指示，这个指示与辽沈战役、淮海战役作战方针的指示一样，充分体现了毛泽东同志卓越的军事指挥艺术，为平津战役的胜利奠定了基础。

——摘自：《聂荣臻回忆录》

第二章

在点与面之间灵活穿行

★★★★★

∧ 林彪主持召开野战军及东北局领导干部会议。

据说有一道世界级的数学难题，很多年以来，难住了许许多多的人。
接触过这道题的人，都说它太复杂了。
某一天，有人终于把这道难题解开了。
当题解公布于众时，人们发现，那个解题的人真是大智慧、大手笔，竟把原先那么复杂的东西弄得简单化了。
能将复杂变为简单，是一种艺术吗？对于数学如此，那么，对于军事呢？

1. 一个重要的日子

1948年12月11日，是一个重要的日子。

这个日子到来的时候，显得十分平常。早晨，太阳依旧像往日那样冉冉升起。袅袅炊烟，依旧在村子的上空缓缓飘散。鸡、鸭、羊和牛的叫声，此起彼伏，依旧构成农民一家一户大清早最为生动恬淡的生活旋律。早起拾粪的老汉，裹着一身破旧的黑棉袄，依旧有滋有味地边走边哼着当地的一段民间小曲……

在蓟县以南10公里处孟家楼的东北野战军指挥部，林彪坐在一把有着靠背的硬木椅子上，双手搭在膝部，一动不动，似乎在闭目养神。

林彪爱好安静。他喜欢默默地坐在某处，一坐就是多时。久而久之，以至于林彪身边的人都知道，那是他思考问题的一种辅助方式。

自从12月7日东北野战军指挥部经长途跋涉抵达孟家楼后，林彪就经常静静地坐在那里，去想他需要想的事情。毕竟百万大军已经入关，下一步作战计划如何制定，他需要一一理顺自己的思绪。

5天前，也就是12月7日，林彪得知敌35军从张家口东撤，便于当日21时30分致电毛泽东，提出：

傅作义在张、宣的8个师，经数百里山地，向北平突围，我军有8个纵队的兵力堵击、侧击、追击，因此可能争取全部歼灭该敌。……为保证确实歼灭傅作义全部及南口之16军，我们意见以先到之第3、第5两纵队立即经平谷与顺义附近，以五六天行程插到南口附近，参加作战。届时如平、张间战役结束，则我之先头两个纵队即转北平、通县以南，防平敌南退。我后到之各纵队的行动，拟依尔后北平敌情决定。如平敌继续退天津，则我各先到纵队均插至北平东南堵击敌人。如届时已判明敌守北平，则以我后到部队包围唐山和切断平、津联系。

谁知林彪等人依据敌35军从张家口东撤而造成平张线上紧张的情况所提出的这一作战方案，遭到了毛泽东的明确反对。毛泽东认为东北我军主力入关后应先隔断平、津与津、塘之间的联系，切断傅作义南逃的退路，而不是如林彪所主张的那样，消灭平张线上敌人，包括敌16军。于是，毛泽东很快复电，向林彪详细说明了他的理由：

你们想以第3、第5两纵去打16军，在全盘计划上是不妥的。现傅作义有14个师、1个骑兵师集中在北平、琢县、通县、顺义、南口区域（下花园、怀来之5个师未计在内），你们的首要任务是不使这些敌人逃至天津，其方法是以4个纵队占领廊坊、香河之线，隔断平津联系。只要此着成功，北平区敌人14个师即无法逃脱。

毛泽东还说：

平津之敌没有向西安、郑州、徐州逃跑的危险，有向青岛逃跑的某种危险，但此种危险不大。敌人逃跑的主要危险是海路，但一则津、塘港口快要封冻，二则船只不足，三则傅作义此时尚无此种准备。他的方针现在还是固守平、津、唐。张家口有敌2万余被围（围而不打），亦使傅作义难下弃之不顾，单独逃跑的决心。因此，你们仍应静候后续兵力到达，准备实行隔断平津，包围唐山，歼击芦塘之计划。

毛泽东发出这份电报的时间是12月8日7时。

然而，就在电报发出后，情况发生了变化，很快，张家口、新保安被我军包围，程黄兵团在歼灭敌104军之后即可包围南口、昌平。这样一来，布于平张线上的我军兵力已经完全够用。而此时，在淮海战场，歼灭黄维的战斗已经接近尾声，蒋介石有可能使用海上待命的船只北上，接走平、津、塘、唐诸敌。于是，平津之敌从海上撤走的可能性越来越大了。

真是风起云涌！

军情变得异常危急！

关键在于敌变我变，把战场的主动权牢牢地抓在手里。毛泽东审时度势，决定取消前一天关于第3、5两纵队向西的意见，并于12月10日2时致电林彪等人，要他们接到电报后，立即命令第3、

V 红军时期，刘亚楼（左）与杨成武在一起。

第5两个纵队就地休整待命，其间，一旦发现唐山的敌人确实要撤退，即迅速包围唐山，抓住蒋系的一个军，以便迫使其他蒋系部队难以下定从海上逃走的决心。

但是，尽管毛泽东在与敌人抢时间，但电报还是晚了一步。此时林彪已经命令第3、第5两个纵队全力向南口挺进。

毛泽东见状，急忙于11日9时致电林彪，语言简洁、明了：

（一）同意5纵本日继续向南口附近开进。（二）3纵不应去南口，而应开北平以东、通县以南地区。（三）10纵原地不动。（四）理由详另电。

随后，毛泽东紧接着发出一份电报，详尽地阐释了他的想法。

这份电文签发时间依然是12月11日9时。

在这份电报中，毛泽东用长达两千余字的篇幅，准确精辟的语言，洋洋洒洒地全面展开了他对平津战役的深入思考。毛泽东通过分析平津战役及淮海战场的战局发展，以及两者之间的相互关系，如同四两拨千斤，手指轻轻一点，便使看上去异常错综复杂、扑朔迷离而又变幻莫测的军事形势豁然明朗起来。毛泽东不愧为一代伟人，历史的创造者。他是大家。只有大家，才有大思想，才有大运作，才有如此转动乾坤的大手笔。此时的毛泽东，将他在长期军事生涯中总结形成的十大军事原则，融会贯通地运用在平津大决战的作战指挥中，充分展示出他那炉火纯青的、为一般军事家所望尘莫及的超凡指挥艺术！

刘亚楼正用他那福建口音，津津有味地读着这份电文。

听众是林彪和罗荣桓。

刘亚楼读道：

二、我们现在同意你们以5纵立即去南口附近，从东北面威胁北平、南口、怀柔诸敌。将来该纵即位于该地，以便将来（大约在10天或15天之后，即在华北杨罗耿兵团歼灭35军之后）腾出4纵使用于东面，如此，请令5纵本日仍继续西进。

三、3纵决不要去南口，该纵可按我们9日电开至北平以东，通县以南地区，从东面威胁北平，同4纵、11纵、5纵形成对北平的包围。

四、但我们的真正目的不是首先包围北平，而是首先包围天津、塘沽、芦台、唐山诸点。

五、据我们估计，大约12月15日左右你们的10纵、9纵、6纵、8纵、炮纵、7纵就可集中于玉田为中心的地区。我们提议，12月20日至12月25日数日内即取神速动作，以3纵（由北平东郊东调）、6纵、7纵、8纵、9纵、10纵等6个纵队包围天津、塘沽、芦台、唐山诸点之敌，如果诸点之敌那时大体仍如现时状态的话。其办法是以武清为中心的地区，即廊坊、河西务、杨村诸点，以5个纵队插入天津、塘沽、芦台、唐山、古冶诸点之间，隔断诸敌之联系。各纵均须构筑两面阻击阵地，务使敌人不能跑掉，然后休整部队，恢复疲劳，然后攻歼几部分较小之敌。此时，4纵应由平西北移至平东。我华北杨罗耿兵力应于4纵移动之前歼灭新保安之敌。东面则应依情况，力争先歼塘沽之敌，控制海口。只要塘沽（最重要）、新保安两点攻克，就全局皆活了。以上部署，实际上是将张家口、新保安、南口、北平、怀柔、顺义、通县、宛平（涿县、良乡已被我占领）、丰台、天津、塘沽、芦台、唐山、开平诸点之敌一概包围了。

六、此项办法，大体即是你们在义县、锦州、锦西、兴城、绥中、榆关、滦县线上作战时期用过的办法。

七、从本日起的两星期内（12月11日至12月25日）基本原则是围而不打（例如对张家口、新保安），有些则只是隔而不围（即只作战略包围，隔断诸敌联系，而不作战役包围，如对平、津、通州），以待部署完成之后各个歼敌。尤其不可将张家口、新保安、南口诸敌都打掉，这将迫使南口以东诸敌迅速决策狂跑，此点务求你们体会。

八、为着不使蒋介石迅速决策海运平津诸敌南下，我们准备令刘伯承、邓小平、陈毅、粟裕于歼灭黄维兵团之后，留下杜聿明指挥之邱清泉、李弥、孙元良诸兵团（以歼约一半左右）之余部，两星期内不作最后歼灭之部署。

九、为着不使敌人向青岛逃跑，我们准备令山东方面集中若干兵力控制济南附近一段黄河，并在胶济线上预做准备。

十、敌向徐州、郑州、西安、绥远诸路逃跑，是没有可能或很少可能的。

十一、惟一的或主要的是怕敌人从海上逃跑，因此在目前两星期内一般应采围而不打或隔而不围的办法。

十二、此种计划出敌意外，在你们最后完成部署以前，敌人是很难觉察出来的。敌人现时可能估计你们要打北平。

十三、敌人对于我军的积极性总是估计不足的，对于自己力量总是

＜1948年10月锦州战役时，时任东北野战军司令员的林彪（右）、政治委员罗荣桓（左）与参谋长刘亚楼（中）在前线指挥作战。

估计过高，虽然他们同时又是惊弓之鸟。平津之敌决不料你们在12月25日以前能够完成上列部署。

十四、为着在12月25日以前完成上列部署，你们应鼓励部队在此两星期内不惜疲劳，不怕减员，不怕受冻受饥，在完成上列部署以后，再行休整，然后从容攻击。

十五、攻击的次序大约是：第一塘芦区，第二新保安，第三唐山区，第四天津、张家口两区，最后北平区。

十六、你们对上述计划意见如何？这个计划有何缺点？执行有何困难？统望考虑电告。

刘亚楼读完来电，忍不住当场拍案叫绝！这位1929年参加红军，长征时任过红1军团第2师师长，到达延安后担任过抗大训练部部长、教育长，并于1939年赴苏联伏龙芝学院学习军事长达多年的年轻将军，不仅富有实战经验，而且军事理论上也造诣颇深。此时，毛泽东的一封关于平津战役作战方针的电文，竟让他激动难抑。他连连说道："英明，英明，毛主席真是太英明了！辽沈战役就是遵照中央军委和毛主席的战略计划，只用52天时间，就取得那么大的胜利。现在，毛主席又为平津战役及时制定了这样英明的作战方针，他不仅明确地提出了战略意图和作战思想，而且估计到了战役的发展趋势，并对作战任务规定得如此清楚，对作战步骤安排得如此明确，对作战方法运用得如此巧妙，此次平津大决战，我们没有理由不胜券在握啊！"

此时，政委罗荣桓亦很激动。

巧的是，就在这一天，东北野战军将发布《平津作战的政治动员令》。动员令指出："如我能作到全部歼灭华北敌人，占领平津，这将是一个极大胜利。不但华北全境可获解放，东北、华北两大解放区完全连成一片，且在华北我军歼灭傅作义，华东、中原我军歼灭杜聿明各军之后，蒋介石在全国范围内既无主力。那时长江以北局势即可稳定，全国胜利的基础从此即可巩固建立。故这一作战关系极大。"为此，展望未来，罗荣桓不禁豪情满怀。他说："毛主席的来电十分重要。尤其是主席提出的这个'围而不打，隔而不围'，真是太有味道了！"

林彪没有说话。

但此时林彪却不再以闭目养神的方式坐在椅子上了。

他睁开了眼睛。

> 万毅，时任东北野战军第5纵队司令员，1955年被授予中将军衔。

他的一双浓眉下的眼睛炯炯有神。

自从接到提前入关的命令以来，林彪一直与毛泽东通过电文往来讨论平津战役的作战方针。他对现在这个方针感到十分满意。也就是说，他与毛泽东的讨论有了结果。刚才，在听刘亚楼读这份来电时，林彪注意到，毛泽东电文中的第六条，特地说明了有关围而不打及隔而不围，是对他以往作战经验的总结和采纳。对此，他感到欣慰。

这一天，对于平津战役，是一个重要的日子！

这一天，对于中国人民解放战争史，是一个值得大书特书的日子！

这一天，是1948年12月11日！

2. 这个“抢”字大有文章

这一仗打得漂亮。上午11时许，44团拿下圆明园北沿，与敌人的109师交了一次手，便夺得阵地并干掉了它两个连；43团也不含糊，仅用50分钟，就把清河城火车站外围的敌人扫清，接着，将车站团团围住。43团团长张志超说，据俘虏交代，车站内

> 我军炮兵部队正向前线行进。

的守敌为109师的1个加强营，大约700多人。张团长准备把他们连锅端了！

王振祥师长连声称赞，说："不错、不错，就这样打，朝死里打！"

此时是1948年12月13日。

就在这天早晨，东北野战军第5纵队司令员万毅和政委刘兴元命令其所属13师由沙河镇以西地区向望儿山、红山口方向突击；15师由沙河东南谷子庄、吕各庄向正白旗村、清河城方向突击。

从目前来看，这两个师相互配合、并肩攻击已经奏效。

下一步，15师准备拿下清河城车站。

15师师长王振祥是山东人，老家郓城。他长相英俊，剑眉、大眼、高鼻梁，说起话来，干脆利索，声音洪亮。别看他相貌年轻，资历却不浅，早在第二次国内革命战争时期就任过红四方面军骑兵营营长、总部骑兵师训练科长，抗战时任129师骑兵团团长，

本溪保卫战

1946年4月1日～9日，国民党军以2个师兵力先后向本溪发起两次进攻。东北民主联军辽东军区部队为保卫本溪，牵制敌军，配合四平地区作战，对敌军进行顽强抗击，歼其4,000余人。国民党军两次进攻失利后，复集中5个师兵力于28日发起第三次进攻。辽东军区顽强抵抗，在歼敌2,900余人后，于5月3日撤出本溪。此役历时30余天，牵制国民党军队近2个军，配合了四平保卫战。

第二次国内革命战争

亦称"十年内战"或"土地革命战争"，系指1927至1937年中国人民在中国共产党领导下进行的国内革命战争。1927年8月1日，以周恩来为首的中共前敌委员会领导了南昌起义。9月9日，毛泽东领导了湘赣边界的秋收起义，并创立了井冈山革命根据地。1930年底到1931年9月，红军在毛泽东等领导下粉碎了蒋介石对中央根据地的第一、二、三次反革命"围剿"，并胜利完成了长征。1935年日本帝国主义侵入华北，民族危机日益严重，中共中央发表《八一宣言》，号召停止内战，共同抗日。12月，党中央召开政治局会议，确定了建立抗日民族统一战线的方针。12月9日爆发了学生爱国运动，掀起了抗日救亡运动的新高潮。1936年12月12日西安事变爆发，蒋介石被迫接受了停止内战、联共抗日的条件。1937年7月卢沟桥事变爆发，开始了伟大的抗日战争。

解放战争期间当过辽东军区第三分区司令员，指挥部队参加过本溪保卫战、四保临江、辽沈战役，作战经验相当丰富。眼下，王振祥师长就在作战前沿。他看了地形，敌人的工事比较坚固。他打算调师炮营支援，炮轰车站里的敌人。

43团团长张志超连忙表态："我们能拿下来！"

那意思是不需要炮营支援。

王振祥就笑："放心好啦，他们不会同你们抢功的。"

张志超说："我不是那个意思。我是说，不就是敌人的一个加强营吗？小菜一碟！我们绝对能够独自完成任务。"

王振祥说："有炮兵为什么不用？尽量减少伤亡嘛。"

正说着，师作战科长夏显明跑了过来。

夏科长说："师长，东野司令部来电，命令我师立即停止进攻，原地待命。"

< 王振祥，1955年被授予少将军衔。

> 东北野战军第5纵队在丰台白家房修筑工事。

王振祥

山东郓城人。土地革命战争时期，任红五军团骑兵连排长、连长，警卫营连长，红九军团司令部参谋，282团参谋主任，红四方面军总部骑兵营营长，骑兵师司令部科长。抗日战争时期，任八路军129师骑兵团团长、轮训队队长。解放战争时期，任辽东军区第3军分区司令员，第四野战军42军126师师长、53军副军长。

接着，夏科长说："纵队万毅司令员要你立即到他那里去一趟。"

王振祥知道有情况了。

王振祥当即命令43团团长张志超派人监视敌人，主力部队原地隐蔽休息，然后翻身上马，朝着纵队指挥部狂奔而去。

纵队指挥部设在沙河南岸北辛庄。

万毅司令员见王振祥师长赶到，连忙问："部队怎么样？"

王振祥答："都安排好了。"

随后，王振祥问："有任务？"

万毅说："今晚就行动。"

万毅接着说："前线指挥部决定，今晚，11纵由白家疃、太舟、坦村方向南下，攻战石景山。我纵队由此南插田村、何家坟地区，抢占丰台——注意，是抢占，不是攻

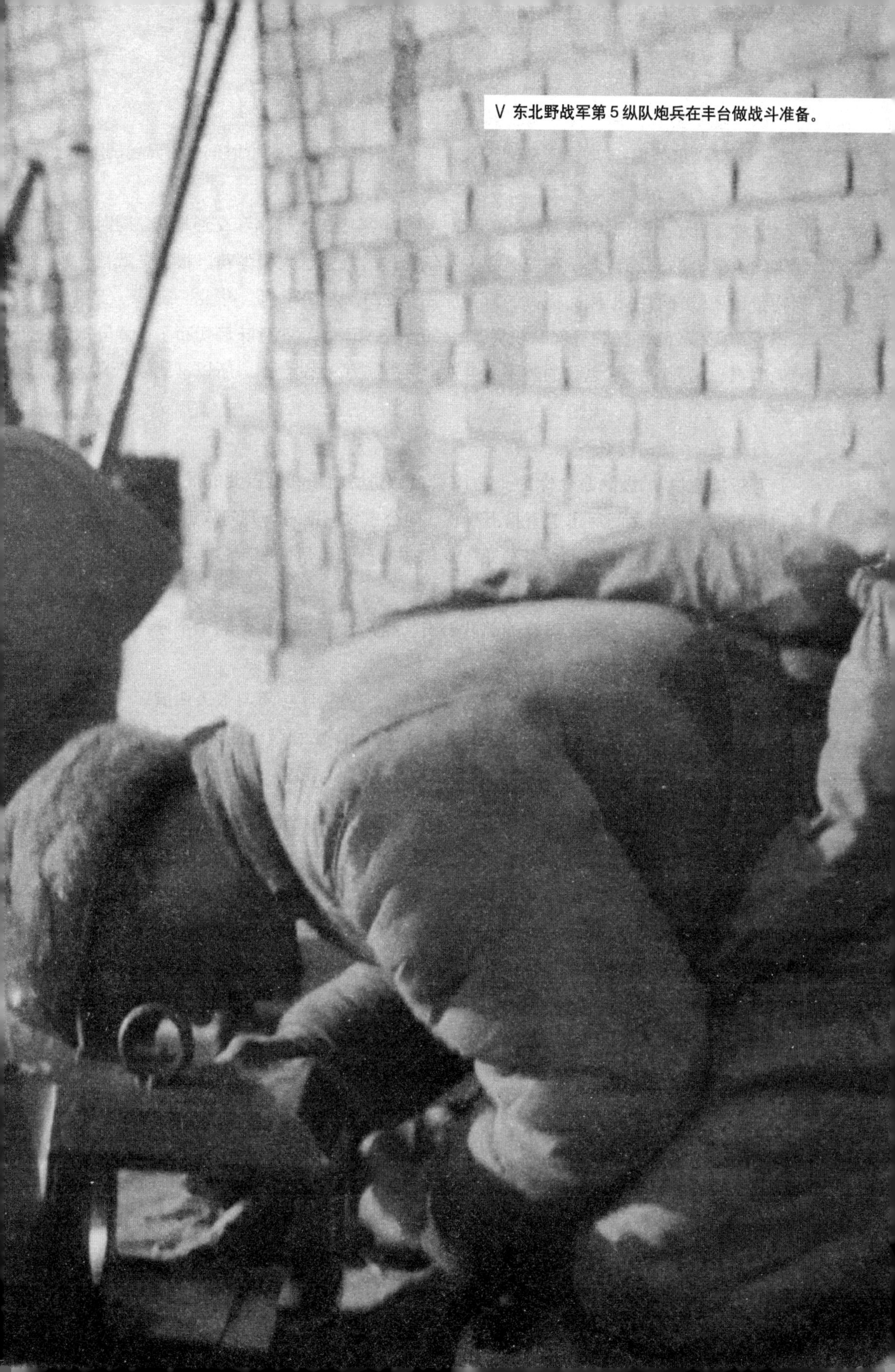

∨ 东北野战军第 5 纵队炮兵在丰台做战斗准备。

占。抢，就是要快，兵贵神速，出其不意！”

王振祥立正答道：“明白。是抢，不是攻。我们是在与敌人抢时间，隔离包围敌人，切断他们的逃路！”

丰台，是北平的南大门，是沟通平津、平汉、平绥三大铁路和交通枢纽，同时又是北平守敌最大的军用仓库所在地。敌人不仅在这里集中了大量弹药、粮食、武器、军需物资，还驻守着由王凤岗指挥的第101军第271师、272师、华北“剿总”直属战车坦克第3团和陆军医院等部队机关。我军迅速占领丰台，就意味着切断了平津守敌之间的联系，堵死了北平之敌的逃路，并对北平完成了战役合围。所以，此战意义十分重大。

万毅说：“明白就好。”

万毅接着说：“纵队命令你师，在13师后跟进，由颐和园以北的黑山扈插向西南，通过颐和园、香山之间后迅速直插五棵松，向公主坟、跑马场方向攻击，截断复兴门、广安门通往石景山、丰台的两条公路，保障顺利占领石景山和丰台！”

当晚6时半，王振祥率兵出发。

途经颐和园，敌人朝王振祥的部队射击，枪声“乒乒乓乓”响个不停。

王振祥毫不理睬。

王振祥牢记万毅司令员交代的抢占中的一个“抢”字，不与敌人纠缠。

王振祥命令部队迅速翻过山口，迅速通过了香山、颐和园一线，然后从红门村向南猛插。

他们身披夜幕，行走如风。

路，在他们的脚下大步后退。

当行至东冉村一带时，中途插上了一支部队。于是，两支部队同行。由于天黑，双方急于赶路，谁也没留意平行的另一支部队来自哪里，都是些什么人。大家只是各自朝着同一个方向走着。

王振祥的部队行起军来鸦雀无声。

另一支部队却不一样了。他们一边走，一边不时有人小声说话。

这个说：“他们怎么跑这么快呢？”

那个说：“不跑快行吗？迟一步，小命早没了！”

这个说：“说的也是，只是苦了两条腿了。”

那个说：“他妈的，老子没有被共军打死，都快要被跑路累死了！”

这一说不要紧，此话被另一边部队的人听到了。另一边的部队是王振祥的5纵第15师。战士们听了大吃一惊，原来和他们平行的那一伙人竟是敌人！好在大家特别镇静，装作什么事都没有发生似的，继续向前走。他们一边走，一边从前往后一个个咬着耳朵悄悄传话，说同路的那支队伍是敌人。等话传得差不多了，是谁一声大喊："抓俘虏啊！" 接着一支队伍立即把另一支队伍包围起来。直到这时，敌人还蒙在鼓里。

敌人说："别误会，都是自己人！"

战士们说："谁跟你是自己人啊？举起手来，缴枪不杀！"

事后，经清点，15 师竟然在行军途中顺手牵羊，一下子俘虏了敌人 500 余人。

原来，这些敌人是在长城外被兄弟部队歼灭的 104 军的残兵败将。

后来，这种富有戏剧性的小插曲，王振祥的部队不止一次遇到。

第二天，即 12 月 14 日，天刚蒙蒙亮，就刮起了西北风。风很大。风儿席地卷来，扬起满天沙尘，把原本清清爽爽的天空搞得昏昏暗暗。

部队顶着风沙前进。

行至五棵松，王振祥得到先头部队 43 团报告，说是前方有情况，来了 10 辆马车。

果然，就有马车声丁丁当当地透过风沙传了过来。

王振祥作了一个拿下的手势。结果，43 团的两个连队像是两把尖刀，以迅雷不及掩耳之势从两侧飞快逼上前去。车上的敌人还在打瞌睡，眼一睁，便一枪未发地当了解放军的俘虏。

据俘虏交代，天亮后，他们的营长带两个连队将乘汽车打这里经过，送他们的长官太太进城。

"那好啊，来者不拒，多多益善！" 王振祥说。

当即，王振祥派人押走俘虏，然后组织部队迅速占领了公路两旁的有利地形。等到一切部署完毕，敌人就来了。敌人像是事先约好似的，开着十多辆大卡车，沿着公路，一步步进入我军的包围圈。

在包围圈的中央，停着一辆马车。那是王振祥派人事先安排好的。敌人不知道。敌人做梦都不会想到这里会有解放军。他们见公路被马车挡住去路，就将卡车停了下来。有个军官模样的人从最前面的一辆车的驾驶室跳下来，用脚朝马车狠狠地蹬了一脚喊道："这是谁的车，竟敢挡住老子的道！"

他喊着喊着，就不喊了。因为他不敢喊了。他看见公路边突然冷不丁地冒出了许许多多的解放军，他们用枪指着他，他便把没来得及喊完的话，咽到了肚子里。

现在轮到解放军战士们喊了。

解放军战士们大喊一声："不许动，举起手来！"

敌人便乖乖地缴械投了降。

不到 20 分钟解决战斗，王振祥的部队共俘虏敌人 300 余人，缴获卡车 8 辆，吉普车 2 辆，以及马车、骆驼和其他军用品若干。

此后，部队没有停留，继续向预定地区快速挺进！

前面是莲花池。

敌人企图拦阻。

但挡不住洪流滚滚向前。

作为15师先头部队的43团，在14日上午10时抢占莲花池西沿的敌人阵地后，接着拿下财神庙，切断了广安门至丰台的公路。

与此同时，44团接到王振祥师长的命令，与43团的左翼向公主坟进攻。

公主坟西北角有一处大院，是傅作义的“剿匪”总部所在地。那里的院墙不算很高，但十分结实。院子里不规则地竖着几幢房子，屋脊很陡，像是模仿某个外国教堂建造的，看起来有点不伦不类。44团在这个院子里，俘虏了一个排的留守敌人和一名佩戴少校军衔的副官。据这个副官交代，傅作义的确在这个总部，只是在他们到来之前，刚刚逃向了北平。

很多年以后，有一位名叫王宗仁的作家在他的纪实作品中曾经这样写道，说傅作义是乘坐一辆装甲车从这里逃走的。当时解放军战士闻讯追上前去，拦住了敌人，并缴获了30多辆装甲车。然而，战士们还是迟了一步，仅仅相差十几分钟的时间，竟让傅作义逃脱了。接下来，一个多月后，北平和平解放。傅作义与一位解放军纵队司令员谈起那天晚上的经历时，他说他真的就坐在一辆装甲车上。那天，天很冷，

V 东北野战军第5纵队某部在宛平演习攻坚战术。

他披着一件大衣。他甚至都能听见从车外传进来的吆喝声。那是解放军战士发出的喊声。他们在用什么东西敲打附近的一辆装甲车的车壁，一边敲打，一边喊：“快出来吧，我们优待俘虏！”傅作义说他没有看见解放军战士们通过什么办法把装甲车弄成了他们的战利品。他后来走了。但傅作义没有告诉那位纵队司令员，他是怎么走的。

设想一下，如果那天晚上，坐在装甲车里的傅作义没能逃走，而是成了解放军战士的俘虏，那么，后来平津战役的历史还会是这个版本吗？

然而，假设毕竟是假设，历史是永远无法改变的。

现在，还是继续说说那场战斗吧。

当日，战斗相当激烈，一直进行到中午。越战越勇的15师，切断了复兴门、广安门通往石景山、丰台的两条公路，然后完全控制了北至八里庄，南到公主坟、什坊院、莲花池西沿、财神庙一线的有利地形，对北平城西面（除西直门）的各门，形成了正面的防御。

当日下午，丰台落入我军手中！

傅作义得知丰台失守，竟不敢相信会是真的。他愣了片刻，自言自语道：

“怎么会呢？”

“怎么会是这样的呢？”

∨ 东北野战军第5纵队某部占领了北平南苑机场。

毛世昌

河南确山人。土地革命战争时期，任鄂豫边红军游击队手枪班班长，豫南人民抗日独立团1连连长等职。抗日战争时期，任新四军4支队8团连长，江北指挥部骑兵连连长，2师5旅13团1营营长等职。解放战争时期，任三肇军分区3团副团长、北满军区主力第7师12团副团长、东北野战军第6纵队17师50团副团长、第3纵队7师21团团长等职。

沂蒙山革命根据地

又名山东革命根据地，是中国共产党在战争年代创建的革命根据地之一。根据地创建于抗日战争初期，以沂蒙山区为中心，由山东大部与河北、江苏一小部分组成，总面积约30万平方公里。在抗日战争和解放战争时期，这里成为联系华北与华中两大战略区的纽带。

在傅作义看来，自从东北“共军”主力入关，事情就变得越来越糟糕。他们的速度太快了，北平、天津刚刚感觉到战争的逼近，没料到转眼之间丰台就丢了。这样一来，平津之间陆上的交通被切断了不说，储存在丰台的大批军用物资也随之全部落入“共军”的手中。更让傅作义感到恐惧不安的是，一旦东北与华北的“共军”联起手来，他的几十万人马便会被他们切割成条条块块，分别包围在西起张家口，东至天津、塘沽以及北平等处。真要是发展到那种地步，东西被堵，他就是想走也走不了了……傅作义不敢再往下想。他觉得他手臂上的汗毛此时已经一根根竖了起来。

下一步怎么办？

总不能坐以待毙吧！

于是，傅作义对他的参谋长李世杰下令：

“快，趁共军立足未稳，赶快组织力量给我把丰台夺回来！”

两天过去了，丰台不仅没有夺回来，傅作义接着损兵折将，又相继失去了南口、沙河、颐和园、海淀、石景山、宛平，以及通县、马驹桥、采育镇、廊坊、黄村……

北平成了一座孤岛。

四周的海水，怒涛汹涌，奔腾呼啸，随时都能把这座“孤岛”吞没！

3. 与飞机拼刺刀

一个战士问班长：“要是把翅膀折断了，飞机还能飞起来？”

班长说：“你见过烧火棍会飞吗？”

那个战士扑哧一声笑了。

那个战士说：“总有一天，我要让敌人的飞机成为烧火棍。”

这样的对话是发生在某次战斗中，当时敌人的飞机成群结队、穷凶极恶地对我军阵地进行狂轰滥炸。炸弹掀起的泥土把那个战士掩埋了，是班长把他扒了出来。那个战士后来一边吐着嘴里溅进去的泥土，一边与班长完成了上述对话。

事隔不久，听说要打南苑机场，那个战士所在团的团长毛世昌和政委张纪之迫不及待地向上级请战，要求担任主攻任务。据说3纵7师师长邓岳听说了那个战士要让敌人飞机成为烧火棍的故事，乐了，随后就把作战任务交给了他们团。

这个团便是东北野战军3纵7师21团。

21团是一支来自山东沂蒙山革命根据地的老部队，战斗作风勇猛、顽强。在辽沈战役的辽西大会战中，这个团善于打硬仗、猛仗、巧仗，如同一把尖刀，插入敌人心脏，结果端了廖耀湘兵团总部的老窝，在全歼国民党这支“王牌军”的过程中立了大功，曾经受到东北野战军总部的表彰。眼下，他们接到攻打南苑机场的命令，全团上下斗志昂扬，情绪十分高涨。

“把它的翅膀给折了！”

“跟敌人的飞机拼一回刺刀！”

“叫那些‘黑老鸦’尝尝咱们的手榴弹是啥味道！”

……

战士们兴奋地说道。

因为平日里大家受敌人飞机的欺负太多，心里头早就憋足了一股劲，好在这一回报仇雪恨的机会终于来了，说什么也要狠狠打它一家伙，把它打趴窝儿，让它今后再也别想飞上天！

1948年12月16日，21团从10公里外悄悄潜入南苑机场附近，隐蔽待命。

这时候，南苑机场附近的一草一木、一土一石已不再是原有意义上的物体了，它们仿佛被战士们注入了新的生命。每一棵树下，都有一支隐藏着的即将喷射出愤怒火光的枪口；每一块石头旁，都闪烁着一双明亮的充满杀敌渴望的眼睛！

——子弹早已上膛；

——钢枪早已擦亮；

——刺刀早已磨快；

——热血早已沸腾……

战士们在等待，等待着出击的一声令下。

17日夜，攻击命令下达。21团以辽沈战役中的“大功营”3营为尖刀，首先向机场发起突然袭击。

顿时，狂飙骤起，枪炮声大作。

夜空不再寂静。

随着机场外围的障碍物被炮弹摧毁，战士们分多路杀向机场。他们用冲锋枪扫射，用手榴弹猛炸，用呐喊声助威，很快就把敌人92军一个团的守军大部歼灭！

从机场外围赶来救援的敌人，慌里慌张地刚刚接近机场，就遭到21团战士们的迎头痛击。敌人早已吓破了胆，哪里还敢恋战，稀里糊涂地胡乱朝天空放了一阵子枪，便连滚带爬地仓皇逃窜。

战斗进行了一个多小时，21团便拿下了南苑机场。

21团团长毛世昌是一位新四军老游击队员，曾在延安学习过，指挥作战，经验丰富。他指着缴获的敌人25架飞机和大量的军用物资，吩咐部队严加看管，不得有任何损坏。

他说：“这些飞机将来我们用得着。古人曰，来而不往非礼也。今后，我们还要用老蒋的飞机去打老蒋呢！”

国民党第92军军长黄翔

湖北长阳人。国民党陆军中将。黄埔军校第七期、陆军大学第十期毕业。早年曾任国民党长阳县党部宣传部部长、陆军大学助教、第25军参谋处处长等职。抗日战争时期，任第5军新兵训练处处长和第96师师长。1947年，冬负责筹备北平陆军第六训练处。同年10月10日被任命为第92军军长。1949年2月，在北平率所部接受中国人民解放军和平改编。

南苑机场是北平守敌从空中进行联络和得到补给的重要渠道。我军占领机场，就等于卡住敌人的脖子，掐断了傅作义的空中生命线。当晚，傅作义得知南苑机场落入“共军”手中，气急败坏，拍着桌子大骂92军军长黄翔无能、草包！你92军21师用一个团守在机场，竟遭到“共军”同样是一个团兵力的袭击而很快失守，无论怎么也说不过去吧？于是，傅作义令黄翔，要他无论如何也要在天亮之后把机场夺回来！

V 东北妇女为新参军的青年佩带光荣花。

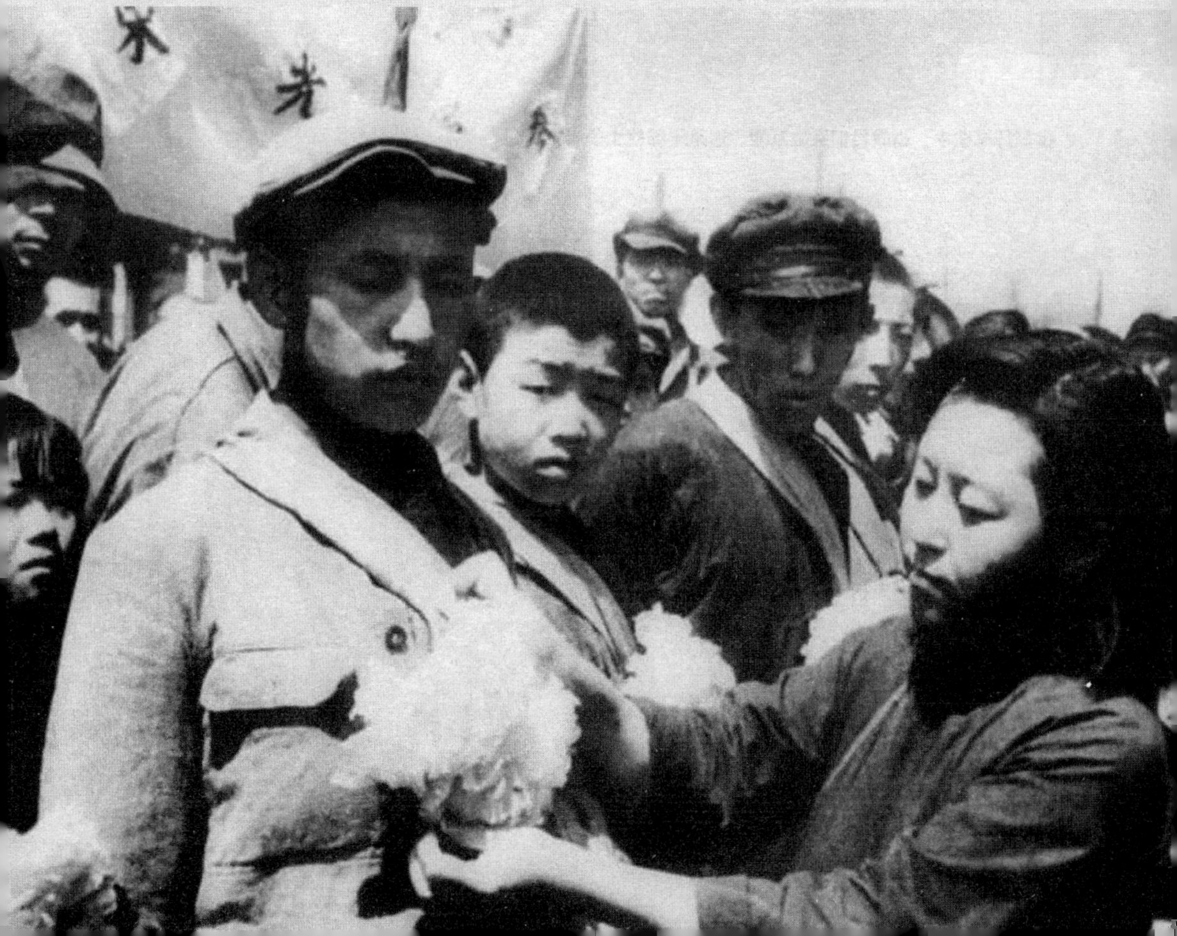

料到敌人丢了机场，不会甘心作罢，21团严阵以待，及时做好了保卫机场的准备。

19日晨，果然敌人开始向机场进行疯狂的反扑。

敌人仗着实力雄厚，竟一次动用两个团的兵力，在16辆坦克和十多门山炮的掩护下，向我军发起猛烈的进攻。

俗话说，水来土淹，兵来将挡。敌人的坦克轰轰隆隆地开来了，战士们自有办法对付它们。从北平城到南苑机场只有一条公路，路的两侧全是水渠和稻田。也就是说，敌人的坦克只能沿着公路行驶。这样就很好，21团团长毛世昌令炮2连把6门火炮推到一座石桥的两侧，守株待兔，等到敌人的坦克掩护步兵接近我方防御阵地时，集中火力，给予它们狠狠地打击。

随后，炮兵发挥了巨大作用。

呼啸出膛的炮弹，接二连三在敌人的坦克群中爆炸。

一辆坦克中弹了，履带哗哗啦啦散成一堆，开不动了……跟在坦克后面的步兵，见失去掩护，慌忙掉头，狼狈逃窜！

战斗中，由于连续射击，2连的一门火炮出了一点故障。

炮手们连忙进行抢修。

团长毛世昌让大家沉住气。

∨ **我军行军途中，指战员们互敬互爱。这是干部战士争着扛背包。**

接下来，毛世昌指挥战士们集中火力，重点打击尾随在坦克后面的步兵。这一招十分奏效，敌人的步兵只要一露头，就丢了小命。于是他们挤成一堆，小心翼翼，不敢越过雷池一步。但这是打仗，他们总不能躲在坦克后面不出来吧？再说，坦克的体积就那么大，又能掩护多少步兵？于是，战场上出现了转机，敌人的步兵在我军的猛烈打击下，死的死、伤的伤、逃的逃。阵地前，很快只剩下坦克了。没有步兵跟随的坦克，一时冷场，成了“孤家寡人”，它们孤零零地往前独自开了一会儿，便知趣地缩了回去。

当敌人又一次发起进攻时，2连的火炮修好了。2连副连长李燕华，往手心吐了一口唾沫，然后搓了搓手，冲着敌人的坦克大喊一声：“有种的，你就来吧，看我们怎么收拾你！”

李燕华是团里的老炮兵。

李燕华指挥全连抵近射击，一连干掉了敌人的3辆坦克。

敌人的进攻被打退了。

机场保卫战历经5个多小时，最终，21团以较小的代价，连续打垮了敌人3次进攻，击毁坦克5辆，击毙敌人100余名，粉碎了敌人企图夺回南苑机场的美梦……

南苑机场回不来了，傅作义有气，却不好再朝92军军长黄翔发泄。因为黄翔连吃败仗，无脸见人，早已躲得远远的，不敢在傅作义的面前露面了。

傅作义只好让他的参谋长李世杰赶紧派人，在北平城内和天坛抢修临时机场。

一旦失去了天空，大地还存在吗？

傅作义不由痛苦地想。

4. 靠“铁脚板”打赢这一仗

郑长锁是个新兵。

辽沈战役结束，东北许多屯子里的小伙子一个个胸前戴上大红花，参军来到了部队——郑长锁便是其中的一个。

此前，郑长锁当过民兵。他扛过枪，是老套筒子。也打过仗。但郑长锁认为那不是真正意义上的打仗，仅是在公路旁骚扰阻击敌人，放几枪而已。参军后，郑长锁做梦都想打仗，打大仗。当他听说他所在的部队——东北野战军第9纵队——参加过百团大战，还与侵华美军在安平对抗过，尤其是在辽沈战役中，攻克锦州，会战辽西，解放营口，活捉过国民党上将范汉杰和6兵团司令卢浚泉等敌军高级将领，兴奋得不得了。他想，要是早半年参军就好了，肯定能打上仗，立大功！

后来，郑长锁真的就打上仗了。

不过，那一仗是在华北打的。郑长锁所在部队奉命，11月23日出发，经过16天的长途跋涉，入关后，于12月9日抵达冀东迁安县建昌营，然后一鼓作气，每天以50多公里的行军速度，继续向玉田、丰润挺进……所以说，那一仗打得不容易，从某种意义上讲，是靠铁脚板打了一个大胜仗。

郑长锁18岁参军。在此之前，他从来没有在这么短的时间内，走过这么多的路。

行军的第二天，郑长锁的脚上就打泡了。当时他不知道，就觉得疼，起先以为鞋子小，或是鞋里进了石子，硌了脚；后来越走越不对劲竟连脚底板着地，都不大方便了。班长看他走路一瘸一拐的样子，就知道怎么回事了。班长说，到了宿营地，我用马尾给你挑泡，明天准好。

班长名叫王国春，老兵，有经验。

那天，郑长锁咬紧牙关，一步不落地跟着队伍，坚持走到了宿营地。是班长王国春帮他脱的鞋子。他看见自己的脚上全是血。其实，不用班长帮着挑泡，泡已经全部被他在路上磨破了……

班长从伙房给他打来热水，让他烫脚。班长说，烫烫脚，便于恢复疲劳。郑长锁就把脚放进热水里。水很烫，烫得他丝丝啦啦直吸凉气。不过，烫了脚，果然很舒服。

后来，班长还教他把腿抬高了睡觉。班长说，你的两条腿劳累一天了，血液不循环，瞧，都肿了，一按，一个洼窝儿。等到躺下了，想着把腿朝上抬，抬高一点，一觉醒来，腿上的浮肿就会自然消下去。

再后来，行军时，班长便会照顾他，把他身上的背包取下，背在自己的身上。郑长锁不愿意。班长就说，我先替你背着，等过几天，你适应了行军，再还给你。这样，班长的背上就多了一个背包，鼓鼓的，像座小山。

大约走到第6天，或是第7天，郑长锁果然适应了长途行军。他的脚上不打泡了，尽管腿肚子仍旧很酸，但比早先抗疲劳了。这样一来，他的背包便又回到了自己身上。

作为一名连队的普通战士，郑长锁肯定不会详尽地了解早在东北野战军主力入关前，即1948年11月18日18时，毛泽东以中央军委的名义急电林彪、罗荣桓、刘亚楼："望你们立即令各纵队一两天时间完成出发准备，于21日或22日全军或至少8个纵队取捷径以最快速度行进，突然包围唐山、塘沽、天津三处敌人，不使其逃跑，并争取使中央军不战投降（此种可能性很大）。"当然，郑长锁也不可能会知道毛泽东曾经说过"发扬勇敢战斗、不怕牺牲、不怕疲劳和连续作战（即在短期内不休息地接连打几仗）的作风"这样的话。他只晓得服从命令，听从指挥。他还晓得大部队之所以紧急入关，马不停蹄地赶路，是为了切断天津与塘沽之间敌军的相互联系，并完成对天津的包围，不让敌人从海上逃跑——这是当初入关动员大会上连长说的。后来，行军途中，班长又不止一次说过这样的话。于是，郑长锁明白了部队为什么每天都要急行军50多公里，为什么要抢在敌人的前头完成上级对津、塘之敌进行隔离包围的作战部署。郑长锁不怕吃苦。郑长锁后来越走越有劲。

当郑长锁所在的部队直扑北宁路，赶到唐山时，驻守在那里的敌87军听说东北野战军主力9纵来了，吓得魂飞魄散，竟连最初的象征性的抵抗都没有，慌里慌张，弃城而逃。

原本郑长锁以为他大老远地赶来，能够在唐山打上他入伍以来的第一仗，谁知敌人太窝囊了，简直就是瘆蛋一个，连个照面都不打，就跑了。这让郑长锁不免感到有些遗憾。但郑长锁转而又想，既然敌人跑了，那就追吧。反正铁脚板早已练出来了，敌人逃到哪里，咱们就打到哪里！

接下来，部队急行军9个多小时，追到芦台。

芦台的敌人又跑了。

郑长锁忍不住问班长："怎么敌人这么不经打，见我们来，一个个脚底抹油，溜得贼快！"

班长王国春说："他们已成惊弓之鸟了！"

班长王国春接着补充说："这话是毛主席说的。"

郑长锁惊讶不已："毛主席不是在西柏坡吗？相隔这么远，他怎么知道敌人像一只被我们赶走的什么之鸟？"

班长就笑。

班长说："毛主席啊，站得高，看得远。他全知道。他还知道你郑长锁在急行军，追赶敌人呢！"

郑长锁问："真的？"

班长说："真的！"

郑长锁心想毛主席在看着自己呢，自己得加油，甩开膀子，跑步前进，一定要追上逃跑的敌人，把他们消灭掉！

12月14日，郑长锁所在的部队终于在一个叫作青坨子的地方追上了逃敌，结果仅用8分钟，就歼灭了敌人1,100多名……

在郑长锁当兵的历史中，青砣子之战，是他首次参加的战斗。

当时，郑长锁不可能知道，再过几天，华北的敌人就会完全被我军分别分割、隔离和包围在张家口、新保安、北平、天津、塘沽等5个城市内。战况的进展十分顺利，到12月20日，分割包围敌军的任务便完成了。比毛泽东规定的12月25日，提前了5天。

更让郑长锁想不到的是，经过青砣子一仗，从此他不再是一个新兵了。

一个战士，从新兵到老兵的过程，说长也长，说短也短，其实，一次战斗，足矣。

❶ 我军炮兵准备向敌军阵地轰击。

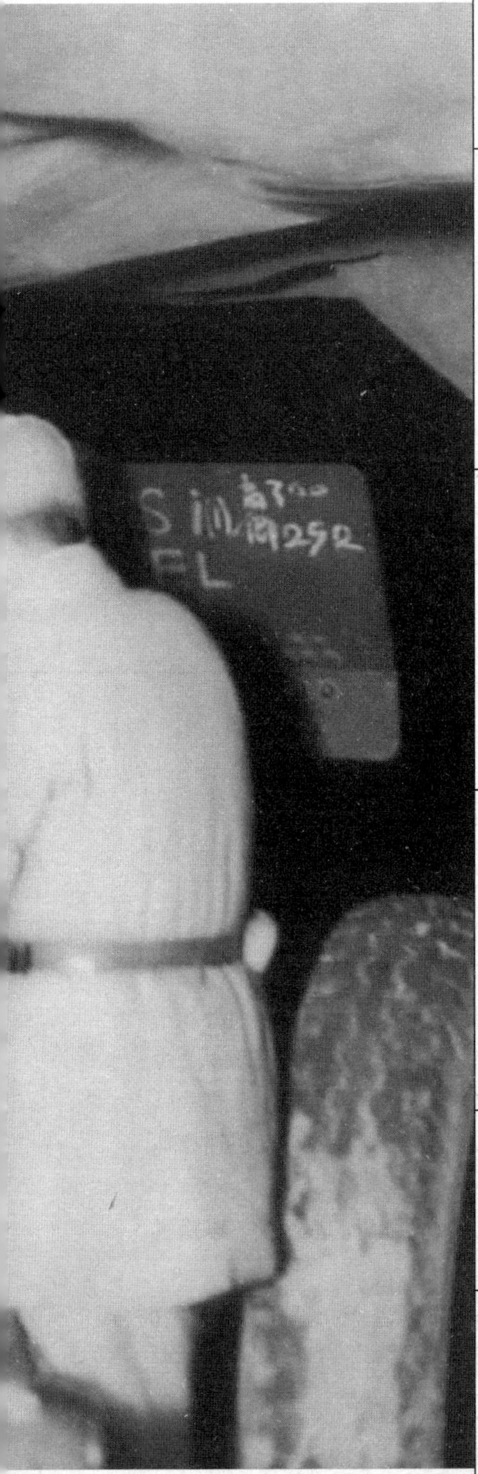

★ ②

★ ③

★ ④

★ ⑤

❷ 群众自发帮助我军搬运武器。
❸ 战斗中的我炮兵阵地。
❹ 我军某部正在森林草丛中追击逃敌。
❺ 我军大炮准备向敌阵地轰击。

刘亚楼

(时任东北野战军参谋长)

为了完成这一具有伟大历史意义的战役任务，解放华北全境，遵照毛泽东同志的指示，东北和华北我军在林彪、罗荣桓、聂荣臻等同志组成的平津前委和平津前线司令部的统一领导和指挥下，华北我军2个兵团、7个纵队及地方骑兵、步兵部队20余万人，迅速从平绥线上展开；东北我军12个野战纵队、1个炮兵纵队、1个铁道纵队，80余万人，在辽沈战役后，不待休整，不顾疲劳，迅速挥师入关作战。

于是，我百万大军在东起滦县西至张家口长达500余公里的战线上，以疾风暴雨之势，展开了规模巨大的战役行动。

——摘自：刘亚楼《平津战役的胜利闪耀着毛泽东思想的光辉》

谭　政

(时任东北野战军政治部主任)

入关各路大军于集结地域稍作休息，根据《目前作战的政工动员》和《关于平津作战政治鼓动的指示》，进行了简短的政治动员，先后向预定目标急进。

4纵、5纵和11纵于（12月）17日从西北和西南面包围了北平；6纵、10纵、3纵和华北7纵隔断了北平与天津之间的联系，并准备阻击平、津敌人突围；8纵、9纵、7纵、12纵、1纵、2纵及特种兵主力，不久也完成了对天津、塘沽敌人的包围。

——摘自：谭政《东北野战军平津战役政治工作》

第三章

一颗子弹在向目标接近

∧ 1946年毛泽东在陕北延安。

宝塔山，延河水。一曲信天游唱得人心动。

在一间窑洞里，一个身穿粗布军装的人，坐在桌前。他用手中的毛笔，往墨盒里醮了醮，然后沉思片刻，在纸上写下四个大字："实事求是"。

顿时，墨香四溢。

很多日子之后，在华北平津前线，那一抹淡淡的墨香，仍在风中萦绕……

1.3个纵队的将领共同签发了一份电报

接到收复张家口的捷报，毛泽东接连说了三声"很好"，然后便将目光迅速移向地图上的塘沽。眼下，平绥线为我军控制，傅作义的嫡系主力大部丧失，西逃之路完全被堵，接下来，平津战役的重心自然要转移到围歼平、津、塘蒋介石的嫡系部队上来。至于下一步棋如何走，毛泽东胸有成竹。

毛泽东的思路，是打大歼灭战，不让华北之敌的一兵一卒逃脱。我军歼灭新保安、张家口之敌，实现了毛泽东的西线战略计划；那么，东线呢，即"先取塘沽，后攻天津"，彻底断绝华北敌军的南逃退路。

于是，毛泽东用手中的红铅笔，在地图上那个标有塘沽字样的地方，画了一个圈。

被画有红圈的塘沽，醒目得很，一下子从地图上凸现出来。

塘沽，位于渤海湾海河入海口北侧，西距天津45公里，是华北地区重要的港口。自打明代以来，塘沽就是海防要塞。它不仅是控制天津的沿海前沿，也是北平的海上门户。解放战争期间，作为华北国民党军的出海通道与海上补给线，蒋介石和傅作义深知塘沽的重要性，所以一直以重兵把守。

现在，被毛泽东用红色铅笔在地图上画了圈的塘沽，同样在另一个不同的场合，被林彪画了一个圈。随后，林彪放下手中的红铅笔，宣布命令，由7纵司令员邓华、政治委员吴富善统一指挥2纵、7纵、9纵共10个师，歼灭塘沽和大沽之敌，即进行塘沽战役。并预定，战役发起攻击的时间为12月27日以后。

林彪作出上述决定的这一天，是1948年12月20日。

第二天，也就是1948年12月21日，毛泽东电告林彪等："攻击塘沽的迟早，以我军由大沽或塘沽附近是否可以炮击塘沽海港和完全封锁塘沽来作决定。如果不能完全封锁，该地敌人仍有由海上逃跑的危险（据外国通讯社报道，国民党有一批军舰在

天

< 1948 年 12 月 24 日，我军解放张家口在街头受到人民群众的热烈欢迎。

塘沽附近)，则我军应不惜疲劳，争取于尽可能迅速的时间内消灭塘沽的敌人。如果塘沽海港能由炮火完全封锁，敌人无法逃跑，则可从容部署攻击，不必性急，大体于本月底或下月上旬夺取塘沽即可。”

根据毛泽东的指示和林彪的安排，7纵司令员邓华、政委吴富善立即与2纵、9纵的首长会商作战任务，划分作战区域，并分头派出部队深入前沿侦察敌情，以便制定具体的作战计划。

会商结束时，3个纵队的将领们信心很足，按照以往经验，动用10个师的兵力，拿下塘沽，不成问题。所以，他们在分手时，心情很好地相互开起了玩笑。这个说：“喂，悠着一点打啊，别太贪了，把属于我们的活儿顺手稍带揽了过去！”那个说：“你就放心好啦，我们有肉吃，自然少不了你们有汤喝！”……

但这种好心情持续时间不长，3个纵队的将领们神情便严肃起来。他们几乎同时发现，这个仗不好打！

究竟怎么回事？

先说说7纵。

7纵司令员邓华派侦察分队，很快摸清了敌人的情况。据侦察兵报告，此处属于水网地带，沟渠纵横，沼泽遍地，加上水中盐碱含量较大，即使是寒冬腊月都不上冻结冰。这样一来，不仅不利于大部队

国民党海军第3舰队

1933年7月5日，东北海军接受国民党军委会的改编，改称海军第3舰队。此时第3舰队有大小军舰13艘、水上飞机8架、陆战队和教导队非舰艇人员共2,300余人。抗日战争时期，时任青岛市市长、青岛防区指挥官的沈鸿烈和副指挥官、第3舰队司令谢刚哲，在对峙的日舰队奉命南下后，将驻泊青岛的军舰自沉，人员从陆上先后转移到武汉、宜昌，改编为江防要塞部队，后又转移到重庆。

机动作战，而且重火器也不便展开。此外，守敌有海军第3舰队主力舰“重庆号”以及其他十多艘军舰协助防卫，且津塘防守司令侯镜如的司令部就设在舰上，一旦双方交战，敌人稍稍感到危险，便随时可以放弃陆上的阵地，逃往海上。同时，海上的军舰亦可以用炮火对我军的进攻进行拦截。

邓华思考再三，为了稳妥，决定派少量部队对敌人进行一次试探性攻击。

∨ 国民党海军主力舰“重庆号”巡洋舰。

12月23日，7纵20师在纵队炮兵团和师山炮营的火力掩护下，开始攻击敌方的海滩车站。

炮火十分猛烈。

起先，我方炮火占上风，步兵纷纷出击，但很快，敌人的远程大炮，以密集的火力，对我方进行了压制。而在我步兵前进的道路上，无乎一览无余，没有什么地形地物可供利用。也就等于说，战士们完全暴露在敌人的火力射击之下。打到后来，虽然歼敌700余人，但我军损失惨重，竟伤亡600多人——几乎打了一个平手！

这样的仗，对7纵司令员邓华来说，近乎于耻辱。

身经百战的邓华，1927年3月就加入了中国共产党。1928年参加湘南起义后，随朱德、陈毅上了井冈山。时年20岁，就担任了红1军的师政委。抗战期间，参加过平型关战斗和百团大战。解放战争中，他率领7纵围歼廖耀湘兵团，生俘国民党军49军军长王铁汉等高级将领多人，是我军中赫赫有名的一员战将。眼下，这么难打的仗，他还是第一回遇上。对此，邓华心里十分焦急。

再说说2纵。

2纵司令员刘震亲自带领各师的指挥员顶风冒雪来到预定的作战区域勘察地形。

刘震将军颇具传奇色彩。比如说，1934年5月6日，徐海东军长指挥红25军奇袭皖西罗田县城（现属湖北），歼敌一部，缴获武器上百、法币7000。战后总结，刘震却说："此役不算全胜。"然后，刘震挑出战斗中存在的诸多问题。徐海东听了大喜，说："刘震这个兵有战术眼光，可以当连长指导员！"随后，刘震便破格由战士直接提拔为75师224团1营1连指导员。再比如，红军缴获敌人的大炮，因不懂得使用，一般或扔了，或埋了，或毁了。刘震好学，便拿来摆弄，结果总能把炮打响，在战斗中派上用场。为此，徐海东曾高兴地奖赏过他毛巾一条，茶缸一只。后来，抗日战争中，刘震将缴获的一门日本迫击炮，改装成曲射平射两用炮，曾攻克过敌人140多个据点！

可是，面对塘沽众多的沟渠水洼以及那些冬天不结冰的大片盐田，即使善于用炮的刘震，也感到无力封锁海面和切断敌人海上的退路。

最后说说9纵。

9纵和7纵的经历大同小异。12月24日，9纵司令员詹才芳派

75团对大沽进行试攻，结果守敌海陆协同，炮火凶狠，致使我军两次突击都未奏效。

更让詹才芳恼火的是，9纵由7纵的21师配合，攻占塘沽西北的新河镇。此仗从早上8点钟，一直打到下午6点，整整打了10个小时，结果呢，仅仅歼敌140多人，而自己却伤亡400人，亏不亏吧，简直如同打了一场败仗！

12月25日，3个纵队的将领们不约而同地走到了一起。

邓华说："窝囊，真窝囊，试探性地打了一下，看来这块骨头不大好啃啊！"

接着，邓华说："你们知道，我老邓可不是那种遇到一点困难就往后退缩的人。眼下，在这样的地形和敌情条件下，用3个纵队的兵力打塘沽，不仅部队面临很大的伤亡，而且很难速战速决，达到预想的目的与效果。"

詹才芳说："对，要是这样打下去，损耗太大，最多只能封锁塘沽港口，却不能全歼敌人。此外，一旦塘沽之战不能速决，待打到一定程度时，没准天津的敌人就有可能乘机突围，或是东进塘沽，或是西逃北平，若是那样，平津战役的情况就会变得复杂化了。因此，依我看，对塘沽之敌的攻击，在时间上宜推迟，以便进行更加充分的准备。"

刘震想了想，说："要是我们换个思路，不打塘沽，打天津，不是同样可以达到阻止平津之敌从海上逃跑吗？再说，打天津的影响要比打塘沽大多了，而且对我们更为有利。"

说到这儿，大家一时沉默下来。因为"先取塘沽，后攻天津"是中央军委和毛泽东制定的作战部署，林彪也是同意的。要是推迟塘沽战役的发起时间，或是改变这样一个作战计划，事关大局，则并不是他们3个纵队的司令员所能当家做主、拍板决定的。况且，他们想过，塘沽之战，是我东北野战军入关打的第一大仗，对外界的影响实在是太大了！

但这又不能不让他们去想。

毕竟他们是塘沽战役作战计划的具体落实者。

山一般的重任，担在他们的肩上啊！

怎么办？

刘震笑了笑，最先打破沉寂。他说："一切战争指导规律，依照历史的发展而发展，依照战争的发展而发展，一成不变的东西是没有的——哎，这可不是我说的，是毛主席说的。"

詹才芳跟着说："如果计划和情况不符合，就必须依照新的认识，构成新的判断，定下新的决心，把已定的计划进行改变，使之适合于新的情况——这也不是我说的，是毛主席说的。"

作为塘沽战役的指挥，邓华表态说："既然英雄所见略同，那我们就实事求是，把我们的意见，用电报的形式，联名上报给林总。"

邓华在说这席话的时候，语气相当平静。

然而，就是这么一句声音并不洪亮的话语，掷地有声，分量该有多么重啊！

> 詹才芳，1955 年被授予中将军衔。

当晚，3个纵队的将领们经过慎重研究与讨论，共同签发了如下内容的一封电报：

（一）东为渤海，南为海河，我无法四面包围，炮火亦很难封锁海口，敌可背海顽抗，实难断敌退路，全歼敌人。

（二）除渤海、海河之外，河沟很多，虽宽一丈左右，但水深及腹，潮来更深。除铁路电道与铁路东一条小道原有桥外，其余不易通过，而敌则可凭河沟坐守。

（三）北宁路南有断续房屋，较好接近。西北直至海边均为草地、盐田，广阔平坦，潮湿泥泞，挖沟有水，不便部队展开及攻击。

（四）市街狭长，虽可并肩由西向东打，但部队展开亦有限度，且形成平推，最好是南与北腰斩敌人为几段。但北面地形很坏，虽然在铁路、公路以东有一条小道，但河沟更多，不可能成为主攻，故断市内敌人之退路，与分割新港敌是困难的。

（五）市内河沟池沼亦多，市街断续空地很多，便于敌人采取纵深点配备。我则是连续的突破，费劲，费时，而敌陆海炮火均可配合。

（六）目前作战形势需要打塘沽，而且要快，但从地形来看很不好打，必须有充分的准备，仓促过急会打莽撞仗，如海滩战斗代价很大，时间很长，还不能歼灭敌人。此次为我们入关第一大仗，故必须慎重从事，充分准备。2纵、9纵及炮兵均须于明日集结完毕，故攻击时间推为月底打为宜，最好下月初。据我们估计，塘沽为平津敌人惟一退路，如不打而跑的可能较少（据供，敌人要守，到塘沽后赶筑工事便可证明）。万一跑了于敌更为不利，而便可打天津、北平。反正迟打、早打，退路步兵难切断的，还是以充分准备，细密组织为好。我们当尽一切克服困难，完成任务。请批示，保证坚决执行。

电报发出后，3个纵队的将领们不免有些紧张，他们对作战方案作出了如此大的变动，东北野战军总部和中央军委能同意吗？林彪会怎么认为？毛主席又会怎么看待他们？

时针在一分一秒地走着。

他们翘首以待。

历史，也在翘首以待。

2. 不能让敌人逃走

是因为林彪喜欢安静，平津前线总部才如此悄然无声吗？

这里所有的工作人员，走路轻轻，说话轻轻，办事轻轻，放置东西轻轻……无声之中，竟让人轻而易举地感受到一种隐藏着的巨大的力量的存在。

在静静的氛围之中，林彪在看地图。

林彪盯着那张地图已经很久了，以至于你不知道他是在看地图，还是借用看地图的方式脑子里思考其他问题。他时常会抱手于胸前，用一种固定的姿势，一动不动，独自默默地坐上一两个小时。

地图上的塘沽与天津，被几只拖着长长尾巴的红色箭头追赶着，像是某头就要被叼住的猎物。而此刻，林彪的目光落在它们身上，如同靶心插上了一支支呼啸而至的箭。

塘沽前线指挥员联名发来的电报，林彪收到了。

华北军区参谋长赵尔陆向平津前线总部发来的敌情报告，林彪也收到了。

林彪是个不按常规思维的人。眼下，林彪正在把从不同方向发来的这两封电报，放在同一个层面上比对，然后进行思考。

邓华等人说，塘沽东南两面临海，且登陆处都是盐田，冬季不结冰，不便于大兵力使用。何况侯镜如的指挥部设在军舰上。他的5个师，一有风吹草动，就往海上逃，以至于难以将他们全部歼灭。

赵尔陆说，据谍息，平津地区的国民党军准备突围。其迹象为，傅作义急电召回他在平津司令部进行和谈的代表。此外，蒋介石从12月15日起，连续数日，派人来北平和天津进行游说，尤其是12月23日，蒋介石的儿子蒋经国亲自出马，来到北平，加

∧ 时任东北民主联军总司令的林彪。

重了运作的砝码。这些人穿梭不息，其目的在于劝说傅作义和陈长捷将部队集中到天津或是塘沽，然后从海上撤离。

两封来电透露出的信息，很快引起了林彪的警觉。

由此，林彪作出了平津之敌突围象征甚多的判断。

在林彪看来，我军攻击塘沽时，平津的敌人有极大的可能冒险向塘沽突围和增援的企图。如果我军攻击塘沽不能迅速得手，情况就会朝着不利于我的方向转化。这从邓华等塘沽一线指挥员的来电中不难看出，要想迅速拿下塘沽，的确不是一件很容易的事。

其间，还有一个特殊的神秘人物，也对林彪说过塘沽不好打。这个特殊而又神秘的人物，就是国民党天津塘沽防守司令侯镜如。辽沈战役结束后，侯镜如的部队调入北平。当时，侯镜如在地下党的策动下，曾与我军联系过起义事宜。后来我军隔断津、塘，准备进攻塘沽时，侯镜如秘密派人给林彪送过一封信，提出如果我军攻打两沽，伤亡势必过大，而对方极易从海上撤走。于是，侯镜如真心实意地建议林彪，说贵军为何不去攻打天津？

现在看来，似乎有些黑色幽默般的可笑而又滑稽，两军对垒，一方的司令竟然暗通另一方，且胳膊肘朝外拐，悄悄地在帮对方的忙。但这却是历史的真实。生活的千变万化与丰富多彩，常常会超越人们的经验范畴之外，让正常的想像瞬间变得苍白无力。

想到这里，林彪口述一份电文，致中央军委："平津敌突围象征甚多，塘沽、大沽目前水的阻力太大，兵力用不上，故对两沽的攻击时间拟予推迟。"

实际上，林彪在平津前线总部面对地图思考塘沽与天津的战事时，毛泽东也在地图旁关注着战局的下一步走向与发展。他和他想的几乎是同一个问题，区别仅仅在于，两个人所在的地理位置不同而已。

毛泽东接到林彪26日发来的电报，立即于同日22时复电："既然平津敌突围象征甚多，目前攻击两沽亦有困难，自应推迟攻击两沽时间，并请考虑将迫近两沽之我军向后撤退，敌人见我不去攻击就不一定会逃跑。若干天后海边封冻，再考虑是否进攻。该敌只有5个师，即使从海上跑掉也不要紧。"

< 20世纪40年代身着军服的蒋经国。

接下来，毛泽东于26、27、28日连续给林彪发电报，要求林彪迅速做好防止平津之敌突围的计划。

在毛泽东看来，好不容易网住的大鱼，岂有让它轻易跑掉的道理？

于是，毛泽东要收紧渔网。

以下，是毛泽东发给林彪一系列电文中归纳后的要点：

一、应严防平津两敌突围逃跑。"4纵到后请考虑兵力是否足够，如不足够则应调杨成武部甚至杨得志部参加平津作战。"

二、适时调整部署。

三、"不要放走傅作义代表，并应停止其与傅作义通电。"

四、迅速控制卢沟桥、静海等处，防敌南逃。

五、要求华北1兵团做好堵击平津敌军南逃的准备。

……

人们常说，表情可以反映出一个人的心境。

可是林彪平时面部总是风平浪静——没有表情，则是他脸上常有的表情。

接到毛泽东连续发来的电报后，别看林彪面部"涛声依旧"，但他心情却很好。遵照毛泽东的指示，林彪在制定防止平津之敌突围的部署时，已将放弃攻占塘沽后的作战目标初步移向了天津。

林彪认为，"我们应有与平、津、塘敌30个师同时作战的准备，要把它看做一仗，因敌可能在我打一处时，其他两处同时动作，以孤注一掷之决心，以侥幸成功。为慎重起见，我两杨兵团皆开北平附近为好。这样能使力量有余裕，即令我军在作战过程中有某些差误，亦能有余裕力量补救。"

毛泽东同意。

林彪随即下命，调兵遣将。

12月29日，华北第2、第3兵团迅速向北平前进，分别在孙河镇和沙河镇地区集结。至此，担任包围北平任务的我军兵力共计13个纵队，40余个师，合50多万人！

一切部署妥当，林彪开始考虑塘沽问题。

12月27日，受命派往塘沽前线的刘亚楼参谋长与邓华等人给林彪来电，建议放弃塘沽，攻打天津。

尽管林彪心中有数，但他不急于表态。

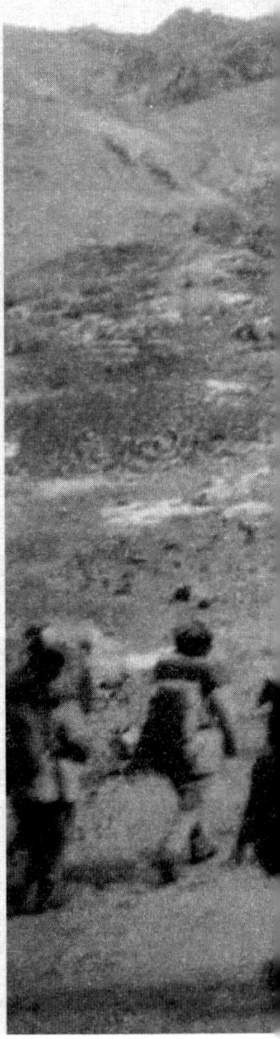

V 我军华北军区部队与东北野战军部队会师八达岭后，并肩通过居庸关。

林彪要等刘亚楼回来。

林彪双手抱于胸前，以一种固定的姿势，静静地坐在那里。在他的面前，是一幅悬挂在墙上的巨大的作战地图……

3. 放弃，是为了更好地获取

3个纵队的将领们在忐忑不安中，等来了平津前线司令部的回电："刘亚楼参谋长明晨带有关人员到7纵指挥部听取汇报，并实地察看地形。"

这就是说，尽管上级没有对他们变动作战方案的意见作出直接的或明确的答复，但领导的重视，却让这3个纵队的指挥员感到十分欣慰。

＜1945年，时任山东军区政治部主任的萧华。

其实，他们发出的电报送达林彪手中时，林彪也像他们一样，一度陷入深深的思考之中。

"先取两头，后取中间"是中央军委和毛泽东的作战计划。"两头"的西头，是新保安、张家口，东头便指的是塘沽。此间，毛泽东一再提出"力争先歼塘沽之敌，控制海口"，只要歼灭了塘沽之敌，"控制海口于我手中，则全局胜利在望"。而眼下林彪从来电中看出，塘沽前线指挥员显然认为这一仗暂时不打为好，或在精心准备之后再打。可是那样，时间又不允许。

这让林彪有点犯难。

其实，林彪曾考虑过不打塘沽，但他不好马上表态。于是，林彪想了想，然后把邓华等人共同签发的电报全文转发给中央军委，与些同时，派参谋长刘亚楼去塘沽前线进行考察、论证。

12月26日上午9时左右，东北野战军参谋长刘亚楼和特种兵纵队司令员萧华，率领作战处长苏静等人一行，乘坐吉普车风尘仆仆地来到了7纵驻地。

刘亚楼下车后，立即召集会议，听取汇报。

邓华是塘沽前线指挥，最有发言权。

邓华先是从塘沽地形方面分析了部队展开攻击的困难。他说，敌人以塘沽外围盐滩地为防御前沿，从正面向纵深层层设防。虽然我可利用盐堤作为攻击出发地，但要接近敌人的前沿阵地，仍要通过大片盐田。也就是说，开阔地太大，于我极为不利。如果在这种情况下，冒着敌人陆上和海上的交叉火力强行进攻，将付出很大的代价。接着，邓华汇报了部队试攻的情况。邓华说，打得很被动，整个的感觉就是老牛掉进水井里，有劲使不上。最后，邓华认为，在目前情况下，仗不是不可以打，但付出与获取不成正比，只能把敌人赶走，很难按照东北野战军总部的要求，全歼敌人，迅速占领塘沽。

刘亚楼认真地听着，并不时在笔记本上作记录。

听完汇报，刘亚楼不急于表态。他合上笔记本，对萧华等人说："走，出去看看。"

这一天，天很冷，北风呼啸寒风刺骨。

路上到处是积雪。

脚踩在雪上，不时发出"嘎吱嘎吱"的声响。

邓华陪同刘亚楼和萧华一起来到前沿阵地察看地形。他生怕由于他们先前的侦察不够仔细，留有疑点，而影响总部的作战决心；同时，他还担心刘亚楼等人的安全。毕竟这里离敌人很近，要是被敌人发现了，比较麻烦。敌人舰炮的一个群射，弹着点，足以覆盖这一大片区域。

于是，刘亚楼用望远镜观察敌阵，邓华却在看刘亚楼。

邓华的心，悬在空中。

不过，好在刘亚楼一行行动隐蔽，在看地形的半天多的时间里，没有给敌人任何袭击的机会。

其间，刘亚楼一言不发。

邓华也不发一言。

直至暮色降临，他们默默地回到7纵司令部，然后默默地吃晚饭。

饭后，刘亚楼开口说话了。

刘亚楼说："开会。"

接下来，就开会。

会上，刘亚楼说："听了汇报，也看了地形，说说我的想法。原先中央军委和毛主席要我们先打塘沽，目的十分明确，即是为了控制海口，防止天津的敌人从海上逃跑。其次，是歼灭敌人，迫使平、津之敌放下武器。但现在看来，由于塘沽地形等原因，仗一旦打起来，不仅代价大，而且难以速决，况且敌人的指挥部设在军舰上，我们不可能对其进行完全的包围，这样也就不能将敌人全歼。一算细账，是有些不大合算。"

说到这里，刘亚楼朝与会的3个纵队的司令员和政委看了一眼，接着，以询问的口气说道："那我们该怎么办？"

没等人回答，刘亚楼笑了笑，然后说："要是把先打塘沽改为先打天津，你们看，打起仗来是不是更有胜利的把握？"

一席话，使会场的气氛活跃起来。

邓华说："参谋长，其实我们昨天就讨论过，先打天津，利多弊少，不仅可以争取时间，不让天津的敌人跑掉，而且还可以切断北平敌人东逃的去路，对敌人起到威慑作用。只是……"

邓华不说了。

刘亚楼说："接着往下说。"

邓华说："只是便宜了塘沽的好几万敌人，让他们从我们的手指缝里溜了！"

刘亚楼说："不要什么都舍不得丢。放弃，是为了更好地获取。即使让塘沽的敌人跑了，他们又能跑到哪里去？迟早会被我们歼灭！"

会上，大家一致决定由7纵参谋长高体乾执笔起草了一份电报，刘亚楼、邓华等人共同署名后，立即发给了林彪。在这份电报中，他们建议：我军应以时刻准备堵击北平之敌突围为主要任务，建议以5个纵队部署于天津周围，以两三个师对付两沽之敌。如北平的敌人突围，则集中在北平、天津周围的9个纵队堵歼。如北平的敌人不突围，则在攻击准备完成后，先攻歼天津之敌。也就是说，他们在此明确地建议，将先打塘沽改为先打天津。

林彪接到电报后，并没有立即作出改变作战计划的决定。

林彪在思考。林彪思考问题时，有个嗜好，即吃黄豆。他吃得很慢，一粒黄豆在他嘴里能嚼很长时间。甚至有时嚼着嚼着，他会中途停下来，就像把吃黄豆这件事忘了

> 高体乾，1955年被授予少将军衔。

高体乾

辽宁建平人。土地革命战争时期，任东北抗日义勇军第1军12支队支队长。抗日战争时期，任山西省高平县游击队队长，山西青年抗敌决死队第3纵队7团团长、纵队参谋长，太行军区第5军分区参谋长，太岳军区第3军分区参谋长，太岳军区司令部参谋处长。解放战争时期，任东北辽西军区第5军分区司令员，辽吉军区第4军分区司令员，东北野战军第7纵队参谋长，第四野战军48军参谋长。

似的，以至于过了好一会儿，才想起来，然后继续嚼。因此，林彪的衣兜里，经常装着一两把炒熟的黄豆。而这一两把黄豆，足以让他吃上好多天。

眼下，林彪一边慢慢地嚼食着黄豆，一边想，此事事关重大，一定要稳妥。要接受辽沈战役中打锦州时给中央军委发电要求改变部署的教训。不用着急。等刘亚楼回来，仔细研究后，再作决定也不迟。

这样一来，从12月27日林彪接到刘亚楼等人从塘沽发来的电报，到12月29日林彪和刘亚楼致电中央军委建议改变作战计划之间，便有了两天的间隔。

慎重，可以用时间来表现它所具有的程度吗？

总之，林彪对于放弃攻击塘沽，转而攻取天津，态度非常慎重。

林彪和刘亚楼在发往中央军委的电报中说："两沽战斗甚难达到歼敌目的，且因地开阔，河沟障碍，我兵力用不上，伤亡大而收获小，亦必拖延平津作战时间。我在两沽附近的部队皆认为攻两沽不合算。""我们意见目前我军一面准备防平敌突围，但由于我目前未攻两沽，敌多半不敢突围。在此情况下，我军拟以5个纵队的兵力包围天津，进行攻天津的准备。在我未攻击前，如敌突围，则先打突围之敌。如我准备成熟时，敌尚未突围，则发动总攻歼灭天津之敌"。电报中还说："我原在两沽附近的部队，已大部到达天津附近。"

林彪后面的这句电文很有意思。

∧ 1939 年，时任八路军 115 师师长的林彪。

林彪等于先斩后奏，明确告诉中央军委和毛泽东，原先制定的先打塘沽的作战计划被他改变。他已经指挥部队围攻天津了。

那么，这封电报便不是在向中央军委提出建议，而更像是一份情况通报了。

那么，毛泽东接到电报会怎么想呢？

毕竟先攻塘沽是毛泽东最先提出，并且再三强调的啊！

12月29日，当毛泽东在西柏坡接到林彪和刘亚楼发来的这封电报后，仍旧像往常那样，习惯性地两手掐于腰间，站在那幅悬挂在墙上的巨大的作战地图前，静静地思考了一会儿，然后于当日夜晚复电林彪："放弃攻击两沽计划，集中5个纵队准备夺取天津是完全正确的。"

此时的毛泽东，好像已经完全忘记了原先攻打塘沽的计划是他制定的，或是他根本就没有把个人的某种因素看得比作战还要重要。毛泽东是一个伟大的人物，伟大的人物自然要有大的胸怀，才能关注与把握大的局势。

当然，毛泽东是一个仔细的人。他不可能忽略林彪在作战计划没有得到中央军委批准就擅自行动的错误。但他原谅了他。与一个新的作战计划的制定比较起来，林彪的先斩后奏便不算什么了。

这是西瓜与芝麻的关系。

毛泽东捡了西瓜，丢的仅是一粒芝麻。

至此，我军攻打天津的目标就这样锁定了。

天津，在东北野战军的枪口指向上，已成为与缺口、准星呈一线的第三个点……

4. 新版杨柳青年画

杨柳青是位于天津西边20公里的一个小镇。

杨柳青的民间木版年画很有名气，据历史记载，迄今已有600年的历史。

早在元末明初，一位民间艺人流落到这个小镇，为了谋生，逢年过节刻些门神、灶王等画来卖。时间久了，镇上的人争相模仿。到了明永乐年间，大运河重新疏通，交通的便利，给杨柳青带来了南

∧ 1949 年 1 月，时任东北野战军参谋长的刘亚楼（右）在杨柳青前线指挥部指挥作战。

方精致的纸张和水彩，大大促进了这里的绘画艺术发展。杨柳青年画中兴时期是在清代雍正、乾隆至光绪初期，那时候杨柳青年画的画样（粉本）就有几千种。到了清代中期，为杨柳青年画全盛时期，仅镇上的戴廉增画店一年生产的成品就达2,000件，每件500张，共达百万幅。当时，杨柳青全镇连同附近的30多个村子，“家家会点染，户户善丹青”，画店鳞次栉比，店中画样高悬，各地商客络绎不绝，已成为名副其实的绘画之乡。但是到了19世纪中期，尤其是第二次鸦片战争以后，杨柳青年画不景气了，渐渐开始衰落……直到1926年，霍派五世传人霍玉棠创建了杨柳青镇最大的“玉成号”画庄，打这之后，杨柳青年画才逐步复苏……

1949 年新年到来的前一天，有一位注定要载入平津战役史册的人来到了杨柳青。他就是东北野战军参谋长刘亚楼。就在这一天，刘亚楼受命担任天津前线指挥部总指挥，负责统一指挥攻取天津的战斗。

刘亚楼肩上的担子很重。东北野战军决定，以第1、第2、第7、第8、第9纵队22个师及特种兵部队12个团，共计34万人，参加天津战役。34万人，躺下来，就是一片辽阔的大地；立起来，就是座座巍峨的大山。作为前线总指挥，他必须对34万人的生命负责，对战役的胜利负责。

特种部队

在别国领土或敌后独立执行夺取或破坏重要目标、营救、侦察以及建立秘密组织等特殊作战任务的部队，最早出现在第二次世界大战期间。主要用于潜入敌后，侦察和搜集情报，绑架和暗杀军政要员，袭击和破坏重要设施，开展心理战，制造骚扰暴乱，进行颠覆活动等；有的还在己方占领区执行控制、安抚任务，用于对付叛乱、颠覆、袭扰、恐怖活动等。

< 待命攻击天津的我军炮群。

临来杨柳青之前，林彪特地和刘亚楼谈过话。林彪是个内向的人。他既然把夺取天津的重任交给他的参谋长，本身便是对刘亚楼的信任。于是，大战在即，林彪隐藏住自己的情感，表情异常严肃地对刘亚楼下达命令，限他在10天之内，必须把攻歼天津守敌的准备工作全部完成。

这么大的一场战役，其准备时间，只有10天！

10天是个什么概念？

240个小时。

14,400分钟……

在接受命令之时起，刘亚楼就觉得有一只时钟的指针，在他的耳畔嘀嘀嗒嗒地狂奔不止。

——那是战鼓在频频擂动吗？

——那是历史的脚步在向前急速迈进吗？

刘亚楼有压力，但更多的是信心，是渴望，是投身于战役指挥的满腔激情。

受命之后，刘亚楼立即动身来到了杨柳青——他把天津前线指挥部设在了杨柳青以东的桑园。

在桑园，刘亚楼连续召集各个纵队指挥员开会，详细地研究了天津的地形以及分析了天津守敌的情况。

天津市区狭长，南北长12.5公里，东西宽5公里。作为守敌的最高指挥官，陈长捷注重北部防守，在北部驻有重兵，而对南部的防卫，则借助于工事坚固，相对布兵较弱，以至于在兵力部署上，形成了“北部兵力强，南部工事强，中部皆平常”的特点。

俗话说，知己知彼，百战百胜。

抓住了敌人的防守特点，就等于把对手的一招一式一览无余、无遮无挡地展示在眼前。这样一来，敌人的弱点明显地突出了。接下来，仗怎么打，办法自然而然也就产生了。

于是，经过充分的讨论与论证，刘亚楼根据自己对前沿阵地的勘察，根据对天津地下党送来的情报分析，以及根据参战部队指挥员的集体智慧，最后决定将主攻方向置于中部，采取“东西并进，拦腰斩断；先南后北，先打弱敌，后打强敌；先分割后围歼，先吃肉后啃骨头”的作战方针，给敌人以致命的打击。

其具体部署如下：

由1纵司令员李天佑、政委梁必业统一指挥第1、第2纵队，配属特种兵部队地炮89门、高射炮15门、坦克20辆以及2个工兵团，加上纵队所属炮兵，共计大口径火炮273门，组成西集团，为第一主攻方向，由西向东进攻，从和平门附近南运河西岸地区相机寻求突破。

由7纵司令员邓华、政委吴富善统一指挥第7、第8纵队，配属火炮67门、高射炮8门、坦克10辆和2个工兵营，加上纵队所属炮兵，共有大口径火炮169门，组成东集团，为第二主攻方向，由东向西攻击，从天津以东王串场、民族门地区攻入。

由9纵及12纵第34师，配属特种兵部队地炮24门、装甲车16辆，加上纵队所属炮兵，共有大口径火炮96门，组成南集团，由9纵司令员詹才芳、政委李中权统一指挥，为助攻方向，由南向北攻击，从天津以南尖山子地区突破，配合东、西两集团，围歼南半城守敌。

由8纵独立第4师主力、第2纵独立第7师一部及野战军总部警卫团2个营，在城北民生门、丁字沽等处佯攻、迷惑和牵制敌人，以配合友军在主要方向上的作战。

由6纵第17师为总预备队，准备随时从城西加入第一主攻方向上的作战。

由12纵主力于军粮城地区，向塘沽方向警戒，以防天津守敌向该方向突围。

至此，一个完整的作战计划出台，东北野战军各参战部队按照部署，随后迅速向天津外围各指定地点集结。

一时，风起云涌。

空气中，已经弥漫出浓重的火药味。

在部署完毕，部队及时完成对天津的战役包围之后，刘亚楼仍然很忙。

面对一场大战，他有许许多多的事情要做。

但刘亚楼往往忙里偷闲，在途经某个老乡的家门口时，偶尔伫足站上一小会儿。他会很有兴致地欣赏那家老乡门上为迎接新年刚刚张贴不久的杨柳青年画《连年有余》。他喜欢年画上的娃娃"童颜佛身，戏姿武架"，怀抱鲤鱼，手拿莲花的姿态，更喜欢画中取其谐音，寓意生活富足的作品内涵。刘亚楼曾经留学多年，见识过许多苏联画家的油画大作。也就是说，作为一名高级军事指挥员的刘亚楼，他不仅熟读兵书，还对艺术有着较强的鉴赏能力。他略知杨柳青的历史，并知道杨柳青年画继承了宋、元绘画传统，吸收了明代木刻版画、工艺美术、戏剧舞台等形式，在制作时，采用木版套印和手工彩绘相结合的方法，先用木版雕出画面线纹，然后用墨印制，经套过两三次单色版后，再以彩笔填绘。这样既有版味、木味，又有手绘的色彩斑斓与工艺性，因此，民间艺术的韵味浓郁，更富于中国气派。他还懂得，杨柳青年画的艺术特点是多方面的，形成其艺术特点的条件也是多方面的。其中较为突出的是表现在年画的制作上。杨柳青年画的制作程序大致是：创稿、分版、

> 李中权，1955 年被授予少将军衔。

李中权

四川达县人。土地革命战争时期，任中共绥定道委宣传部部长，中共川西道委组织部部长，红四方面军政治部地方工作部部长，中共天全县县委书记，金川独立第2师政治委员等职。抗日战争时期，任抗大第二分校3团政治委员，冀东军分区政治部主任，冀热辽军区政治部主任等职。解放战争时期，任东北野战军第9纵队政治委员，第四野战军46军政治委员兼衡阳市军事管制委员会主任。

刻版、套印、彩绘、装裱。前期工序与其他木版年画大致相同，都是依据画稿刻版套印；而杨柳青年画的后期制作，却是花费较多的工序于手工彩绘，把版画的刀法版味与绘画的笔触色调，巧妙地融为一体，使两种艺术相得益彰。据刘亚楼所知，在年画的制作过程中，由于彩绘艺人的表现手法不同，同样一幅杨柳青年画坯子，可以分别画成精描细绘的“细活”，和豪放粗犷的“粗活”，尽管两者艺术风格迥然不同，但各具独自的艺术价值。

不过，刘亚楼实在是太忙了，他没有更多的时间欣赏杨柳青年画。他仅是利用片刻的空隙看一看他所喜欢的那些年画而已。接着，他便匆匆离去。他要下部队检查作战部署的落实情况，还要了解广大官兵学习新华社发表的新年献辞的心得体会。

1949年到来的第一天，新华社发表了毛泽东特地撰写的新年献辞《将革命进行到底》。

毛泽东的这篇文章写于1948年12月30日。当时，完全可以肯定，毛泽东已经预料到1949年对于中国革命来说，将是一个重要的历史转折点。黑暗即将过去，曙光就在前头。毛泽东对新的一年充满了信心，充满了激情。

于是，毛泽东用他那惯有的流畅而又智慧的笔法，在《将革命进行到底》中无比生动地写道：

……这里用得着古代希腊的一段寓言：“一个农夫在冬天看见一条蛇冻僵着。他很可怜它，便拿来放在自己的胸口上。那条蛇受了暖气就苏醒了，等到回复到它的天性，

便把它的恩人咬了一口，使他受了致命的伤。农夫临死的时候说：我可怜恶人，应该受这个恶报！”外国和中国的毒蛇们希望中国人民还像这个农夫一样死去；希望中国共产党，中国的一切革命民主派，都像这个农夫一样地怀有对于毒蛇的好心肠。但是中国人民、中国共产党和中国真正的革命民主派，却听见了并且记住了这个劳动者的遗嘱。况且盘踞在大部分中国土地上的大蛇和小蛇，黑蛇和白蛇，露出了毒牙的蛇和化成美女的蛇，虽然它们已经感觉到冬天的威胁，但是还没有冻僵呢！

中国人民决不怜惜蛇一样的恶人，而且老老实实地认为：凡是要着花腔调，说什么要怜惜一下这类恶人呀，不然就不合国情，也不够伟大呀等等的人们，决不是中国人民的忠实朋友。像蛇一样的恶人为什么要怜惜呢？究竟是哪一个工人，哪一个农民，哪一个兵士主张怜惜这类恶人呢？确是有那么一种“国民党的自由主义人士”或非国民党的“自由主义人士”，他们劝告中国人民应该接受美国和国民党的“和平”，就是说，应该把帝国主义、封建主义和官僚资本主义的残余当作神物供养起来，以免这几种宝贝在世界上绝了种。但是他们决不是工人、农民、兵士，也不是工人、农民、兵士的朋友。

……

几千年以来的封建压迫，一百年以来的帝国主义压迫，将在我们的奋斗中彻底地推翻掉。1949 年是极其重要的一年，我们应当加紧努力。

身在杨柳青天津前线指挥部的刘亚楼，从一张套红小报上读到毛泽东这篇大气磅礴、荡气回肠的文章时，忍不住连连叫好！在他的部队把天津守敌团团包围，即将发动总攻击的重要时刻，远在西柏坡的毛泽东，及时提醒他们，不要担当怜惜毒蛇的农夫，要将革命进行到底！

将革命进行到底——这是历史赋予中国人民解放军神圣的使命；

将革命进行到底——这是人民解放战争的车轮不可阻挡而发出的铿锵之声！

于是，刘亚楼很想到下面的部队走一走，看一看。他需要亲自检查一下战士们手中的枪擦得亮不亮，刺刀磨得快不快？

1949 年初升的阳光，映照着刘亚楼远去的背影。

远远看去，刘亚楼就像融入了一幅绚丽多彩的画作之中。

这是新版的杨柳青年画吗？

只有岁月知道。

< 刘亚楼，1955 年被授予上将军衔。

❶ 我军某部向守敌发起攻击。

★ ②

★ ③

★ ④

★ ⑤

❷ 我军重机枪掩护步兵追击敌人。
❸ 我军某部组织干部进行敌前侦察。
❹ 我军涉水过江，向前线进军。
❺ 我军某部冲向敌阵地。

刘　震

（时任东北野战军第2纵队司令员）

我们和各师指挥员冒着刺骨的寒风，踏着积雪，到预定作战地域勘察地形，选择突破口。

展现在我们面前的是无遮无挡的平坦开阔地，纵横交错的沟渠与未结冰的绵延盐田。同志们不约而同地皱起眉头，这里既不便构筑交通壕隐蔽接敌，也不便于展开兵力，且接敌攻击将造成大量伤亡。又据战报得悉：塘沽之敌第17兵团司令侯镜如已把指挥部迁到军舰上，随时准备从海上逃跑，而我们当时又无力封锁海面和切断海上退路，难以达到全歼塘沽守敌的目的。

所以，同志们建议不打塘沽，而先打天津。

在军粮城的7纵队指挥部，我们与7纵队司令员邓华、政委吴富善、9纵队司令员詹才芳等交换了意见，并以负责塘沽作战统一指挥的7纵队司令员邓华名义向东总发电，提出暂不打塘沽的设想。东总参谋长刘亚楼亲自到塘沽勘察。看完地形后，同意了我们的建议，并报中央军委。

中央军委发电同意，东总立即命令1纵、2纵、7纵、8纵、9纵、12纵及6纵的17师共34万兵力参加攻津作战，并组成天津前线指挥部，由刘亚楼任总指挥。

——摘自：刘震《天津攻坚战》

刘亚楼

（时任东北野战军参谋长）

……我军本拟首先攻歼塘沽之敌，但因塘沽背面靠海，地势开阔，河流、盐田很多，冬不结冰，既不能从侧后切断敌人退路，又不便从正面展开兵力，而守敌侯镜如的指挥部设在军舰上随时准备逃跑。

因此我军遵照毛泽东同志的指示，改变预定计划，首先歼灭天津之敌，只以一部兵力对塘沽之敌加以监视。

——摘自：刘亚楼《平津战役的胜利闪耀着毛泽东思想的光辉》

第四章

一团永远理不清的乱麻

∧ 我军某部在天津外围挖战壕。

一根藤，缠着一棵树，向上不断地攀援。树想摆脱藤的纠缠，不停地舞动枝干却总不能得逞。直至某一天，藤把树缠绕死了。
失去生命的树虽然立着，却成为一根干柴。此后，攀得很高的藤失去依托便枯萎了。
树死于对手。藤，死于自身。

1. 侯镜如与段沄

塘沽地处天津以东，位于海河入海口北侧，西距天津45公里，是华北地区重要的海运港口。从历史上看，自明代以来，塘沽就是海防要塞。它不仅是天津沿海的一道屏障，也是北平通往海上的一个门户。由于此处港湾水深，冬天不结冰，可以停泊大型船舰，因此，深得华北“剿共”总司令傅作义的重视。在傅作义看来，塘沽是他与南京政府联系的通道，是他接受美援装备及物资的窗口，同时，也是他在万不得已时保留的一条从海上南撤的退路。于是，傅作义从南京参加军事会议返回北平之后，便立即任命第17兵团司令官侯镜如为津塘防守区司令，以加强塘沽地区的防卫。

侯镜如的第17兵团，所辖92军、62军和86军。但实际上，在1948年12月中旬侯镜如走马上任来到塘沽时，他并没有真正意义上的属于自己的建制部队。他的92军，于12月初，被傅作义调到了北平；另两个军，即62军和86军，则被部署在天津。尽管侯镜如身边还有个318师，但那仅仅是92军的预备师。说好听的，他们是平津战役打响之后由三个补充团新编而成；说难听的，那个师简直就是胡乱拼凑，兵员多半缺额，而武器装备更是不能提，都是些老掉牙的家伙，毫无战斗力可言。这样一来，按照国民党部队内部的潜规则，没有属于自己建制部队的长官，能算是官吗？所以，担任塘沽防守司令的侯镜如，说起话来，时常显得底气不足。

在塘沽，同时驻有外来的87军和交警第3旅。这两支部队原驻唐山、滦县一带。傅作义见他的王牌第35军被共军围困在新保安，除了急调92军等部加强北平的防御，还将87军从唐山匆匆撤往塘沽，归侯镜如指挥。可是身为堂堂的塘沽防守司令，侯镜如根本指挥不动87军。

87军军长段沄，湖南衡阳人，毕业于黄埔军校四期。从排长干起，段沄风里雨里，一级级台阶走了过来，直到升任军长，说起来，也是一个有本事的人。尤其是他在蒋

∧ 将介石与其侍从们在一起。

介石的侍从室工作过，这段非同寻常的经历，使得段沄自恃是蒋委员长的亲信，根本不把侯镜如看在眼里。

其实，侯镜如资格比段沄老得多。他是黄埔军校第一期的毕业生。只不过与段沄不同的是，侯镜如早在国共合作的北伐战争时期参加过中国共产党，并在1927年“八一”南昌起义时，担任过贺龙所在部队的教导团团长。后来在河南搞兵运，侯镜如被捕，出狱之后便同共产党失去了联系。再后来，侯镜如委身于国民党军队。直到1948年8月，侯镜如的外甥、中共地下党党员李介人给他带去一封中共中央的密信，希望他能在关

侍从室

国民党军事委员会的下属机构，也是军事委员会委员长蒋介石的直接办事机构。在抗日战争之前，侍从室已有一室二处五组，战时又扩编为一室三处。其中，侍卫长室专门负责委员长的警卫侍从；第一处主管军事，第二处主管党政，第三处主管党政军人事。抗日战争胜利后，侍从室稍作精简，改为总统府参军处军务局、总务局、侍从室等。

键时刻有所作为，侯镜如这才仿佛想起自己以往的岁月里，曾经有过那么一段红色的经历。侯镜如动了心，他默许手下的92军军长黄翔同东北野战军第3纵队取得联系，伺机起义。此外，在解放军隔断津、塘，准备攻打塘沽时，侯镜如曾将平津国民党军布防图呈给中共地下党员李介人看，并提出，若是对方攻打两沽，伤亡必大，而守军极易从海上撤走，为此建议改打天津……当然，侯镜如与中共中央的所有接触，对于段沄，都将成为他的软肋，这也许是后来侯镜如对段沄犯怵的一个原因。毕竟段沄是蒋介石身边的人。他怕段沄嗅觉灵敏，一旦发现了他图谋不轨，背地里“通天”，直接向蒋介石告他一状，那就会将他置于死地。

但侯镜如又不能完全做到对段沄忍气吞声。侯镜如是津塘守备区的司令官，维护个人尊严，是他的本能。这样一来，侯镜如与段沄的矛盾便越来越深，冲突亦越来越大。

段沄的87军，被称为是蒋介石嫡系部队中的“天之骄子”。他们仰仗头上的这顶桂冠，蛮横得很，有违军纪的事隔三岔五经常发生。

侯镜如接到手下人报告，说87军的人光天化日之下公然闯入民宅强奸妇女，大怒，立即派出军风军纪纠察队前往查处。谁知这边纠察队刚刚扣了人，那边段沄就把电话打了过来，大喊大叫，让侯镜如放人。段沄的口气很大，俨然不把侯镜如这个司令官当作一回事，这让侯镜如很是生气。侯镜如操着浓郁的家乡河南永城口音，冲着段沄一连喊了数声“不中！”随后把电话挂断。

谁知段沄并不好惹。诸如此类的摩擦发生多了，段沄便暗地里使坏，不断给侯镜如制造麻烦。最厉害的一招是段沄勾结华北战地督察组组长罗奇，不断在蒋介石耳边吹风，结果导致蒋介石下令撤换了侯镜如部下张伯权师长的职务。张伯权是侯镜如的连襟。整治张伯权，实际上就是整治侯镜如。事后，尽管侯镜如心知肚明，知道是段沄给他脚下下的绊，却只能打掉了牙往肚里吞，暗自吃了个哑巴亏。

在对塘沽的防御部署上，侯镜如并不能完全当家做主。在塘沽，隶属侯镜如自己编制的部队仅占少数，而主力则是外来户87军。于是，侯镜如不得不硬着头皮派他的参谋长李狄秋和作战处长赖惕安低三下四地去找段沄商量。

段沄故意拿架子，明知李狄秋和赖惕安来，却让人左一个通报，右一个通报，折腾了他们多时，才与他们见面。段沄在对塘沽的防御上，态度十分消极，他的目的非常明显：保存自己的实力。

段沄说："哎呀呀，我的部队从唐山撤到这里，太疲劳，需要好好地进行休整。你们还是把主要防御任务交给独立第95师和交警旅吧！"

侯镜如斗不过段沄，只好在最后敲定的防御部署中，按照段沄的意思，让独立第95师和交警第3旅担任塘沽的正面守备，而将87军摆在了塘沽、新港间纵深配备的位置。

随后不久，塘沽遭到解放军的猛烈攻击，侯镜如急忙召集军事会议准备对防区的防御进行重新部署。按照侯镜如的想法，他要求段沄调一个师，以加强正面的防守。可是段沄不干。段沄当场脏话连篇，非常粗俗地说："我的部队也是扯鸡巴蛋的。谁不知道，我的87军是由青年军208师扩编的，大家不都说它是'好看不好用'的部队吗？我的意见，87军还是摆在纵深。好在87军是正规军，装备还可以，必要的时候再拿上去。如果把你们的部队摆在纵深，我在前面要是顶不住，你们再拿上去能干什么？"段沄一番话把侯镜如气得够呛，可他却又毫无办法。很多年以后，侯镜如在回忆这一段往事时，说："侯镜如对津塘两地都指挥不灵，实际上也不能指挥了。"

当然，这都是后话。

1948年12月下旬，解放军攻打塘沽。

一天，段沄带着他手下的7个师长来到第17兵团部。

侯镜如问："塘沽四周的战斗正在进行，你们离开部队到这里来干什么？"

段沄说："正因为战斗进入紧张阶段，师长们才特地前来向司令官请示的。"

段沄这是话中有话，弦外有音。

侯镜如当然听得出来。

于是，侯镜如不动声色地问："既然有事请示，那就说吧。"

段沄使了一个眼色，他手下的三个师长便盛气凌人地纷纷对侯镜如进行刁难。

这个说："塘沽已成死岛，我们不能束手就擒，下一步怎么办，请司令官明示。"

那个说："我们代表官兵发表意见，恳请司令官下达撤退的命令。"

另一个接着说："如果司令官坚持战斗，请屈尊到前线去，和我们的弟兄们一起同甘苦共患难！"

侯镜如忍无可忍，拍着桌子大声吼道："你们搞错了吧？究竟我是司令官，还是你们是司令官？既然我是这里的长官，自然会对蒋委员长和傅总司令负责，而你们则必须听从我的命令。我们的任务是防守，不是后撤。你们这是干什么？集体要挟？用意何在？"

3个师长见侯镜如发了这么大的火，一时都把求助的目光移向段沄。

段沄见状，只好站起来，向他的手下打了个撤的手势，然后说：“既然司令官有了指示，我们就回去了。”

说完，段沄掉头就走。

冲着段沄他们离去的背影，侯镜如气得顺手拿起桌上的茶杯朝地上扔去。茶杯摔碎了，发出一声清脆的响声。杯中的茶叶，溅了一地……

侯镜如不得不为今后考虑，一旦某天塘沽防区被解放军突破，逃离时，段沄的87军肯定会争先恐后、不顾一切地抢夺船只。届时，一种结果是，争来抢去，谁也跑不掉；另一种结果是，船只不堪重负，竟然沉没了。

侯镜如好像已经看到了后一种结果，一艘大船正在迅速下沉……

风大浪高啊！

国民党第17兵团

在国民党军历史上，17兵团的番号有两个。前者组建于1948年9月，隶属于华北“剿匪”总司令部。首任司令官为侯镜如，下辖第62、第92军、独立第95师。该兵团组建后，曾参加辽沈战役、平津战役和渡江战役。福州战役前夕，其番号被取消。后者组建于1949年8月，隶属于华中军政长官公署，司令官为刘嘉树，下辖第100、第103军。1950年2月，该兵团在广西平而关战役中被全歼。

2. 冬天里的一把火

是谁在喊：“着火了！着火了！”

顿时，偌大的一片村子，瞬间陷入火海之中。

冬天，西北风横行。火势借助风力，以极快的速度吞噬着一座座房屋。屋顶上的草，一律弯曲起身子，纷纷化为灰烬。而房梁则被烧得发出了“噼噼啪啪”的响声。不时，有火星迸出，在空中划出一道道恐怖的弧线。然后，那些闪着亮光的火星，东奔西蹿地跳到邻近的房顶，像是进行一场接力，继而燃起了更大的烈火……

数千家房屋顷刻之间在大火中坍塌——一场人为的灾难就这样不可避免地发生了！

1948年12月25日《华北日报》报道：津北宜兴埠昨晨大火。文章指责国民党天津守军为防止宜兴埠据点的阵地工事被“共军”利用，竟出劣招，纵火焚村！

看到这则报道，天津警备司令陈长捷大骂林伟俦“混蛋”。他怎么也想不到，作为天津警备副司令兼62军军长的林伟俦，太无能了，竟出此等下策，好好的放火干什么？这下好，一把火，成了他下一步进行兵力部署的障碍，让社会舆论把他搞得相当被动。

∧ 我军在攻打塘沽前，占领了位于天津外围的武清县。

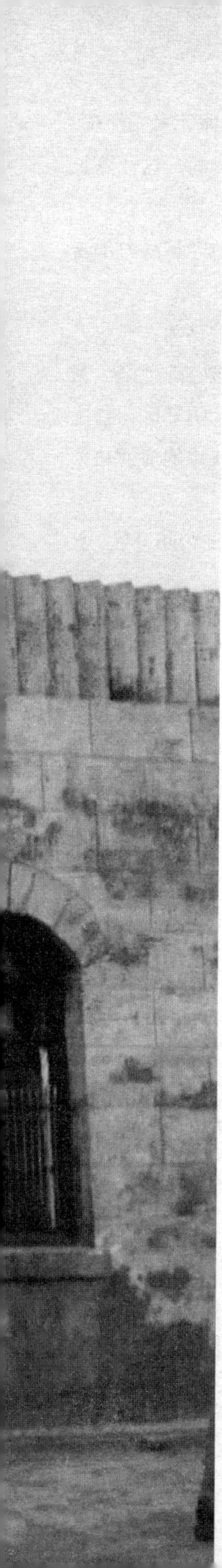

正在气头上的陈长捷立即操起电话，责问林伟俦：“你看到《华北日报》了吗？究竟是怎么回事？为什么要对百姓下手，焚烧村庄？”

林伟俦不以为然：“这能怪我吗？我的157师被留在了北平，目前主要防守阵地兵力不够用，我只能把据守宜兴埠的加强团撤回来作为军的预备队。”

陈长捷说：“那你也不能撤兵之后放火啊！”

林伟俦说：“为了防止宜兴埠的阵地将来被共军利用，我让加强团撤出时对那里的工事进行破坏，没想到他妈的那个团长榆木脑袋，图省事，撤走前，点了一把火……”

陈长捷说：“你知道这把火将给我们带来什么危害和影响吗？”

林伟俦说：“那我可管不着！”

接着，林伟俦态度蛮横地说：“不就是一把火吗？这是战时，情况特殊！”

陈长捷忍不住冲着话筒骂了一句：“浑蛋！”

对方大叫：“你在骂我？你竟然骂我！老子跟你没完！”

陈长捷听了，不由一声叹息，然后搁下了电话。

作为天津警备司令，陈长捷手中的兵力现有86军3个师、62军2个师、94军1个师、河北省2个保安师、天津警备旅1个旅。此外，还有临时增编的62军317师、94军305师（人员及武器装备不全），以及宪兵4团、汽车团、警察等，共计13万余人。

这些部队究竟怎么使用，在兵力部署上如何才能做到精确得当，对此，陈长捷很是费了一番脑筋。

天津，眼下是华北最大的工商业城市，拥有200万人口。它东临渤海湾，东去约70公里可经塘沽出海；而西北方向，距北平，约120公里。它是南北交通的重要枢纽。

天津市区，呈由西北向东南偏斜的长方形，南北长约12.5公里，东西宽不足5公里。市郊和市区被海河、永定河、大运河、金钟河、新开河切割成许多条条块块。它的西部和南部，地面低洼，河渠交错；而东部和北部则显得相对宽阔与平坦。纵观整个城市，大体上可以分为三个部分，即河北区、河东区和市区。

鉴于此，陈长捷经过认真的分析和研究，认为“共军”攻打天津，必定在主动方向上选择天津北面的宜兴、丁字沽作为突破点。因为那里没有水网化的河流，便于大兵团运作。

后来，在针对天津防御及兵力部署的会议上，陈长捷当着与会的各军军长、师长、参谋长及天津市市长的面，阐述了他的这一观点，得到了大家一致的赞同。这让陈长捷感到十分欣慰。

那么，既然对“共军”主攻方向的判断没有疑异，接下来，天津的防守和兵力部署便摆到了会议桌面上来。

会上，62 军参谋长莫汉英首先提出了两个方案。按照他的想法，他认为，一个方案，是将天津市以海河为界，分别分为南北两个防守区。而市中心为核心阵地区。另一个方案，是将天津分为三个防守区，以新开河至大直沽的海河为东北防守区，再由新开河往西至南开大学附近为西北防守区，又由南开大学附近往东至灰堆的海河边为南防守区，不设核心阵地区。

接着，防守司令部副参谋长也提出了一个方案，意见是将天津分为三个防守区，其具体内容，与莫汉英的后一个方案大同小异，没有更多的新意。

最后由陈长捷拍板定案，将天津分为三个防守区和一个核心阵地区，并对各防守区的兵力部署如下：

由 86 军军长刘云瀚率本军并负责指挥 305 师，担任东北区的防守。其范围为新开河以南、海河以东。具体部署：26 师位于天津站至东赛马场地区；284 师位于民族门至类家庄地区；293 师位于金汤桥、胜利桥以东地区；305 师位于唐家口地区。防守重点为民族门方向。前哨重点阵地则为东局子营房据点。

由 62 军军长、天津防守区副司令林伟俦负责指挥本军，担任西北区的防守。其范围为新开河以北及以西、南马路以北。具体部署：151 师位于新开河以西、子牙河以北地区；67 师位于子牙河以南、海河以西、南马路以北地区。防守重点在西营门方向。重点阵地为北站前的宜兴埠大据点。

由陈长捷直接指挥 94 军 43 师，以及津南第 1、第 2 支队，担任西南区的防守。其范围为海河以西、南马路以南。43 师位于八里台至陈塘庄一带。

由天津警备司令部宪兵团、特务营及 94 军留守部队，担任核心阵地的防守。其范围为海河以南、墙子河以北、海光寺以东。

国民党第 86 军军长刘云瀚

江西大庾人。国民党陆军中将。黄埔军校第七期毕业。曾长期在国民党军中任参谋职。抗日战争胜利后，任国防部第一厅副厅长、第五厅厅长、新编第 5 军军长、第 86 军军长等职。1949 年 1 月，在天津战役中被俘。不久，脱身南逃。1949 年 10 月后，经金门去台湾。

部署完毕，陈长捷非常满意。他觉得凭借精心构筑的“大天津堡垒化”坚固阵地，加上充足的弹药和粮食，坚守3至4个月，根本不成问题。

但这时候，陈长捷犯了一个错误。他忽略了完成兵力部署到兵力部署完全实施之间，尚有不小的距离。

按照兵力部署，陈长捷最关注的是两个阵地，一是86军负责的东局子营房大据点。负责防守此处的86军军长刘云瀚亦认为东局子举足轻重，遮蔽着接近主阵地的要害部位，若能坚守住该据点，可确保全线的安全。另一处是北站前的宜兴埠大据点。负责防守此处的62军军长、天津防守区副司令林伟俦真他妈的不是玩意儿，自以为是，竟敢把军令当作儿戏，以防守主阵地兵力不够用，不能顾及宜兴埠据点为理由，擅自把防守在那里的一个加强团撤了回来。这还不算，那个愚蠢透顶的加强团团长带领部队离开前，顺手放了一把火，焚毁了一个居住着数千户人家的村庄不说，还给陈长捷结结实实地惹下了一个大麻烦！要知道，这一把火，不仅仅烧掉了一个村庄，也引火烧身，害了自己。现在可好，新闻媒体一报道，全社会舆论一边倒，纷纷对他这个警备司令进行指责。然而，更让陈长捷伤脑筋的则是，一把火，毁了一个重要的阵地。眼下宜兴埠据点怎么办？要守，又由谁来守？林伟俦公开跟他唱对台戏，不执行他的指令，这叫他怎么办？

自打出任天津警备司令以来，即使是在城防工事构筑、实现“大天津堡垒化”期间，陈长捷也没有像眼下这样举步维艰、困难重重。构筑城防工事，木材紧缺，他可以下令拆除民房或是从天津市的木行商店老板那里强行索取；可是对待林伟俦，陈长捷则显得无能为力，一筹莫展。难啊，难就难在自己人对自己人。陈长捷觉得他仿佛掉进了致命的沼泽地，沉重的身子，正一点一点地往淤泥里陷去……

3. 蒋委员长派人来

云层之上，一架涂有青天白日标志的军用飞机向北飞行。

机舱内，轰鸣声很大，长时间的嗡嗡声响，吵得人头昏脑胀。

国民党第62军

国民党中央军嫡系部队（由粤系部队演变而来）。组建于抗日战争初期，隶属于第12集团军，首任军长张达，下辖第151、152师。抗日战争胜利后，该军被改编为整编第62师，隶属于第十一战区，下辖第95、第151、第157旅。1948年10月后，恢复了军级番号。在平津战役期间，该军一部在天津被歼灭，另一部在北平接受了人民解放军的改编。

紧挨舷窗坐着的国防部次长李及兰，用眼睛的余光瞄了瞄和他同行的总统府参军罗泽闿意见和联勤总部参谋长吴光朝，见他们同样受到噪音的侵袭，双目微闭，一脸痛苦不堪的样子，便越发觉得此次前往天津纯属一趟苦差。

一个多月前，也就是1948年11月4日，蒋介石把傅作义召到南京，对于华北战局，确定了“固守平津，保持海口，扩充实力，以观时变”的方针。可是没料到，仅仅事隔数日，情况就发生了变化。11月6日，淮海战役打响。17天之后，黄百韬兵团的12万人被共军歼灭于碾庄地区。接着，刚过3天，黄维兵团10万人马又被对方包围在双堆集。蒋介石只好被迫放弃徐州。岂知杜聿明11月30日带着3个兵团共计30万人绕道南撤，被“共军”抓了个正着，死死围堵在河南永城一带。此时，蒋介石欲救杜聿明的30万军队，惟一可以依靠的，只有华北的傅作义。原先，蒋介石认为东北“共军”主力在辽沈战役之后，最少要休整半年方可入关。其间，华北战场便无大的战事。然而，出人意料，东北野战军入关了，并于12月中旬迅速完成了对平、津的分割与包围。至此，固守平津已显得不大可能了。于是，蒋介石便想撤出华北的兵力，加强华中，解救杜聿明。12月18日，蒋介石急召李及兰，要他去天津，设法对陈长捷和杜建时进行劝说，让他们率部突围，从海上南撤。

照理说，关于兵力部署这等大事，作为国民党军最高统帅的蒋介石，完全可以通过正常途径对部队进行公开调遣。可是蒋介石却不。蒋介石自有蒋介石的行事规则。蒋介石把这个差事交给李及兰，就是让李及兰背着傅作义把天津守军撤走，等既成事实之后，傅作义被迫，不得不全线撤离。

这样一来，李及兰便觉得他成了蒋介石手中的一支枪，黑洞洞的枪口正对着傅作义的背部。

似乎有那么一点内疚感，李及兰觉得自己挺不仗义。

但李及兰管不了这么多了。蒋委员长的指令，他必须执行。眼下，他只能在心里对傅作义默默地道一声：“傅老兄，对不住了！”仅此而已。

飞机降落在天津机场。

来接李及兰一行的是天津市市长杜建时。

杜建时和李及兰等人同是国民党中央陆军大学的同窗好友，同时，还因为杜建时是蒋介石的亲信。当年，杜建时在陆军大学毕业典礼上作的总结报告，深得蒋介石赏识；后来杜建时进入美国陆军学院深造，获得“博士”学位，便更加博得了蒋氏的信任。况且，杜建时的夫人曾留学美国，专攻妇产科，获医学硕士学位，为蒋介石的夫人宋美龄倡导的“新生活运动”委员会的成员之一。由此，可见杜建时与蒋介石的关系有多么密切。再后来，蒋介石安排杜建时当天津市市长，其用意，杜建时自然心知肚明。杜建时懂得国民党军内部历来就有中央和地方之分，具体地说，在华北，就是蒋系和傅

国民党国防部参谋次长李及兰

广东阳山人。国民党陆军中将。黄埔军校第一期毕业。曾任委员长行营陆军整理处军官教导团营长。抗日战争期间，任国民党军第49、第55师师长，第94军军长，长江上游江防军副总司令等职。抗日战争胜利后，任淞沪警备总司令部副总司令，国防部参谋次长、广州“绥靖”公署副主任兼广州卫戍司令等职。1949年10月广州解放时逃往香港。1950年2月赴台湾。

国民党联勤总部参谋长吴光朝

湖南平江人。国民党陆军中将。黄埔军校第六期毕业。在国民党军中历任排长、连长、参谋主任、团长、第55师参谋长、副师长、师长、第六战区长官司令部高参、军务处长、汉口警备司令部副司令、重庆第三补给区司令、联勤总部参谋长等职。1949年后经香港去台湾。

国民党天津市市长杜建时

天津武清人。早年曾就读于南开中学，后入东北讲武堂学习。1931年，考入南京陆军大学，毕业后留校当教官。1936年，被保送入美国堪萨斯州陆军参谋大学。抗日战争期间，任第九战区参谋处处长，中央陆军军官学校长沙分校主任，国防研究院副主任兼国民政府参军。抗战胜利后，出任天津市副市长、市长。1949年，在天津战役中被解放军俘虏。

国民党中央陆军大学

清末和民国时期的一所陆军学校。1906年创办于保定，初名为陆军行营军官学堂，后改为军咨府军官学堂、陆军预备大学堂。1912年迁至北京，更名为陆军大学。1928年，被南京国民政府接收，蒋介石兼任校长。1931年迁至南京。抗日战争期间，西迁重庆继续办学。抗日战争胜利后，除一部分留在重庆外，校部迁回南京。1949年后，学校大部分人员迁往台湾。其余人员到重庆，在重庆解放时起义。

“新生活运动”

1934年2月，蒋介石在进行军事“剿共”的同时，在南昌发起“新生活运动”。蒋自任新生活运动促进会会长。运动以“礼义廉耻”、“生活军事化、艺术化”为口号，目的在于用封建的伦理纲常来控制人民的思想和言论行动，借以反对共产主义思想的影响，维护国民党的统治。这一运动受到革命者和进步人士的反对和抑制，未得到广大人民群众的支持，实际收效甚微，抗战爆发后逐渐停止。

∧ 我军某部在津塘之间构筑阵地。

系。杜建时是蒋的人。杜建时时常将华北地区的一些情况以及傅作义的动态，通过电台，密报蒋介石。现在，蒋介石需要他，派了身边的人来，杜建时当然要热情接待了。于是，杜建时用他那辆专用的美国造“毕尔克”高级卧车，把他们直接从机场接到了家里。

杜建时的官邸在睦南道，是一幢日本式的小楼。

进入家门，照例是盛宴款待。

酒足饭饱之后，李及兰取出一封信递给杜建时。

李及兰说：“这是蒋委员长给你的亲笔信。”

杜建时顿时受宠若惊，伸出双手，激动地接了过去。

蒋介石在信中要杜建时按照李及兰等人的意图，设法将防守天津的部队撤往塘沽，然后从海上乘船，离开华北，以加强华中的力量。

中央军

国民革命军中以蒋介石为首的国民党中央及其中央政府直接控制和指挥的军队。中央军的前身是以黄埔军校教导团为基础的国民党党军，后编为国民革命军第1军，蒋介石担任首任军长。北伐战争期间及以后，蒋介石以各种手段瓦解和吞并其他派系军队，扩充自己的军队，使得中央军成为国民革命军中势力最大的一个派系。1949年，中央军大部被歼灭，余部退往台湾。

李及兰见杜建时看完信后不说话，便问：“怎么样？”

杜建时说：“坚决按照蒋委员长的手谕执行。”

李及兰笑了笑，然后说：“我是问你老兄是怎么想的？”

杜建时思索片刻，说：“我以为防守天津，必是死路一条。与其等死，不如突围。蒋委员长实在是英明，早看到了这一步棋！”

接着，杜建时又说：“从目前的情况看，天津至塘沽之间，军粮城、灰堆一带，虽有共军，但兵力有限。如果我们立即行动，打他个措手不及，有望突围至塘沽，然后从海上南撤。此时，机不可失，失不再来啊！”

李及兰听了，眼睛一亮。

李及兰说：“那好，现在我就授权，给你一个军方的名义，把部队统统带走！”

杜建时摇摇头：“不行啊，我只是天津市的市长，驻军的指挥权在陈长捷手里。陈长捷是天津警备司令。陈长捷不发话，部队不可能调动。”

李及兰说：“那就赶紧找陈长捷商量。”

陈长捷接到电话，得知国防部次长李及兰来了，且已在杜建时家，眉头不禁皱了皱，内心流露出了诸多的不满。但鉴于杜建时和蒋介石的关系，以及南京方面来人，陈长捷又不能不去。后来，陈长捷故意磨蹭了一些时间，让对方着急地等待了一会儿，才慢慢吞吞地带着林伟俦和刘云瀚来到杜建时的官邸。

见面后，双方先是寒暄了一阵，然后直截了当进入了正题。

李及兰把他此行的目的毫无遮挡地一一告诉大家。他把话说得很白，归根结底，就是要天津守军向塘沽方向突围，然后从海上南撤。

李及兰的话刚说完，杜建时就迫不及待地敲起了边鼓，鼓动大家立即行动，马上撤离。

林伟俦和刘云瀚是“中央军”，当然要听从南京方面的指令。

林伟俦说：“既然蒋委员长发话，那我们还等什么？再等，黄花菜都凉了！”

刘云瀚也跟着说：“就是嘛，突围，趁眼下天津到塘沽口岸的公路、铁路、水路尚能通行，事不迟疑，立即组织突围。本军愿意冲锋在前，打头阵！”

陈长捷不表态。

陈长捷低着头，在心里边打着自己的小算盘。他想，如果部队从天津撤走，无疑将置北平于死地。那么，傅作义该怎么办？傅作义对陈长捷有恩，他陈长捷不能做出对不起傅长官的事。回想当年，中原大战，阎锡山失败后，陈长捷的12师缩编成208旅，隶属傅作义的35军72师。后来阎锡山重掌山西军政大权，陈长捷一度被解除职务，并解送重庆。是傅作义向第八战区司令官朱绍良推荐了陈长捷，此后陈长捷才出任了筹建中的伊克昭盟守备军总司令，来了个咸鱼大翻身。再后来，傅作义担任华北"剿总"总司令，于1948年6月，举荐陈长捷当了天津警备司令。陈长捷一直视自己是傅作义的人。陈长捷不能背着傅作义将部队撤走。此外，陈长捷不敢说对蒋介石不尊，只能说对李及兰等人的做法不满。这算什么事呢？蒋委员长不是有言在先，不止一次声称华北部队"务本精诚团结意志，服从傅总司令指挥统一行动"吗？可他们为什么还要私下里却另行一套，搞小动作，分解或瓦解傅作义的防御体系，制造军队之间的矛盾？这样想来，陈长捷心里有气，脸色便不是很好看。

李及兰见陈长捷不吭声，示意杜建时，让他挑头，逼陈长捷表态。

杜建时便说："陈司令，二位军长都同意了，你就下令吧。"

陈长捷说："下什么令？"

杜建时说："突围的命令啊！命令部队立即行动，分别通过公路和铁路，向塘沽方向开进。"

陈长捷说："此举重大，我可当不了这个家。我得向傅长官请示。"

杜建时向李及兰望了望，那意思是问，可以吗？

李及兰点点头。

杜建时说："好吧，你现在就给北平打电话。"

陈长捷朝杜建时狠狠地瞪了一眼，然后不满地说："急什么？"

话虽然这样说，可陈长捷还是拿起了电话。

陈长捷把电话直接打给了傅作义。

陈长捷简要地说明了情况，然后请示，怎么办？

傅作义犹豫片刻，回话："待考虑考虑吧。"

陈长捷听后，立即领会了傅作义的意思，傅作义的不作指示，实际上已明确作了指示。于是，陈长捷以立正的姿势在电话中答道："明白。我将一切听从长官指示，一切行动对长官负责！"

放下电话，陈长捷吐了一口长气。

杜建时见状，急问：“傅长官怎么说？”

陈长捷看了看身边的李及兰等人，把杜建时从客厅拉到侍卫休息的一间小屋，关上门，然后一字一顿地说：“你听着，只要傅长官不发出撤的命令，我将率领部队坚决固守天津。”

杜建时一听，急了，刚准备说什么，被陈长捷止住。

陈长捷掏出手枪，往面前的桌子上一拍，脸色异常凝重地说：“你再给我听着，如果你们擅自行动，把部队带走，我只有自杀！”

杜建时盯住陈长捷看了看，什么话也没说，推开门，无奈地向客厅走去。

李及兰用目光询问杜建时，他怎么说？

杜建时摊开双手，耸耸肩，然后苦涩地笑了笑。

李及兰明白，事情不好办了。

接下来，李及兰与杜建时商定，为了北平免于孤立，也为了避免在转移中部队被解放军歼灭，只好维持现状，按原计划部署，固守天津了。

第二天一早，杜建时把李及兰一行送往机场。

分手时，杜建时与李及兰相互拥抱，进行告别。当时，杜建时突然有一种生死离别之感。他不知道自己今后还能不能见到这位国防部的参谋次长。

飞机滑向跑道，开始升空。

飞机在空中，把一个巨大的黑影投向地面。

杜建时觉得这块阴影落在他的心上，再也挥之不去了。

那么，陈长捷呢？陈长捷心上同样也落下了一块阴影，那是李及兰天津之行留给他的“礼物”……

4. 绑架，即将发生时……

尽管壁炉里添加了许多木柴，火烧得很旺，但蒋介石仍然觉得1948年的冬天特别寒冷。蒋介石明白，这种寒冷，更多的来自于他的内心深处。也就是说，即使壁炉里的火烧得再旺，对于蒋介石，亦于事无补。

目前，蒋介石真可谓如履薄冰，内外交困。这不，东北战场惨遭失败，淮海局势也不尽人意，黄百韬和黄维的两个兵团刚刚丢失，

< 宣告第三次“引退“后的蒋介石与宋美龄谒拜中山陵。

紧接着，杜聿明的三个兵团便在河南永城一带被解放军团团包围。而华北的傅作义，日子并不好过。新保安、张家口之役，损兵折将。天津则朝不保夕、岌岌可危……美国人是个孬种，善于见风使舵，他们见势头不妙，竟想把他抛弃，就连11月份蒋介石趁杜鲁门蝉联美国总统的机会，去信祝贺，并顺便附带着要求杜鲁门发表一个支持国民党政府的宣言，都遭到拒绝，真是太不给他面子了！更让蒋介石恼火的是，12月中旬，他找“副总统”李宗仁商量与共产党和谈之事，主动提出“下野”，由李宗仁以“代总统”身份与中共和谈。这本是一种策略。没想到白崇禧趁机闹事，声称既要谈判，李宗仁就必须担任正式“总统”，否则名不正言不顺。于是，国民党内部竟然由此刮起了一股要求他立即下野的歪风邪气。这让蒋介石心境悲凉而又坐立不安。

此间，黑云压顶了。

此间，惊涛拍岸了。

此间，危机近在咫尺，寒气逼人，该如何应对？

经过一番苦思冥想，蒋介石决定首先保住杜聿明的30万人马，然后稳住华中，那是他今后维系和巩固“蒋家王朝”统治地位的本钱。

那么，由谁来解救杜聿明，或是由谁来挽回淮海战场的危局？

当然是傅作义了，华北部队是蒋介石手中目前惟一可以机动的兵力。

另外，还有一个原因，据手下人密报，傅作义有与共产党和谈的可能，若果真如此，那么蒋介石更要把傅作义的部队撤往华中了。蒋介石是个疑心很重的人。蒋介石决不允许傅作义在和谈的道路上，哪怕仅仅是迈出一小步！

蒋介石第三次“下野”

1949年1月21日，蒋介石在人民解放军沉重的军事打击下被迫宣告“引退”，由李宗仁代理“总统”职务，这是蒋的第三次“引退”（前两次分别是在1927年和1931年）。此后，蒋由南京退至奉化幕后指挥，并拟定一项利用谈判争取3至6个月时间，在江南重编百万军队的计划，以图卷土重来。但由于人民解放军顺利地实施了渡江战役并向全国胜利进军，蒋最终未能挽回在大陆失败的命运。1950年3月，蒋介石在台湾宣布“复位”。

于是，蒋介石先是派前军令部长徐永昌从南京飞往北平，劝说傅作义率部分两路南撤；后来又派国防部次长、军统特务头子郑介民充当说客，继续策动傅作义放弃华北，以解燃眉之急，加强华中兵力。

可是傅作义雷打不动。

傅作义认为实际形势不可能让他的部队实施南撤。

蒋介石急了。时间不等人。要是再拖下去，也许就真的失去机会了。因此，蒋介石第三次派人前往北平。而这次派出的，是他的次子、装甲兵司令部参谋长蒋纬国。

——由此可见蒋介石是何等的用心良苦！

1948年12月23日，蒋纬国匆匆飞抵北平。

由于前两位说客在傅作义那里先后碰了个软钉子，蒋纬国不敢贸然行动。他下了飞机，径直来到弓弦胡同，找军统北平站站长谷正文商量，让他帮助出主意，看看怎么办才好。

谷正文见蒋二少爷突然驾到，立即意识到他的到来不同寻常。待蒋纬国在客厅沙发上坐定，谷正文这才小心翼翼地问道："二公子前来，定有要事，如若有何吩咐，卑职将全力效尽犬马之劳。"

蒋纬国呷了一口茶，开门见山地说："父亲先后派徐、郑二位将军来劝说傅将军突围南撤，未果，今又特派我代表父亲再次与他恳谈。因我对北平的情况不甚清楚，所以先来找你！"

谷正文听后，说："早就听说徐永昌与傅作义的关系非同一般，却未能说服得了他，可见这块骨头不好啃啊！这回你二公子亲自出马，恐怕……"

蒋纬国见谷正文吞吞吐吐、欲言又止，便说："有话直说！"

谷正文这才接着刚才的话茬说："恐怕也要无功而返啊！"

蒋纬国皱了皱眉头，问："依老兄之见，该如何办，才能手到擒来、大功告成呢？"

谷正文想了想，说"办法倒是有一个。"

蒋纬国催促道："快说！"

谷正文说："将他带回南京！"

蒋纬国问："怎样带？"

> 抗日战争时期，蒋介石与次子蒋纬国在一起。

谷正文说："绑架！"

谷正文接着说："而且这个办法惟有你二公子才能实施！"

显然，谷正文的出谋划策超出蒋纬国的想像之外。蒋纬国愣了一下，觉得"绑架"这样的字眼十分刺耳。试想，如果真的把傅作义绑架了，消息传开，肯定具有爆炸性的效果。那么，那样会对蒋介石以及蒋家的声誉将产生什么影响呢？再说，临来前，父亲并没交代他可以采取极端措施。于是，蒋纬国摇摇头，说："怎么可以这样呢？"

谷正文说："这可是当前挽救危局的惟一办法！"

谷正文又说："一旦绑架成功，情况就会往好的方面发生根本性逆转。届时，部队由傅部手下的主战派率领，分头突围，从塘沽乘船南撤，那样一来，一切难题便可迎刃而解！"

说完，谷正文看了看蒋纬国，见这位蒋介石的二公子被他说得有点心动了。于是，谷正文趁热打铁，接着说："凡是历史上的政治家，总是不择手段达到自己的目的的。从大局着眼，小处着手，千万别犹豫！"

蒋纬国听了，点点头，以示赞同。

蒋纬国问："那你说说，具体怎么样才能稳妥地把傅将军从他总司令部里弄走？"

谷正文说："这好办！你代表蒋总裁而来，拜会之后，傅作义必定要送你。而你呢，事先将车停在稍远的地方，并由我派人埋伏在车上，等傅作义走近跟前，迅速动手，只要把他拉入车内，送至机场，一旦飞机起飞，绑架就算成功了！"

虽然蒋纬国觉得"绑架"纯属小人之作，但此时他想这是当前惟一可走的一步棋了，因此，为了党国的命运，一切从大局出发，也就顾不得那么多了。于是，蒋纬国对谷正文说："好吧，就按你说的准备，务必做到万无一失。"

第二天早晨，蒋纬国按计划来到华北"剿总"司令部，与傅作义面谈了约三个小时。会见结束，傅作义果然不出谷正文所料，将蒋纬国送至他的停车处。但问题是，蒋纬国并未按照事先约定，向埋伏在车上的人发出行动暗号。这样一来，谷正文的手下便未敢擅自动手。待蒋纬国回来之后，谷正文不解地问："为何不绑架了？"蒋纬国仅是未置可否地笑了笑，结果直至登上返回南京的飞机，他竟然什么也没说。

对于谷正文，这段时间与空间究竟发生了什么？为什么蒋纬国临时改变了主意？简直就是一个谜！

就在这一年，大陆解放，谷正文去了美国。

< 晚年时的蒋纬国。倘若当年他真将傅作义绑架，也许北平和平解放的历史就将改写了。

接下来，岁月蹉跎。直到上个世纪90年代中期，蒋纬国才对谷正文解开当年的这个谜——

那天，蒋纬国见到傅作义时，傅作义完全是一副心力交瘁的样子。他与蒋纬国握了握手，寒暄几句，然后递给蒋纬国一支香烟，并自己叼上一支。当时气候寒冷而又潮湿，傅作义接连划了七八根火柴，都没划着，只得朝蒋纬国苦苦笑了笑，摘下嘴上含着的烟，不抽了。

蒋纬国向傅作义简要说明来意，随后递上一封蒋介石给他的亲笔信。

信的大意是："宜生吾兄勋鉴：去岁迭奉惠书，弟因故未复，实深抱歉……西安双十二事变，上了共产党的当，第二次国共合作乃平生一大教训。今闻吾兄处境危艰，欲与共党再次合作，特派次子纬国前来面陈。请亲自检查面陈之事项。专此敬候。勋安。弟蒋中正。"

傅作义看完信，对蒋纬国笑了笑，说："领袖的心情我知道，同样也请他理解我的心情！"

接着，傅作义说："现在解放军十数倍于我将北平团团包围，如果突围，不啻于以卵击石，他们会将我们分割包围，聚而歼之。35军的教训应当汲取。当然，如果死守，亦徒使生灵涂炭，文化名城将毁于一旦。那样，明知不可为而为之，对国家对民族将是极大的犯罪！"

蒋纬国问："傅将军打算如何？"

傅作义反问："二公子若是处于我的地位，又打算怎么办？"

蒋纬国无言以对。

也许是蒋纬国被傅作义的国家与民族大义所感动，觉得为眼前一时胜负而争，没有什么意义，以至于在关键时刻，他犹豫了，随后决定放弃绑架行动。

一个人的内心深处，既会拥有一处寒冷的角落，也有拥有一处温暖的地方。蒋纬国也不例外。

若是当时，蒋纬国内心那一处寒冷的角落继续被寒流裹挟，结局会是什么样子？历史会重新书写吗？

假设，毕竟是假设。

事实，胜于千言万语！

★★★★★

①

★ ②

★ ③

★ ④

❶ 我军一路冲杀，与敌展开激烈的争夺战。
❷ 我军某部进行渡海训练，加强作战能力。
❸ 我军强大兵团坚守阵地，顽强地阻击敌人。
❹ 解放军以每日行军 90 公里的速度，追击逃敌。

林伟俦

(时任国民党天津警备司令部副司令兼第62军军长)

12月12日，天津各军接着开会立即分配各师的防守地区，各团立即分配各营的防守地区。

在最短期间，要求各部队迅速进入防守区的位置。

指定以天津环城碉堡工事线为主阵地线，向主阵地前加筑各营和各连的碉堡群据点，构筑交通壕、铁丝网、鹿砦，并进行扫清射界拆毁房子，由近及远，限令居民迁出，拆下木料做工事掩盖和木桩使用。

其他的高粱杆和茅草不需要的用火烧毁，来不及拆的茅草房也用火烧掉，弄得烟火冲天，祸及人民，露宿街头者到处皆是。

有的整个村庄拆毁成为废墟，有的拆掉义庄的停棺构筑工事，不仅活人遭受浩劫，死人骸骨也受到灾难，造成人间地狱的悲惨图景。

——摘自：林伟俦《天津战役纪实》

刘国举

(时任国民党天津防守区第184师副师长)

在锦州战役中被俘后释放的国民党军官兵大批涌到天津。天津防守司令陈长捷把这些人当作散兵游勇，不予收容处理，因而食宿无着，到处流散，扰乱秩序。当我同杨朝纶（原随潘朔端起义之团长，后又率部叛变）去收容时，陈长捷下令不准进市区，指定驻在天津南郊灰堆（距市区15里）。收容人数一天比一天增多，十天之内达到三千多名。由于领粮困难，每日只得吃两餐稀粥，衣被一点也没领到，过着又饥又寒的生活。继而人数增到五千左右，经华北“剿总”总司令傅作义下令编为冀东保安第三总队，归天津防守司令陈长捷指挥。但是，陈长捷对这些散兵游勇很歧视。我们食粮领不足，装备只得到少许，又领不到一枝枪一粒子弹。这时，解放军小部队已在天津外围活动，我们这个部队完全处在又冷又饿又怕的情况下，官兵们纷纷发出怨言：“打仗卖命就要，不打仗就不要我们，当俘虏有饭吃，逃回来受饥寒。”

——摘自：刘国举《第184师被歼纪实》

第五章

鸽子的翅膀轻轻拍打着流云

∧ 我军在战斗中缴获的104军美造卡车。

天高。地阔。

一条弯弯曲曲的小路，十分艰难地伸向远方，好像要把天与地连接起来。

终于，一阵轻风掠过，一个小小的、浅浅的身影出现了。它一点一点地成长壮大，一点一点地变得清晰起来，一点一点地走进我们正在讲述的这个故事……

1. 不再沉默的“光杆司令”

一段刻骨铭心的经历，往往会对人产生潜移默化的巨大影响。

安春山就是这样的人。

数日之前，也就是1948年12月10日，那时候安春山还是104军中将军长、“西部地区总指挥”。他奉傅作义之令，率104军和16军共计5个师，前往新保安，接应35军。没想到“共军”用兵诡谲，出手太快，半道上不仅让他在康庄丢失了16军，而且自身难保，遭到“共军”的猛烈追杀。“共军”太厉害了，那个从东北来的吴克华令他的第4纵队以每小时7至9公里的速度抄小路，紧紧跟在他的身后咬住不放；而贺晋年的第11纵队已越过居庸关，占领南口，切断了怀来东面的道路。接下来，两路兵马一路穷追猛打，仅仅几个小时过后，安春山的104军顿时灰飞烟灭，土崩瓦解。随后，丢魂落魄的安春山，不顾一切地踏上了他的逃亡之路。

在那条逃亡的路上，安春山此生从来没有这么狼狈过，一个军的人马转眼之间没了。他成了光杆司令。就连平日里对他忠心耿耿的军特务营营长，见他落难，竟背信弃义，带人不辞而别，离他远去。

同样，安春山此生从来没有吃过这样的苦，接连走了三天三夜，累得他的腿已不像是他的腿，脚也不像是他的脚，它们除了酸、痛、沉重之外，好像与他没有任何关

贺晋年

陕西安定（今子长）人。土地革命战争时期，任陕北游击队参谋长、总指挥，红27军第1团团长，红十五军团第81师师长，红27军军长等职。抗日战争时期，任陕甘宁八路军留守兵团警备第1团团长，八路军联防司令部警备第3旅旅长等职。解放战争时期，任东北民主联军合江军区司令员，东北野战军骑兵纵队司令员，第7纵队副司令员，第11纵队司令员，第15兵团副司令员等职。

系。他太疲惫了，甚至走着走着，身子往路边一倒就睡着了。那是农田中的堰埂啊，竟比睡在弹簧床上还舒服。要不是他的副军长王法子一个劲地催他赶路，他根本就不想起来，一辈子就想这么睡下去！安春山觉得那几天，他把今后一辈子要走的路统统走尽了。以后，他再也不想走路了……

接下来，多亏了副军长王法子的提醒，安春山在越过一条山沟沟时，脱下将官服，换上了一身脏兮兮的士兵穿的破旧棉袄，否则，他根本无法在当了“共军”的俘虏之后蒙混过关。

当时，一个解放军战士用枪指着安春山，大声盘问：“你是干什么的？”

安春山慌慌张张地说：“伙夫……嗯，伙夫……”

接着，许是怕对方不相信，安春山又补充说：“干了十多年了。不干了，不能干了……”

说完，安春山心里怦怦直跳。

他连忙用手捂住胸口。

好在那个解放军战士年轻，竟然相信他，真的就放他走了。

临走前，那个战士给他发了还乡证，还发了几块钱路费。那个战士说：“革命自愿，决不勉强，愿干者干，不愿干就放。只要放下武器，我们既往不咎。”

在这之后，安春山怀揣解放军战士发放给他的还乡证和那几块钱路费，一路饱尝艰辛，好不容易一瘸一拐地回到了北平。

待见到傅作义时，安春山已是无话可说。安春山仅是耷拉着脑袋，垂头丧气地等待着傅作义的训斥和发落。

可是傅作义什么也没说。

此时，傅作义又能说什么呢？5万人马已经丢失，能说得回来吗？况且兵败的整个过程傅作义都知道，该发火，早在这之前，他就发过了。于是，傅作义仅是发出一声叹息，然后，在安春山的肩头轻轻拍了拍，转身而去。

安春山不由愣住了。

安春山曾经设想过许多与傅作义见面后的结局，惟独没想到会是这样一种方式。过后，安春山一下子变得沉默了。他很少讲话。他把自己当成了吝啬鬼，一个语言的吝啬鬼。

12月中旬，傅作义召集军事会议，目的在于让他手下的各位将

∧ 1946 年，傅作义（中）与友人在北平合影。

领各抒己见，畅所欲言，以便集思广益，制定出一个有效的防守部署和可行的作战方针。

安春山出席了会议。

作为败军之将，安春山坐在会场的某个不引人注意的角落，显得十分低调。

会议由傅作义亲自主持。

会议开始后，蒋介石嫡系9兵团司令官石觉和4兵团司令官李文先后作了发言。他们情绪高昂、滔滔不绝地讲了许多，中心意思归纳起来，主要是加强防御，坚守平津。

按照思维的惯性，在会上先发言者，往往会为接下来的会议继续进行定下一个基调。这符合心理学中文化暗示的某种规律。所以，与会的大多数人此刻都在悄悄打着腹稿，准备沿袭前者的思路，作进一步的毫无新意可言的补充发言。

然而，就在这个时候，出乎众人意料，安春山突然不再沉默。他开口说话了。他一张口说话，便轻而易举地扭转了话题。

安春山说："要是在以前，我将非常赞同刚才二位将军的发言。我会认为他们的发言十分精彩，主张到位，慷慨陈词，令人热血沸腾。的确，军人就是来打仗的，而且要打就要打胜仗。这是无可非议的一个事实。但我要说的是，打仗并不是军人生活的全部。就目前的形势来看，用打仗的办法肯定不能解决所有我们想要解决的问题。"

说到这里，安春山停顿了片刻，见大家都被他的话语吸引住了，便接着说："在座的各位将军不妨试想一下，从抗战结束，我们就没有停止过打仗，打了三年了，打得结果怎么样呢？共军是越打越强大，我们则越打越不景气。打到现在，我们的地盘，一块一块地丢失；我们的军队，一批一批地被对方吃掉……也许有人要说，你安春山肯定是被共军打怕了，才说这话的吧？你是一个败军之将，手下已无一兵一卒，根本就没有本钱在这里发言？其实，大错特错！正因为我战败过，逃亡过，并且差一点永远当了共军的俘虏，所以通过亲身的体验与痛苦的思考，我才更有资格在此说出这样的话！北平绝对不是打仗的地方。要打，你们到别处去打，就是不要在北

< 1948年，蒋介石来北平视察时与傅作义合影。

平打。北平不是涿州。涿州有大片的空地，可以承受炮火。可是北平呢？人口太多、太密。再说，北平有故宫，有天坛，有祈年殿，有颐和园……若是要打，你就是千古罪人。到时候，人民不让你，历史不容你！”

“住口！”傅作义一拍桌子，对安春山当场进行了训斥。

傅作义说：“我以为你丢兵失卒，回到北平，心里内疚，从此不多说话了呢。没想到你好大胆子，不但开口说话，而且净说一些混账的话！”

傅作义接着说：“大敌当前，你安春山知道你刚才说的那些话有多大的危害吗？简直是赤色宣传，动摇军心！”

说完，傅作义挥挥手，宣布休会。

当晚，傅作义把安春山叫到自己的办公室，关起门来，和他进行单独谈话。

傅作义开口便问：“你是不是接受了共产党的和谈任务？”

安春山说：“怎么可能呢！”

傅作义又问：“那你在会上为什么说那样的话？”

安春山如实回答：“傅总司令，我跟你20年了吧？这么多年来，我没离开过你一步。你打军阀，打小日本……我都跟着。我们虽然不能同生死，却是可以共患难。你应当相信我！前些日子，我对不住你，辜负了你的期望，既没有解救35军，又损了兵折了将。但从怀来一路逃亡归来的途中，我把前前后后许多年来所经历过的事从根到梢都梳理了一遍。我认为这个仗不能再打了。蒋介石的政权已经不稳，完蛋是迟早要发生的事情。问题是，我们不应该和他一起完蛋，当他的殉葬品！俗话说，识时务者为俊杰。我们当认清形势，好好琢磨一下，能不能把握大趋势，寻找并走一条转败为胜的路！”

傅作义很认真地听着。

安春山从傅作义的表情上受到鼓舞，便接着刚才的话题说：“我们读古人的书，知道‘否极泰来’，‘罪之魁者可以为功之首’，现在就看我们的了，看我们是否真正读懂了它，运用好了它。”

傅作义听了，点点头。

傅作义说：“不瞒你说，近些日子，我也在考虑这些啊。其实，我不说你也知道，和谈，是一个复杂的问题，不能不与对方谈和，也不能仅仅是与对方谈和。和平，并不是失败。如果一定要说是失败，那也只是我傅作义一个人的失败，也许对大家，却是个胜利。总而言之，我要把你们从绝境带到生路上来……”

这天晚上，傅作义和安春山谈了很久。

直到夜深人静时，安春山才回家。

回到家后的安春山，仍在想傅作义和他谈的那些话。他理解傅作义，知道傅作义的心思，也懂得傅作义在和谈的道路上有他一定的难处。但安春山还是想提醒傅作义，力争加快和谈的进度。于是，安春山毫无困意，于凌晨时分，给傅作义写了一封信，大意是："和谈必须抓紧进行，否则夜长梦多，前景可虑"，一大清早，便托人将信转交给傅作义。

至此，安春山短时的沉默已成为往事。

安春山不能不说话了。

安春山说话时，底气很足。

2. 第一次"亲密"接触

傅作义陷入了困境。

作为对手，傅作义非常佩服毛泽东。从11月29日开始，在不长的时间内，毛泽东先从西线抓起，采取围而不打，隔而不围的作战方式，把他死死拖住；接着，指挥东北野战军主力千里挺进迅速入关，与华北部队联手，分别对塘沽、天津、北平、新保安、张家口五地进行了分割包围。这样一来，他傅作义精心部署的一字长蛇阵，转眼之间就被"共军"斩为五截，完全切断了他西退绥远、南逃青岛以及东撤海上的道路，使他陷入欲逃不能、欲收不拢、欲守亦难的凶险困境。下一步，毛泽东会有何动作？傅作义不敢往下多想，一想，便不寒而栗！

在这之前，傅作义曾和李同伟有过一次交谈。

李同伟是北平市政府新闻处长、华北"剿总"高参、《平明日报》主笔。李同伟常以新闻记者的眼光观察和分析时事，是一个能够经常出入傅作义办公室，与傅作义说得上话的"圈内"人。

李同伟直言不讳地对傅作义这样说过："我认为国共之争，胜负已定，战下去只有愈败愈惨。虽然'三十六计'，走为上计，但具体到我们，走则是下策。西去保察绥，孤军无援，终必坐与待困。南下江南，别人可以，而你傅先生届时却将帅无兵，万万不能。中国大一统思想深入人心，南北朝局势不可能在20世纪重演。长江不是天险，随处可渡。至于划江而守，纯属自欺欺人。所以，就目前局势来看，战是死路，走为下策，和却是大势所趋，人心所向！"

李同伟的话，说得傅作义心动。

∧ 东北野战军司令部参谋处处长苏静（中）与李炳泉（右）和崔载之（左）会谈。

现在，处于山重水复之中的傅作义，显然已经意识到，谈和是脚下一条不妨可以试着走一走的路。他希望柳暗花明又一村。

11月18日，受傅作义委托的彭泽湘、符定一两人来到石家庄。此后，他们带回去毛泽东以聂荣臻的名义写的一封信。信中说："某先生有志于和平事业，希派可靠代表到石家庄先作第一步接洽，敬希转达某先生。

傅作义明白，毛泽东在这封信中提到的某先生，就是他傅作义。

既然毛泽东没有把和谈的路堵死，那么，他傅作义还犹豫什么？

于是，傅作义一个电话，召来了他的幕僚李腾九。

李腾九是华北"剿总"联络处少将处长，早年毕业于保定军校，与傅作义是校友。两人之间的关系非同一般。

傅作义见了李腾九，迫不及待地说："你说过的那个中共地下党、《平明日报》采访部主任李炳泉在吗？我要见他。"

12月10日，李炳泉应傅作义之约，由李腾九陪同，来到傅作义办公室。

李炳泉开门见山地说："我受北平地下党的派遣，代表中共来见傅先生。欢迎傅先生作出决断，进行和平谈判。"

当天，傅作义对李炳泉就和谈的条件，谈了三点意见：一、参加联合政府，军队归联合政府指挥。二、在一定时间内起义，要中共方面为他保密。三、要求林彪的部队停止战斗，双方谈判。

事隔一天，即12月14日晚，傅作义对和谈条件作了修改：一、军队不要了。二、两军后撤，谈判缴械。三、由傅发通电缴械。

并且，傅作义提出，派《平明日报》社社长、他的亲信崔载之为他的和谈代表，携带一部电台，由李炳泉带领，一同到解放军前线司令部与中共方面的领导进行面谈。

李炳泉当即表示同意。

1948年12月15日，李炳泉和崔载之秘密由北平北南河沿南口乘汽车，出北平城，来到东北野战军第1纵队前线司令部。

第1纵队司令员贺晋年、政委陈仁麒会见了他们。

随后，经向林彪、罗荣桓请示汇报，1纵于当天，将崔载之、李炳泉送至蓟县。

为了不暴露前线司令部的位置，东北野战军司令部参谋处长苏静受命，带上10多名干部战士，来到离平津前线司令部驻地不远的八里庄，选择了在村西头的周庆海家，接待傅作义派来的谈判代表。

12月16日10时，林彪等就谈判内容电告毛泽东，建议："攻下北平、天津，全歼守敌，我军皆有绝对把握，因此，谈判内容以争取敌人放下武器为利。"

林彪等还建议，必要时，他们可以到通县附近直接主持这一谈判。

毛泽东回电，指出："对傅作义代表谈判以争取敌人放下武器为基本原则，但是，达到这个目的可以运用某些策略"。"具体策略现在不做决定，等候傅作义代表到三河与你们接谈后，将谈判内容电告我们，再行考虑"。在"争取敌人放下武器这一原则的范围内……可以考虑允许减轻对于傅作义及其干部的惩处和允许他们保存其私人财产为条件，而以傅作义下令全军放下武器为交换条件"。

毛泽东还指出："你们应向傅的代表试探，傅作义是否有命令中央军缴械的权力，如果他们没有此种权力，则可向他提出让路给我军进城，解决中央军"。

同时，毛泽东提醒林彪等人：此次傅作义派人来谈判，只是一种试探性的行动，如果傅方有诚意谈判，他还会有代表出来的。

接到毛泽东的电报，林彪、罗荣桓、刘亚楼立即研究，决定按中央军委的指示，向傅方代表说明解放军的态度和条件。

16日下午，苏静和傅方代表进行了初步的接触与交谈。

看上去很平静。

无风无浪。

试探与摸底，是双方共同遵循的主旋律。

崔载之说，傅先生对与中共谈判很重视，纯属诚意，绝非阴谋诡计。

崔载之说，傅先生对和平谈判早有考虑，现在的军事形势对和谈也的确是个有力的推动。

崔载之在交谈中，提出如下要求：第一，为要搞到一架蒋介石的飞机，要解放军让出南苑机场的控制；第二，为加强城内傅系军队的力量，以制约城内蒋系军队，要解放军放出被围在新保安的第35军，使其回到北平城内，贵军可与其一起进城；第三，傅作义通电全国，宣布实现和平解决；第四，建议成立华北联合政府，傅作义参加华北联合政府，其军队由华北联合政府指挥。

事后，苏静将与崔载之的谈话内容向林彪等人作了汇报。

林彪说，傅作义是想保存实力，以便日后向我们讨价还价。

林彪又说，不过，他傅作义愿意和谈，毕竟是一件好事。

于是，12月19日，东北野战军参谋长刘亚楼来到八里庄，同崔载之举行第一次谈判。

刘亚楼的到来，大大提高了和谈的级别。

刘亚楼首先对崔载之的到来，表示欢迎。接着，刘亚楼分析了

∧ 我军位于蓟县孟家楼村的平津前线司令部驻地。

全国形势和平津战局的发展前景，并根据中共中央确定的方针，向傅方阐明解放军和平解决平津问题的基本原则，是以华北国民党军放下武器，解除武装为前提，不允许傅部保存自己的军队，不同意傅作义发通电，不同意成立华北联合政府。如果傅方同意中共方面解决平津问题的条件，解放军可以保障傅作义本人及其部属生命安全和私人财产免受损失。刘亚楼还提出，给傅作义部编两个军，若是蒋系顽固的军、师长反抗，可先将其逮捕！

——力大无比。

——雷霆万钧。

——大气磅礴。

——叱咤风云。

这些都是刘亚楼说话时给崔载之留下的种种感受。

崔载之几乎无话可说。

崔载之于当天下午向傅作义报告了谈判情况。

傅作义回电表示：城内蒋系中央军比傅系兵力大10倍，逮捕蒋系军、师以上军官有困难，实不宜实施。

除此之外，对其他问题傅作义闭口不谈、保持沉默。

这表明，谈判中傅作义开列的条件尤其是在军队处置的问题上，与中共中央确定的基本方针距离很大。

随后，尽管双方代表又经过几次交谈，但均未获得任何结果。

至此，傅作义第一次派代表出城谈判，宣告结束。

12月26日，崔载之返回北平。李炳泉及随同一起来的译电员、报务员按照傅作义的意图，留在八里庄，以便继续与中共保持联系。

傅作义有了与中共和谈的第一次“亲密”接触，今后他还会经历第二次，或是更多次。

毕竟和谈的大门启开了。

透过和谈的大门，傅作义将看到什么？

3. 信使，挺胸昂首走进了历史

1949年1月11日的早晨，初升的太阳，透过云层，把极其柔和的一束束光芒投向大地。尽管天气寒冷，四处的积雪尚未融化，但有了阳光照射，似乎就有了热乎气。这时，风停了。有几只早起觅食的麻雀，不知从哪里飞来，落在路旁的小树上，叽叽喳喳地叫个不停。

这是一条通往天津的路。

路的一端，是国民党天津守军构筑的明碉暗堡；另一端，伸向远方，隐隐约约可见解放军预备攻城的部队的前沿阵地。

阳光侧着照过来，把路照得清清亮亮。

此刻，有一个浅浅的人影，从路的一端出现了。随着他的脚步不断向天津接近，他的身子也在一点一点地放大。后来，他身着的军装，他的一张年轻的脸庞，他的甩动着的手臂，都坦露在他对面正向他射来的一道道警惕的目光里。

他是解放军某部的一名通信员。

他是专程到敌方去送一封以平津前线司令员林彪、政委罗荣桓的名义签署的给陈长捷、林伟俦、刘云瀚的劝降信。

现在这封信就攥在他的手里。信中，林彪和罗荣桓敦促陈长捷等人仿效郑洞国为榜样，命令守军自动放下武器。林彪和罗荣桓以胜利者的姿态，通过东北国民党军的覆灭、双方力量的对比，告诫对方不要抱有幻想，天津是守不住的，你们若是采取抵抗的方针，那便是最愚蠢的打算。为此，他们希望陈长捷等人在我军总攻击未发动之前，迅速派代表出城与我军商谈，以便规定你们如何有秩序地放下武器和规定我军保证你们个人的生命财产的安全和不致遭受侮辱的具体办法。在信中，林彪和罗荣桓还直截了当地提出限对方24小时内予以答复，其先头部队至迟应于13日12时开出城外，否则，我军将于次日，即14日，开始攻城。

这个担任信使重任的解放军通信员，挺胸昂首，大步地向前走着。

他知道，在他的前方，有数不清的敌人的目光，在盯着他；有数不清的子弹上了膛的枪口，在瞄着他。但他无所畏惧。

他的脸上充满了自信。

他的步履十分轻盈。

他走在阳光里。

阳光把他的轮廓勾勒得非常鲜明。

在离天津城城门很近的地方，从一座碉堡里钻出一名敌兵，端着枪的手在微微颤抖。

“干什么的？”那个敌兵问。

哈爾賓
ХАРБИН

“送信。”解放军的信使扬着手中的信说。

后来，这封信送到了62军军长、天津防守区副司令林伟俦手里。

林伟俦深知这封信非同一般，不敢耽搁，立即约86军军长刘云瀚、天津市市长杜建时和天津警备司令部副司令秋宗鼎一同来到陈长捷处，进行紧急会商。

说是会商，等到几个人聚到一起，面对解放军信使送来的劝降信，却谁也不敢吱声了。

显然，这封信给他们出了一道难题，即大家看了信，谁先说话，就意味着谁先表态。而在座者，谁都对表态，充满了顾忌。

刘云瀚是蒋介石、陈诚的嫡系心腹，对防守天津虽然忧虑重重，但此时低着头，一口接一口地抽烟，硬是一声不吭。

林伟俦和秋宗鼎深知军统特务无孔不入，担心隔墙有耳，所以欲言又止，吞吞吐吐。

杜建时见大家不说话，心想这样耗下去终究不是个办法，便略施小计，采取个别交谈的方式，把陈长捷请到另一间屋子里，悄悄问道：“你是司令，你看怎么办？”

陈长捷耸耸肩，说：“我让他们打，谁不打就不行。我让他们降，他们不降我就毫无办法了。”

接着，陈长捷补充说：“我看，还是等北平和平谈判有何结果再说吧。”

随后，杜建时又请林伟俦和刘云瀚到另一间房间，问他们有何打算？

林伟俦不无戒备地看了杜建时一眼，不满地说：“问我们有什么用？陈长捷是司令，要表态也是他先拍板。我们算什么？我们不能领这个头。”

刘云瀚说：“是啊是啊，当然是司令说话管用。”接着，话锋一转，“刚才，陈司令对你说了什么，能透露给我们吗？”

杜建时说：“他的意思是等待北平方面的和平谈判有了眉目，再决定如何行动。”

< 1948年10月19日，时任国民党军东北“剿总”副总司令兼第1兵团司令的郑洞国（中）率部向解放军投诚。我军兵不血刃地解放了长春。

∧ 我军某部突击队在津沽一线向敌发起攻击。

林伟俦和刘云瀚相互看了一眼，显然，他们对杜建时的话的可信程度，大有折扣。

杜建时感觉到了这一点。

杜建时敏感地说："怎么，二位不相信我？"

林伟俦和刘云瀚连忙说："哪里，哪里。我们认为陈司令既然这么说，那就好，就按他说的办。"

杜建时说："那就是说，你们同意陈司令的意见，继续固守天津？"

林伟俦说："当然。"

刘云瀚说："没错。"

杜建时略略思索，又问："二位将军，若是共军发动总攻，你们认为固守天津，究竟能守多久？"

林伟俦看了看刘云瀚："你说呢？"

刘云瀚却反问林伟俦："你说呢？"

杜建时说："一个星期能行吗？"

林伟俦摇摇头。

刘云瀚摇摇头。

杜建时不再问了。

为了拖延时间，等待北平方面和谈的结果，陈长捷等人决定给林彪和罗荣桓写一封回信。信中说："武器是军人的第二生命，放下武器是军人之耻。如果共谋和平解决，请派代表进城商谈。"

是在踢皮球吗？

你踢过来，我再踢过去？

然而，解放军可没有闲功夫跟陈长捷们踢这个球了。

1月12日，毛泽东电告林彪和聂荣臻："天津之敌如能接受你们所提限时缴械之条件，你们即可不经攻击而占领天津，如该敌不能接受你们所提条件，则你们应于适当时间内攻占天津。"

同日，平津前线司令部通知傅作义的谈判代表，要傅作义命令天津国民党军须于13日12时前开出城外，听候处理，否则，我军将14日开始攻城！

傅作义心想，哪有明确告诉作战的另一方哪天发动攻击的道理？解放军14日不会攻城。说这话，是讹诈。

事实证明傅作义错了。傅作义失去了一次接受我军要求的机会，进而失去了和平解放天津的希望。

在平津战役中，天津守敌虽然没有投降，但以林彪和罗荣桓名义写给陈长捷等人的那封劝降信，历史却记住了，以至于很多年后，几乎所有关于天津之战的史料，都一一记载了这个生动的细节。

当然，历史同样没有忘记那个给天津守敌送去劝降信的信使，以至于很多年后，这名解放军某部的通信员，仍旧沐浴着阳光，挺胸昂首地走在这部描写平津战役，具有纪实风格的文学作品里……

4. 一个迟到的决定

接连不断的爆炸声，猛烈晃动着脚下的大地，造成地面上的一切，包括高大的钢筋水泥建筑，都在惊恐不安地蹦蹦跳跳。

天津守敌遍布各处密集的明碉暗堡，被解放军铺天盖地的炮火，几乎无一漏网地细耕了一遍，以至于焦雷滚过，一片断壁残垣。

V 我军在天津外围战斗中，炸开外壕工事后在烟雾中冲锋。

李烛尘

湖南永顺人。抗日战争爆发后，负责组织“永久团体企业”内迁。抗日战争胜利后，重返天津兴厂，被选为全国工业界对敌要求赔偿委员会常务委员和工业复员协进委员会负责人，并任国民参政会参政员，久大盐业公司总经理。1945 年 12 月，被选为民主建国会中央理事会常务理事，以无党派社会贤达身份出席了政治协商会议。1947年任河北天津区工业协会理事长等职，创办了《工业杂志》。

此时，火光冲天，硝烟蔽日。

空气中充满了浓烈而又刺鼻的火药味。

天津防守区警备司令陈长捷不断接到令人不安的电话：

——城防主阵地失守；

——东、西门相继被共军突破；

——总预备队的保安师增援西营门失利；

——62 军军长林伟俦派手下参谋与共军接洽停火……

陈长捷事先绝没有想到战况竟然会在短短的时间内迅速发展到如此悲惨的地步。

早在解放军总攻天津的战斗打响之前，即 1 月 4 日，陈长捷还信心十足地发出两个命令：一是“如果我战死，由兼防守副司令林伟俦继承。”“各级主官如果战死，也要预先指定继承人。”二是向部队颁发了 6 条骇人听闻的战时军律：“（1）全班士兵未奉令擅自退却者，准由班长将该士兵就地枪决；（2）班长未奉令擅自退却者，准由排长将班长就地枪决；（3）排长未奉令擅自退却者，准由连长将排长就地枪决……”以此类推，直至师长可以枪毙团长。

可是，就在表明陈长捷决心死守天津的这两个命令下达后的第 10 天，也就是 1 月 14 日，解放军发动了对于天津的总攻击。

简直就是风卷残云！

简直就是摧枯拉朽！

杨亦周

河北行唐人。1921 年考入天津公立法政专门学校。1926 年 7 月加入国民党，任天津市党部委员兼直隶省党部秘书。1928 年 8 月东渡日本，考入明治大学政治经济学部。1933 年，远赴欧洲，到英国伦敦政治经济学院继续深造。1934 年 4 月赴苏联考察。1939 年任农本局办事处主任。1941 年为金城银行创办陕甘实业公司，并任经理。1946 年正式出任中国纺织建设公司天津分公司经理。

陈长捷的部队在根本无法抵抗的情况下，全线崩溃，迅速败退。

眼看再打下去，必死无疑，陈长捷拨通了北平的电话。

陈长捷寄希望于北平的和谈能让天津战场出现转机。

可是，得到的回答，令陈长捷大为失望。

对方说："再坚持两天就有办法了！"

"两天？再等两天老子早就完蛋了！"陈长捷气急败坏地将电话话筒摔在桌子上！

随后，陈长捷召集林伟俦、刘云瀚和杜建时商量对策，决定不再为北平的和谈充当讨价还价的资本，立即发表一个放下武器的和平宣言。这个仗，不打了。

当夜，杜建时找来了天津工业界知名人士李烛尘、参议会议长杨亦周，让他们撰写并通过广播电台播出这个宣言。

杨亦周曾于1949年新年之后，召集10多名参议员，找过陈长捷，希望他为了天津免受战火的摧残，人民的生命财产得到保全，务必罢战，与解放军讲和。后来，杨亦周等人推选的4位代表还出城，与解放军天津前线司令部进行过接触，并在1月9日公开发表书面声明，表达了他们和平解决天津的意愿。对此，1月12日，毛泽东在致林彪、聂荣臻的电报中，对他们的行为给予过肯定。

当初，杨亦周他们为和平解决天津所作的努力并未奏效。那么，现在仗已经打起来了，且打到了这种地步，尽管杨亦周和李烛尘对"和平宣言"不抱太大的希望，但他们还是为了天津的父老乡亲尽到了自己的义务和责任。

15日凌晨，杨亦周用他那沉稳的因疲惫而略显沙哑的嗓音，在广播电台播出了"和平宣言"。

若是3天前，陈长捷等人拥有此种和平的表示，可以断言，天津完全可以避免这场战争。那么，他们将是和平解决天津的有功之臣。他们的个人历史亦将从此翻开崭新的一页！

然而，这个关于"和平宣言"的决定，到来的实在太迟了。

在此之前，陈长捷重江湖义气，以至于对傅作义的愚忠，使他严重丧失了对于历史潮流走向的识别。傅作义把陈长捷的固守天津作为北平与解放军和谈的一个筹码，而陈长捷为傅作义所走的这步棋，付出的，则是惨重的代价。

当然，在激烈的战场上，一个迟到的关于和平的决定，总比没有要好。"和平宣言"，仿佛是硝烟弥漫的天空，突然飞来了一只鸽子，在许多人需要看见它，渴望看见它的时候，它出现了。它给陷于绝境的人们，带来了生的希望。它给炮火熏染的天津上空，带来了些许亮色。

15日上午，在天津市区的许多地方，枪声渐渐稀了下来。表示投降的小白旗，不时在敌人驻守的某个据点升起，并不停地摇曳……

15日7时左右，我军进攻的步伐，已经逼近国民党的天津警备司令部。

此时，陈长捷还在与傅作义通话。

陈长捷告诉傅作义："共军已经突破他的主阵线，正通过巷战，向纵深发展……"

实际上，傅作义通过陈长捷手中的话筒，完全可以清晰地听到剧烈的枪炮声，正向陈长捷的指挥部潮水一样席卷过来。

显然，傅作义意识到大势已去。

于是，傅作义沉思片刻，终于对陈长捷下达了这样一道指令："你们可以与共军接洽和平了！"

而陈长捷放下话筒的时候，他看见了两把锋利的刺刀，解放军的战士已经进入他的司令部。此时的陈长捷，已经没有资格按照傅作义的指令与解放军谈和了。他成了解放军的俘虏。

当了俘虏的陈长捷，就连他自己做梦都不会想到，一天之后，也就是1月16日拂晓，他在解放军战士的押送下，乘车来到通县五里桥，在那里见到了傅作义派出的和谈代表邓宝珊和周北峰。这是解放军平津前线司令部的一次精心安排，目的在于让傅方代表尽快签署和平协议。但对于陈长捷乃至邓宝珊和周北峰来说，无疑是富有戏剧性的一幕。

一见面，陈长捷忍不住愤怒地手指邓宝珊、周北峰大声吼道："你们这些混账家伙，作为谈判代表，就知道拖延时间，让我陈某人和防守天津的13万弟兄充当牺牲品，作为你们在谈判桌上讨价还价的资本。呸！这下好了，我们完了，彻底地完了，看你们还找谁垫背，来当这个替死鬼！"

面对陈长捷的怒斥，邓宝珊和周北峰又能说什么？他俩震惊、委屈、哀叹而又感到有口难辨，难道他们不想在谈判桌上尽快签字？他们能当这个家，做这个主吗？

陈长捷过后情绪渐渐稳定了下来。作为天津之战战败一方的亲

∧ 抵达天津外围的我军特种兵部队的坦克集结待命。

历者，他深有感触地对邓宝珊和周北峰说："快快签署和谈协定吧。识时务者为俊杰。眼下大局已定，为蒋介石的不义战争进行垂死挣扎，纯属死路一条！你们知道吗，就在昨天，解放军踏入我的指挥部时，傅总司令这才松口，让我接洽和平……唉，你们说说，傅总司令他干吗不早说啊！要是早点儿说，我也不至于成现在这样子了……"

是的，假如时光倒转，历史允许傅作义重新进入角色，回到生活之中去，他肯定会提前3天对陈长捷下达那道"接洽和平"的指令。那样，陈长捷就会接受我军的要求，率部自动放下武器，不至于在日后成为战争罪犯而被关押10余年，直到1959年12月，才作为首批特赦人员获得自由。

仅仅3日之差啊，傅作义与陈长捷的命运从此天壤之别。后来，傅作义为和平解放北平作出了正确的抉择，获得了中共的宽大处理，成为人民的功臣；而陈长捷则是历史的罪人，一个新中国的囚犯……

这能怨老天不公吗？

不，陈长捷，要怨就怨自己吧。切记，在人生道路上，每逢关键时刻，千万要自己把握住自己！

❶战士们正在擦拭武器，准备投入战斗。

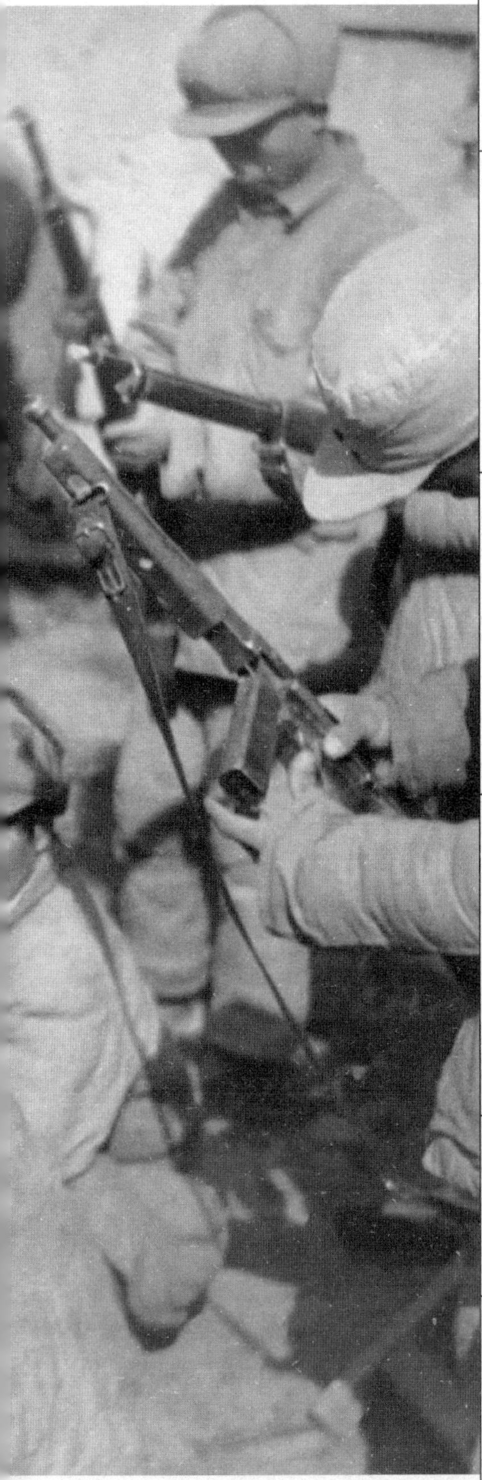

★ ②

★ ③

★ ④

★ ⑤

❷ 敌军被围歼时遗弃的车辆。
❸ 我军猛打猛冲，在原野上展开了规模巨大的围歼战。
❹ 我军登船南下，准备追歼敌军。
❺ 我军某部占领有利地形，阻击逃敌。

[亲历者的回忆]

苏　静

(时任东北野战军司令部作战处处长兼情报处处长)

我同崔载之、李炳泉的接触，不算谈判的开始，只是相互交谈和了解情况。……

崔一再表示："我们是代表傅作义先生来谈判的"，"傅先生对谈判很重视，纯属诚意，决非阴谋诡计。他对和平谈判早有考虑，现在的军事形势对和谈也的确是个有力的推动。"他还说："傅为想及时了解谈判情况，同时要求绝对保密，防止中统、军统特务从中破坏，指令其联络处长李腾九装病，携电台住往医院，不见任何人。我们带的电台就是李腾九给的，专供同傅作义联系使用。"他们的想法是，要我方停止一切攻击行动，两军后撤，通过谈判，达到平、津、张、塘一线和平解决问题。

他们还提出这样一些条件和要求：为了搞到一部分蒋介石的大型飞机，要我方让出对南苑机场的控制；为了制约城内的蒋系军队，要我放出被围在新保安的35军，使该军回到北平城内，我军可与其一起进城；傅先生通电全国，宣布北平实现和平解决；建立华北联合政府，傅的军队由联合政府指挥；等等。

从中可以看出，傅有保全自己力量的意图，并打算举起和平的旗帜。我立即将傅方所谈的内容报告了平津前线首长。

——摘自：苏静《回忆北平和平谈判》

★★★★★

陈长捷

(时任国民党天津警备司令)

看到傅召邓宝珊从绥飞平的消息，早已知道邓和解放军有联系，认为傅已在向解放军谋求和平的“政治解决”。当天津战事日趋紧急时，傅总部参谋长李世杰频传傅作义指示：“坚守就有办法”，体会为很有含蓄的命意。我一本军阀混战习惯，以能顽强相拒就是用来讨价出售的本钱，一点没有想到人民的利益，一意在军事上为傅负责到底，很自负地要坚持到粮尽弹竭时再说。曾向受愚蒙的官兵狂妄地宣传说：“这样坚强的设堡阵地，充足的弹药器材，比起傅作义当年仅仅一师守着涿州城，不知优越到多少倍。涿州的防守三个月，创造战史上的伟迹，我们现在傅总司令的指挥下，也必要坚持胜利。”这样激励军心，要他们拼死恶斗。

也还要两套准备：恶斗是基本的，和谈是为拖缓对方进攻的阴谋。军阀的想法有部队有武器才是本钱，妄想在人民跟前私图出路……

——摘自：陈长捷《天津战役概述》

第六章

伸出你的手来，拉你一把

★★★★★

∧ 华北军区司令员聂荣臻（前左一）与东北野战军第 1 兵团司令员萧劲光（前左二）等人合影。

很大的一棵树。树下坐着一位老人。

老人仰起脸往上望去，看见天空被茂密的枝叶切成许多碎块。那些不规则的细碎天空，是在向老人暗示着什么？

风风雨雨、曲曲折折……老人都经历过。

他把一切装在了心里。因此，他显得十分平静，亦显得很有力量。这个老人，就是岁月。

1.“和平老人”刘厚同

刘厚同与傅作义的关系非同一般。

何以见得？

举例为证。比如，当年日军侵占华北后，形势比较严峻，傅作义临走时专门给刘厚同留下了一部电台和一些通讯技术人员。此后，在长城抗战、绥远抗战期间，刘厚同经常用这部电台与傅作义联络，不仅向他提供了大量的极有价值的日、伪军情报，还为身在异地的傅作义充当高参，成为他的一支不离左右的无形臂膀。再比如，傅作义就任华北“剿总”总司令之后，随即任命刘厚同担任了他的“剿总”中将总参议，并作为他的高级政治顾问，屡屡出谋划策，提供决策服务。对于傅作义，刘厚同属于傅部凤毛麟角、为数极少的几个可以随时进入他办公室的人之一。刘厚同的这种不同寻常的极高规格和特殊待遇，并非什么人都能够享有。

由此可见，作为老师与挚友，刘厚同在傅作义心目中占有多么重要的位置！

刘厚同是山西虞乡县人，自小饱读诗书，知识渊博，思维敏捷，才学过人。他早年参加过辛亥革命，具有民主进步思想。他曾一度担任过甘肃省陆军部长兼总招讨使，后返回故里，历任山西学生军总教练、军士学校校长等职，并当过北洋政府京畿卫戍总司令部高级参谋。抗战期间，刘厚同不止一次上书蒋介石，反对不抵抗政策，提出“攘

绥远抗战

中国军队抗击日伪军进攻的战役。1936年12月15日，蒙古族上层反动分子德穆楚克栋鲁普率伪军1.7万余人，在日军指挥和支援下进攻绥远。绥远省主席、第一路军总指挥傅作义率部抵抗，屡败伪军，收复了伪军占据的百灵庙和大庙（今红格尔）。至12月20日，歼灭伪蒙古军1个师，伪军王英4个旅反正，击毙日军顾问20余人。

∧ 1948 年 9 月，国民党军整编第 96 军军长吴化文（右）在济南率部起义。

外才能安内"，深深赢得了傅作义的敬重。说起来，傅作义与刘厚同的关系很深。刘厚同不仅当过傅作义的老师，而且当年傅作义单枪匹马在奉军撤退时能够出任天津警备司令，蒋阎战争阎锡山逃到大连后傅作义能够出任绥远省主席，再后来傅作义脱离阎锡山转向蒋介石，都因为刘厚同这个高参从中在起作用。所以，傅作义把刘厚同视为知己，对他推心置腹，言听计从。

刘厚同的女儿刘杭生，是中共外围组织的成员。

刘杭生在家与她的父亲刘厚同无话不谈。

久而久之，受女儿的影响，刘厚同对我党的政策便有了一定程度的了解。于是，后来刘厚同在与傅作义的接触中，转而又把他对于时局的一些带有进步性的认识与思考，

不断潜移默化地向傅作义进行灌输。1948年2月间，刘厚同接受傅作义热情邀请，从天津的居住地来到北平，与傅作义商讨军政大事时，就曾对傅作义说过："政治是军事的根本，未有政治不修明而军事能够胜利的。南京政府政治腐败，军政官吏贪污腐化，蒋介石所作所为不合人民心理，有违历史潮流，必然失败。"

同年11月初，辽沈战役结束，傅作义预感大事不妙，卫立煌的47万部队，一转眼就被消灭了。东北野战军一旦休整过后，大举入关，首当其冲被打击的将是他傅作义。那时候，傅作义的日子能好过吗？东北的卫立煌抵挡不住解放军，南面的刘峙也一定抵挡不住。刘伯承、邓小平、陈毅、粟裕等人决不是好惹的，他们的联手出击，已经让傅作义对徐埠战局不再抱有希望。这样一来，华北的处境便更加危急，一场大战，不可避免！

出于自身利益的考虑，傅作义既不愿离开故土南撤，又不愿意西退绥远放弃对于蒋系部队的指挥权。于是，傅作义左思右想，只有固守平津塘。11月4日,在南京会议上，傅作义确定采取既守平津、保持海口，又不放弃张家口，以便扩充实力，以观时局变化的策略。

面对形势的变化与发展，中共华北局城工部部长刘仁曾经派人找过刘厚同，希望他出面劝说傅作义效法吴化文，以解放济南的方式来解放北平。刘厚同不同意。刘厚同认为傅作义与吴化文不同，吴化文是投降将军，而傅作义是杀头将军。也就是说，傅作义宁肯杀头，也不肯投降。过后，刘厚同为傅作义开出了一张自认为是上策的"良方"，建议傅作义按照中共组织联合政府的主张，可用辛亥革命方式，由傅作义通电全国，主张和平，并先在华北实行和平，然后促成全国和平。接下来，重新召开全国政治协商会议，组织联合政府。

显然，傅作义受到刘厚同的影响。11月中旬，傅作义曾通过民主人士彭泽湘、符定一来石家庄，向中共方面提出，他将以华北五省二市实力派的资格，参加联合政府。按傅作义的设想，划华北平、津、保、察、绥地区为"和平区"，华北"剿共"所属部队改称"人民和平军"，归联合政府指挥。傅作义的目的很明显，是试探中共的态度，企图在军事上保存自己的实力。

毛泽东打破了傅作义不切实际的幻想。

毛泽东采取的策略是以战逼和。12月22日，被傅作义视作"王牌军"的第35军，在新保安被我军一举全歼。当日，傅作义痛苦不堪，焦虑万分。傅作义把手习惯性地掐在棉裤的后腰处，在屋里困兽般一边来回踱步，一边哀叹："完了，完了，我的政治生命完了！"

刘厚同安慰他道："宜生，你旧的政治生命完了，新的政治生命开始了。应在此紧急关头，研究如何靠拢解放军，走和平解放北平的道路。蒋介石日暮途穷，以后是绝对靠不住的。"

新保安一战，促使刘厚同的思想有了很大转变，此时的刘厚同已放弃了成立联合政府的主张。因此，刘厚同接着对傅作义说："时至今日，万不可三心二意，胡思乱想了；还是顺应人心，当机立断，抓紧时间和谈为是。现在咱们与中共和谈的资本虽已远不如过去，但议和不战，使北平免遭战火破坏，城内军民的生命财产得以保全，是深得人心的。"

傅作义听了，不由点了点头。

然而，此间傅作义思想反复很大。35军被歼，军长郭景云自杀身亡，对傅作义是个不小的打击，他常常感到前景暗淡，期待着能够通过和谈的方式，寻找到一条新的出路。但傅作义又犹豫再三，生怕与共产党的和谈被人看做是"叛逆"。于是，傅作义在战与和之间左右摇摆，举棋不定。他忽而觉得大路朝天，一片光明；忽而认为山高路险，乌云密布。

刘厚同见状，便不停地开导傅作义。

刘厚同说："汤与武王，桀纣臣也，乃伐桀纣，后世不称曰叛逆，而反以圣美之，此其义已可盖见。盖即《左传》所谓忠者，忠于民事也，非忠一人之谓耳。刻国事败坏至此，家室仳离，民生涂炭，民之所欲者和平，政之所需者改造，子能循历史顺人心，起而倡导和平，天下且将壶浆迎而不暇，谁复有谓子为叛逆者？"

尽管刘厚同苦口婆心，一再劝说，可是傅作义仍然难下和谈的决心。

傅作义在历史的出入口张望着、犹豫着、俳徊着，止足不前。

刘厚同年事已高，见劝说无效，心急火燎，竟然气愤之下，一只眼睛忽然失明！

结果用一只眼睛来看傅作义的刘厚同，感到与傅作义讨论和谈问题，简直就是"与智者谋而与愚者决"。他失望了，决定离开北平，回天津休养。

> 在新保安战役中，我军一举歼灭国民党军第35军。图为我军某部正登上新保安城头。

∧ 抗战时期的马占山。

后来刘厚同没有走，他被杜任之设法留下了。

杜任之是傅作义的同乡，早年留学德国，回国后与傅作义关系密切，是第一个向傅作义试探和平解放北平的人。杜任之曾通过吴晗与北平地下党学生工作委员会秘书长崔月犁取得过联系，后来，根据北平地下党的指示，做傅作义的工作，策动他走和平的道路。

杜任之认为刘厚同不能走。和平事业需要这位老人，北平人民需要这位老人，千年文化古都的保全也需要这位老人。在时代的宏大背景之中，刘厚同肩上负有非同寻常的神圣使命。

刘厚同权衡再三，决定继续留在北平。他觉得自己不是独立的，有这么多人关心他，挽留他，让他感动不已。同时，他还觉得并非一个人在做傅作义的工作，在这历史重要关口，朝傅作义伸出手来的还有许许多多的人，比如杜任之、李腾九、马占山、邓宝珊、何思源等，甚至像徐悲鸿、朱光潜、许德珩、周炳琳等充满爱国心与正义感的社会名流、著名学者，也加入到这个行列中来。这让刘厚同感到十分欣慰。

杜任之

山西万荣人。1936年与一些进步人士发起组织了牺牲救国同盟会，被选为临时执委会委员。抗战胜利后，在山西大学边教学边联络进步教师和学生开展民主运动。1947年参加了民盟。1948年到北平担任华北学院教授兼政治系主任，积极参与和平解放北平的工作。1949年9月回到太原担任山西省人民政府委员、财经委员会委员兼秘书长等职。主要论著有《孔子思想精华体系》、《现代西方哲学的基本特点》等。

朱光潜

安徽桐城人。1925年出国留学，1933年回国。先后在北京大学、四川大学、武汉大学任教，并任中华全国美学学会名誉会长。30年代至40年代期间，认为在美感经验中，美感的态度与科学的和实用的态度有所不同，1950年以后提出主客观统一学说。60年代强调马克思主义的实践观点，认为客观世界和主观能动性统一于实践。主要编著有《文学心理学》、《谈美》、《谈文学》等，并翻译了《歌德谈话录》、柏拉图的《文艺对话集》等。

国民党东北保安副司令马占山

河北丰润人。国民党陆军上将。九一八事变后，任黑龙江省政府主席兼东北边防军黑龙江省副司令。1932年2月被胁迫任伪满黑龙江省省长、军政部部长。同年4月摆脱日伪控制，组建东北救国抗日联军。抗日战争爆发后，任国民党政府军事委员会委员、东北挺进军司令、东北保安副司令长官。1949年1月与傅作义等接受中国共产党和平解放北平的条件，宣布起义。

在接下来的日子里，刘厚同不辱使命。他对傅作义说："北平这个千年文化古都，多少年来的军阀战争，都曾极力避免了破坏，今日若毁于自己之手，岂不千古唾骂、遗臭万年！何况今日战争性质大非昔比，而北平既非涿州，又非天镇，此刻包围天津的既非当年奉军，也非当年西北军，乃是与人民血肉相连的人民解放军。自己眼前有光明坦途可走，何苦作此无谓牺牲。"

当傅作义被中共列入战争罪犯后，刘厚同受杜任之的委托，竭力开导傅作义："不要心灰意冷，立功可以赎罪。共产党的政策是认真的，说话是算数的。只要接受和平条件，和平解放北平，对国家、对人民就是很大的贡献和功劳，是会得到中共的宽待的……"刘厚同劝他解除顾虑，认清大势，顺应潮流，把握未来。

在前前后后长达83天的时间里，刘厚同连续为和平解放奔走着。

83天，是一个长度，它记录着一个后来被人们称作"和平老人"的人，为和平事业所做的不懈努力；

83天，是一个过程，它生动地展示了刘厚同，以及像刘厚同那样热爱和平的人们，在奔向光明之路时的精神韧度。

刘厚同，你是和平的使者！

2. 傅冬菊和她的父亲

面对丰富多彩、神奇无比的现实生活，人们的想像力，往往显得出乎意料的苍白。

比如说，在1948年冬季的北平，在戒备森严的华北"剿总"司令部，在两军对垒战云密布的日子里，有一个共产党员，可以随心所欲地在敌方高度警惕的哨兵面前走来走去，可以不需要任何证件自由进入军事禁区，还可以径直走进国民党华北部队最高长官的办公室，甚至可以当着傅作义的面对时局进行任意评说！

这难道是小说家们为取悦读者而虚构的一个故事？

或是世界级魔术大师在做大型情景式的精彩表演？

啊，尽管你可能不相信，也可能大为吃惊，但一个不容争辩的历史事实将告诉你，上述的一切有根有据，全是真的！

打开平津战役作战史册吧，那个奇迹般的共产党员便会向你走来。

她的名字叫作傅冬菊。

而傅作义则是她的父亲。

傅冬菊早在西南联大读书时，就追求进步，加入了中共外围组织民主青年同盟。1946年大学毕业后，傅冬菊来到天津《大公报》工作。在这期间，地下党组织的一些宣传品，常常由她拿到印刷厂去印刷。傅冬菊来到印刷厂，直接把宣传品往厂里的负责人面前一放，说一声："快点印哟，我一会儿就来拿。"就走了。然后那个印刷厂的人不敢怠慢，随即就得抓紧时间给她打理。因为那个印刷厂隶属傅作义的总部，厂里的负责人知道傅冬菊与傅作义的关系，尽管他怕事后傅作义知道了怪罪，但也只好硬着头皮干；否则，他怕傅冬菊到傅作义那里去告状，那将让他同样感到吃不消。所以，在那些日子里，傅冬菊利用她的特殊身份，为中共党组织印制了大量的宣传品。

1948年10月，中共华北局城工部部长刘仁从工作需要出发，安排南系学委负责人王汉斌，布置傅冬菊做其父亲的工作。这位很多年以后曾经担任了全国人大常委会副委员长的王汉斌，于11月初，通过组织，把傅冬菊和她的丈夫——中共地下党党员周毅之，从天津调到了北平。

王汉斌

福建惠安人。1942年在西南联合大学历史系学习，后任民主青年同盟第一支部委员、地下党第一支部委员。1946年后在北平《平明日报》社任编辑。1948年任北平地下党学委委员、大学委员会书记。1949年后任共青团北京市委大学部部长，中共北京市委政治秘书，市委政策研究室组长、秘书长、副主任，市委第二办公室主任等职。

在此之前，傅冬菊曾多次提出加入共产党的要求。刘仁考虑到傅冬菊的表现以及今后的工作需要，同意发展她入党。也就是说，傅冬菊是以一名中共党员的身份回到北平，执行党组织赋予她的神圣使命。

这次调动，名义上是照顾傅作义的身体，实际上党组织是让傅冬菊利用她与傅作义之间的父女关系来做傅作义的工作。

党组织负责人明确告诉傅冬菊："现在解放战争形势发展得很快，你父亲有接受和谈的可能，希望他放下武器，与共产党合作。"

傅冬菊重任在肩。

于是，在1948年这个不同寻常的冬季，傅冬菊走进北平，来到了位于中南海的家。

傅作义对女儿的到来十分高兴。他把傅冬菊拉到跟前看了又看，然后笑着说："嗯，长高了，长大了，长得更加漂亮了！"

那天午后，傅作义破例没有按时到他的办公室去处理那些没完没了的公务。他很想和女儿多待一会儿。

但是，闲谈中，当傅冬菊把她回到北平的真实意图直截了当地告诉父亲时，傅作义吃了一惊眼睛瞪得大大地盯着傅冬菊，过了好一会儿才担心地问："你搞没搞清楚啊，他

∧ 时任中共华北局城工部部长的刘仁（右三）与聂荣臻（左二）等在东北野战军第 2 兵团指挥部合影。

们是真的共产党还是军统从中搞阴谋诡计？要是有人给你设个圈套，那可就麻烦了！”

傅冬菊说：“爸，你就放心吧。我已不是小孩子了，知道该怎么办。”

傅作义仍旧疑惑地问：“这么说，你是共产党？”

傅冬菊点点头。

傅冬菊说：“中共中央派我来的。”

傅作义问：“派你来做什么？”

傅冬菊答：“做您的工作啊！劝您停止抵抗，放下武器，走和平的道路。”

傅作义一笑：“论年龄，林彪是我的晚辈，聂荣臻还比我小4岁，叫我放下武器，向他们投降？”

说着，傅作义把头摇了摇，意思是不大可能。

后来，这样的对话在傅作义和他的女儿傅冬菊之间经常进行。

虽然每次对话都没有结果，但这并不影响到他和她的父女关系。

傅冬菊喜欢和父亲在一起。她喜欢做父亲爱吃的家乡菜，然后看着父亲大口大口地吃着，吃得很开心的样子。她喜欢在父亲回到家后，给他沏一杯茶，然后坐在他的膝前，和他海阔天高地聊天。她喜欢帮助父亲收拾他的屋子，他的办公桌，过后把解放区刚刚出版的报刊和小册子不经意地放在某个他伸手可以拿得着的地方，然后看他忙里偷闲地

∧ 新保安战斗中，被俘的国民党军第 35 军官兵。

把它们拿起来翻上几页。她还喜欢在父亲紧张的工作之后给出他捶捶背，用她的拳头咚咚地在他的肩头轻轻地敲打着……

而傅作义也同样喜欢傅冬菊经常在他的跟前。尤其是在傅作义思想惶惑，心情不好的时候，傅冬菊的劝导，总是让他的生活状态得到极时的调整。傅作义觉得他已经离不开女儿了。若是多时不见女儿，心里会有一种没着没落的感觉。

在傅冬菊回到父亲身边的这些日子里，傅作义在走下坡路，军事上遭至一连串的失利：11 月底，解放军华北 3 兵团东进，包围了张家口。平津战役打响了。傅作义的西退之路至此被解放军堵死。驻守张家口的 11 兵团司令官孙兰峰急忙收缩兵力，调整部署，并向北平紧急求援。于是，傅作义派 35 军军长郭景云率 101 师和 267 师，共计 16,000 余人，分乘 400 多辆大道奇卡车，火速驰援。临行前，傅作义再三交代，要郭景云速去速回，不要恋战。可是郭景云一去再也没有回来。35 军被困于新保安。在这期间，东北野战军突然挥师入关，百万大军直逼平津。考虑到北平的安危，傅作义急需 35 军撤回，便任命安春山为"西部地区总指挥"，率 104 军和 16 军前往新保安接应郭景云。谁知安春山的部队已经打到马圈，离新保安城直线距离仅差 4 公里，却被解放军堵截，结果无功而返。随后，这两个军，分别在康庄、怀来一带被解放军歼灭。安春山虽然有惊无险地逃了回来，但有什么用？部队都丢光了，已成"光杆司令"！更让傅作义痛心疾首，

> 山城堡战役旧址。

是他的“王牌军”35 军在新保安遭至全军覆灭。他的爱将郭景云拔枪自杀……

消息传来，傅作义如同大病一场，精神顿时萎靡不振。他用手捶打着胸脯，悲哀地嚎叫着：“35 军完了，我也就完了。我的本钱都光了，今后该怎么办？”

傅作义把自己关在办公室，尽情地发泄着心中的苦闷。手下的人劝不住，谁上前说话，傅作义就骂谁，恶狠狠地让他们滚，说他不想看见他们。

手下的人怕傅作义想不开，做出什么愚蠢的事情来，只好把他的手枪藏了起来，然后纷纷离开，躲着他。

傅作义现在需要人关心他，安慰他，开导他。这时候，傅冬菊来到他的身边。

傅冬菊给父亲倒了一杯热茶，然后让傅作义坐在沙发上，静一静，平一平心中的火气。傅冬菊说：“急火伤身。你没有完，你还有许多重要的事情要做。”

傅作义说：“别宽慰我了。西线这几仗，把我的部队都快打光了，没了人马，我还能做什么？”

傅冬菊说：“仗可以不打了，再打，还得败。这是大趋势。东北战场如此，淮海战场如此，华北战场也好不到哪里去。放下武器吧，通过和谈，接受和平，这是一条光明之路。”

傅作义摇摇头：“没法谈。要知道，我是他们的敌人。”

傅冬菊说：“是的，但你可以改变自己的立场啊。抗战期间，你旗帜鲜明，态度坚决，受到过人民和我党的肯定与称赞。你反对蒋介石的不抵抗政策，进行‘绥远抗战’，取得百灵庙大捷，为此，毛泽东特地从山城堡向你发出过贺电。‘七七事变’后，

百灵庙大捷

中国军队抗击伪日军的战斗。1936 年 11 月 23 日，傅作义命令所属部队 4 个多团兵力向百灵庙发起攻击，将敌压缩在山内平地。日军顾问指挥伪蒙军第 2 军第 7 师扼守女儿山进行阻击。11 月 24 日晨，中国军队指挥官命令山炮营进至百灵庙东南高地，集中火力向东南山口冲击。同时，骑兵团攻占北山。敌由东北方向败退大庙。中国军队收复百灵庙，歼灭伪蒙军第 7 师大部。12 月 10 日收复大庙，20 余名日本顾问被击毙，先后争取伪蒙军 4 个旅反正。

山城堡战役

土地革命战争时期，红军主力在甘肃环县山城地区对国民党军进行的进攻战役。1936 年 10 月，中国工农红军第一、第二、第四方面军在甘肃会宁、静宁胜利会师。蒋介石调集国民党军 5 个军，从会宁至隆德一线，由南向北分四路向红军进攻。11 月 17 日，红四方面军击溃中路之敌一个旅。18 日红军又歼南路之敌第 78 师。21 日下午红军向进占山城堡之敌发起进攻，激战至 22 日上午将敌全歼。红 28 军同时在红井子击溃敌一个旅。此役制止了国民党对陕甘红军的进攻。

你率部与我八路军并肩作战，携手抗日，被国人称为著名抗日将领……现在，为了保护千年古都和人民生命财产不受战火涂炭，只要你接受和平，就是对历史有了一个最好的交代，北平的老百姓是不会忘记你的！”

傅冬菊的一番话，对傅作义触动很大。

傅作义的情况，包括他的一言一行，一举一动，甚至精神状态、情绪变化，都在解放军平津前线司令部的掌握之中。这都是傅冬菊的功劳。傅冬菊几乎每天都要与地下党组织接头人王汉斌碰面，向他汇报情况。作为傅作义的女儿，傅冬菊出色的工作，在当时那种特殊情况下，无人能够替代。她在促进傅作义最后下决心与我军谈判，以至于和平解放北平，贡献卓越。

很多年以后，聂荣臻在回忆起这段往事时，对傅冬菊当时所做的工作，给予了高度评价。

聂荣臻说：“北平地下党组织，在刘仁同志领导下……利用各种关系，获取了大量的情报，源源不断地供给平津指挥部，使我们对敌情基本上做到了一清二楚。他们甚至通过傅作义的女儿、我地下党员傅冬同志（傅冬菊后更名为傅冬）了解和掌握傅作义将军的各方面动态，劝她父亲不要跟蒋介石走。傅作义将军的神态、言谈、情绪变化，傅冬同志都能及时、准确地了解清楚，然后，每天通过地下电台，向平津战役指挥部报告……几十年来，我打过许多仗，能够如此及时了解对方最高指挥官的动态，还是不多的。这对我们做出正确判断，下定正确决心，进行正确部署，具有重要作用。”

翻开世界战争史，像傅冬菊这样功勋卓越的情报提供者，纯属罕见！

3. 所有的足迹大地都会知道

很像一部电视剧中的镜头：一个戴着礼帽的人在大街上走着，然后趁向路旁小贩买香烟的机会，机警地朝左右迅速打量一番，接着把帽沿往下拉了拉，急转身，大步走进了一家茶馆。

这个人名叫薛成业，中共地下党党员。

在茶馆的楼上，一间包房内，中共华北局城工部部长刘仁正等着他。

∧ 抗日战争时期的聂荣臻。

薛成业向刘仁汇报工作。事毕，薛成业顺带着把认识李介人的经过向党组织作了详细报告。薛成业说："李介人是国民党92军军长侯镜如的外甥，现任军部军需副官。此人具有民主思想，对国民党政府的前景看得很淡。"

刘仁眼睛一亮。

刘仁说："要严格审查他的背景，只要没有什么问题，就和他建立关系。这将为我们今后打开92军上层工作渠道，提供了一种可能。"

刘仁与薛成业说此番话的时候，是1947年8月的一天下午。

8个月过后，也就是1948年4月，李介人的身份已经发生了很大的变化。作为薛成业战友，经组织安排，他来到泊镇城工部进行了10天的学习。在这期间，刘仁亲自找他谈话，鼓励他与薛成业以及地下交通员季鸿一道，组成一个专门的行动小组，并肩作战，共同对92军进行策反。

1948年8月的一天，已是中共地下党党员的李介人，来到已是17兵团司令官侯镜如的住处。他给他的舅舅侯镜如带来了一封中共中央的密信。

李介人告诉侯镜如："国民党政府已经摇摇欲坠。跟着蒋介石，毫无前途可言。眼下，平、津、塘被我军切割包围，战争的胜败基本上已成定论。因此，希望舅舅以大局为重，在关键时刻有所作为。"

侯镜如原本就对时局不满，现在听了外甥这番话，动了心。

侯镜如说："其实，我了解共产党。早在北伐时我就参加了共产党。1927年南昌起义，我还当过贺龙手下的团长。要不是在河南被捕，后来离开了党组织，我现在准和你一样，都是共产党的人。"

接着，侯镜如说："介人，你放心好了，告诉中共有关方面的人，下一步，我知道该怎么办。"

似乎是为了表示自己对中共的诚意，侯镜如当场打开保险箱，从里面取出平津国民党军布防图，然后拿给李介人看。

侯镜如说："请务必转告林彪，切莫攻打两沽，那样伤亡必大，而守军极易从海上撤走。为此，我建议你们改打天津……"

作为17兵团司令官，侯镜如所辖92军、62军、86军3个军。92军，于12月初，被傅作义调往北平；另外两个军，即62军和86军，则被部署在天津。所以，在谈及92军起义问题时，侯镜如让李介人与92军军长黄翔联系。侯镜如说，他会在适当的时候，以适当的方式和黄翔打个招呼。

后来，侯镜如果然没有失言。他私下里曾默许黄翔就起义等事宜同东北野战军第3纵队进行接触。当然，这已是后话。

与侯镜如疏通了关系后，李介人趁热打铁，先是找到92军21师师长张伯权，然后又和张伯权一起来到位于王府井梯子胡同的黄翔家。

李介人开门见山地问黄翔："现在北平已经被包围，形势危急，军长有何打算？"

黄翔说："除了准备当俘虏或是在战场上战死，还能有什么打算呢？没有出路可走啊！"

接着，黄翔心有灵犀地反问："你们有什么打算？"

李介人与张伯权相视一笑。

随后，李介人向黄翔说明了来意。

此时的黄翔，已在先前的电话中得到过侯镜如的暗示。所以他不仅不感到吃惊，反而眉开眼笑地对李介人和张伯权说："能够起义，就有了一条生路。我完全赞成。"

见92军军长同意起义，事情就好办多了。接下来，李介人又去做副军长刘儒林的工作。

刘儒林虽然有走起义道路的意愿，但他仍有顾虑。他说，起义毕竟是一件大事，得让他好好想一想。

刘儒林想了三天，结果提出要求，希望与中共方面的代表面谈。

这很好办，薛成业及时以中共代表的身份与刘儒林见了面。

见面的地点是在17兵团司令官侯镜如的家里——这是一个很能说明问题，且很有说服力的会谈地点。当刘儒林来到他的顶头上司侯镜如家的时候，实际上他已经在心里拿定主意要与蒋介石决裂，参加战场起义了。

大约2个小时的时间，薛成业通过交流与沟通，便完全打消了刘儒林的种种顾虑。

待到分手时，刘儒林紧紧握住薛成业的手，一再表示，感谢中共给了他一个将功补过、为人民立功的机会！

工作做到了这一步，李介人当然要和身在塘沽的侯镜如打个招呼。于是，李介人拨通了侯镜如的电话。

李介人在电话中对侯镜如说："北平家里的事是不是请黄军长、张师长和我商量着办？"

侯镜如说："就按你说的办。"

侯镜如对92军起义一事，始终态度明确。

在这之后，刘仁决定，要求92军派代表来平津前线司令部谈判；与此同时，中共方面派出季鸿到21师担任联络工作。

黄翔当即同意。

黄翔派出的代表是他的同乡、张伯权的心腹、21师的主任参谋宋铨夏。

宋铨夏于12月14日晚间抵达中共指定的地点后，第二天，东北1兵团司令员萧劲光接见了他。

萧劲光说："我们对贵军大义之举表示欢迎。蒋介石撕毁协议，发动内战，与人民为敌，现在军事上他已经支离破碎，平津战役打下去，将加速蒋介石的灭亡。此刻，贵军愿为人民解放事业做出贡献，本人深表敬佩。请你代我向黄军长、张师长表示敬意。"

宋铨夏表示："有关92军起义的一切事宜，均由萧司令员酌定。"

随后，萧劲光就起义的一些具体事项，进行了部署与安排。

作为华北"剿总"司令官的傅作义，压根儿就不知道他属下堂堂的一个军，竟然与共产党商定起了起义。12月17日，也就是萧劲光接见宋铨夏的三天之后，东北野战军3纵的一个团突然袭击南苑机场，缴获各种飞机25架。傅作义大惊失色，机场是北平的空中通道，不能失去。于是，傅作义急令92军军长黄翔把机场夺回来。

黄翔接到命令，与21师师长张伯权一番谋划，决定兴师动众地派一个团进行反攻，实际上，则是从那个团抽调了一个连的兵力，装模作样、虚张声势地冲着机场的方向接连放了一阵子枪，在经过一番热热闹闹之后，便鸣锣收兵。

因为在此之前，黄翔已经和解放军作出不再交火的协定。他必须说到做到。

但黄翔又不能不执行傅作义的命令。于是，黄翔导演了一出闹剧，专门演给傅作义看。

傅作义经验丰富，而且眼光很毒。他见枪声激烈，却打了半天仍不见拿下机场，大怒。傅作义吼道："这哪是打仗，纯粹是表演！"

< 抗日战争时期的萧劲光。平津战役时任东北野战军第1兵团司令员。

事后，傅作义本想撤了黄翔军长职务，但顾及到侯镜如的面子，再加上局势日趋严峻，如果在此关口把人际关系搞僵了，对他傅作义则弊大于利。于是，傅作义只好忍气吞声，过后不了了之。

经过地下党与黄翔们的密切合作，92军的起义计划越来越臻于完善。

然而，92军起义的条件成熟了，却最终没有能够实现起义。

原因何在？

因为傅作义接受了和平谈判，和平解放北平的曙光已经照耀在这座千年的古城。这样一来，92军起义的计划便取消了。此后，92军与傅作义的部队一道，接受了我军的和平改编。

就像所有的足迹大地都会知道那样，国民党92军在为和平而奋斗的过程中所做出的积极努力，人民是不会忘记的，历史同样是不会忘记的。

4.“头等战争罪犯”傅作义

《孙子兵法》云：“夫用兵之法，全国为上，破国次之；全军为上，破军次之；……是故百战百胜，非善之善者也；不战而屈人之兵，善之善者也。”

《孙膑兵法》云：“凡伐国之道，攻心为上，务先服其心。”

《尉缭子》云：“凡兵，有以道胜，有以威胜，有以力胜。讲武料敌，使敌之气而师散，虽形全面不为之用，此道胜也。”

诸葛亮云：“用兵之道，攻心为上，攻城为下，心战为上，兵战为下。”

毛泽东云：“我们的胜利不但是依靠我军的作战，而且依靠敌军的瓦解。”

由此可见，历代的军事家们都把“不战而屈人之兵”，也就是通过攻心战术，瓦解敌军的士气，动摇敌军的决心，致使敌军整体上的屈服，放在一个十分重要的位置上。

那么，在特定的形势下，交战双方进行和谈，不也是孙子所言“全国为上”的一种极好的形式吗？

在平津战役中，毛泽东提出的关于和谈的基本方针，就是以傅作义放下武器，解除武装为原则。

符定一、彭泽湘从石家庄带回的，毛泽东以聂荣臻的名义给彭泽湘“某先生既有志于和平事业，希派可靠代表至石家庄先作第一步之接洽，敬希转达某先生”的信函，在傅作义心中搅起了更高的波澜。

毛泽东所说的某先生，指的就是傅作义。

∧ 抗战时期的傅作义。

对此，毛泽东的策略是，如果傅作义真心和谈，就应当派代表来。我军希望和平解放北平，但不是求和，求和的只能是傅作义。我军不拒绝傅作义求和。如果傅作义真求和，他就很难下南撤西逃的决心。而我军也可以利用这一时间，完成平津战役的行动部署。11月26日，毛泽东在给林彪等人的电报中说："据符定一面谈，傅无出路有与中共谈和保存实力可能。在尚未解决蒋系以前，假如傅愿谈判，我们应当和他谈判，以便分化傅、蒋，首先解决蒋系，但不给傅任何政治上的借口。这是我们的第一个计划。同时我们也准备第二个计划，即在有某种确定需要时，真正允许傅作义反正，但现时不作此项实际决定。"

12月15日，收到毛泽东的口信后，傅作义派他的亲信崔载之前来我军驻地进行谈判。

V 1949 年 1 月 21 日，毛泽东起草的“军委关于傅作义部出城整编的部署的指示“节选。

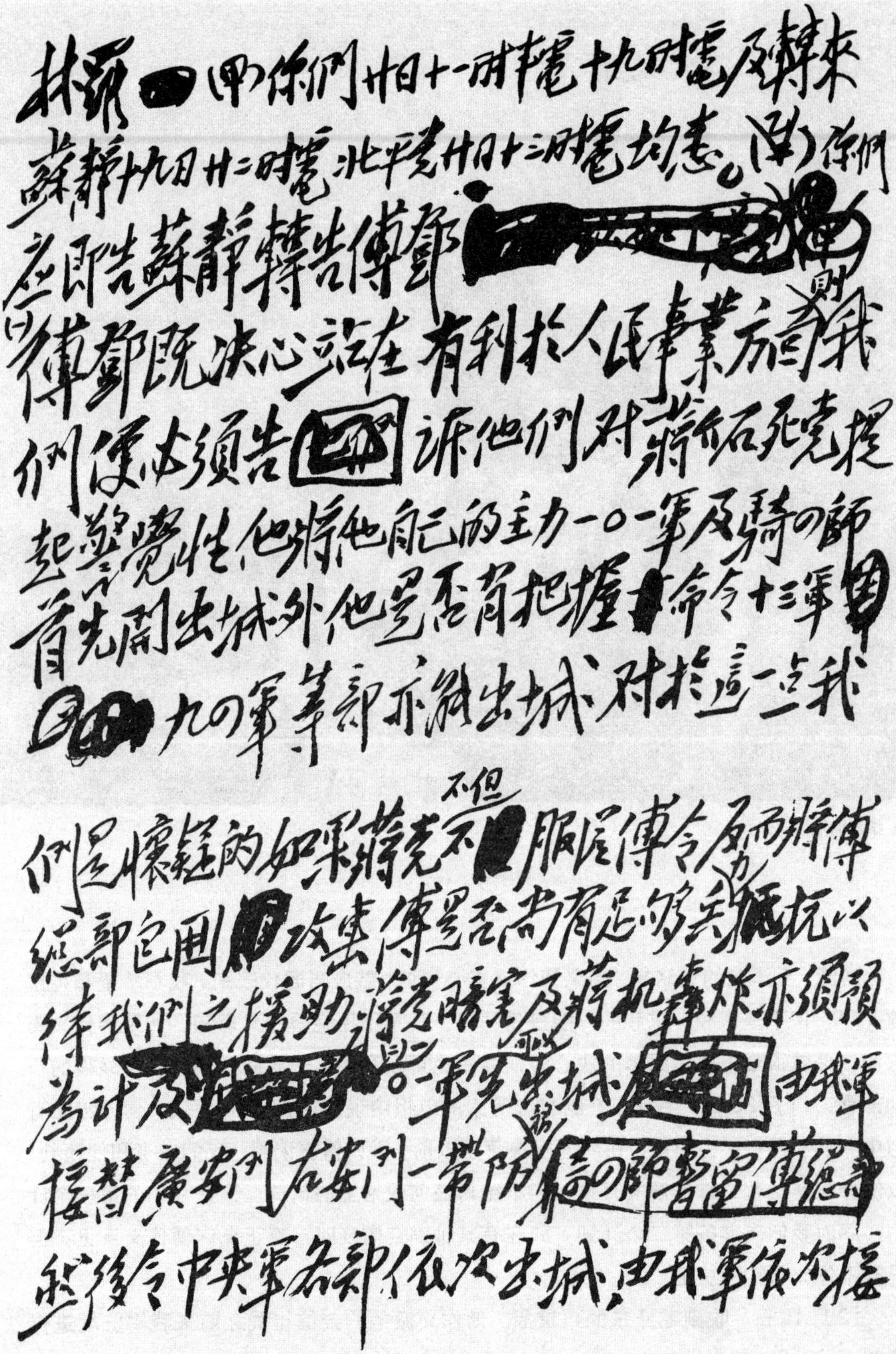

林羅：（甲）你們廿日十一时電、十九时電及轉來蘇静十九日廿二时電、北平党廿日十二时電均悉。（乙）你們应即告蘇静轉告傅部：（一）傅部既决心站在有利於人民事業方面，則我們便必須告訴他們，对蔣介石死党提起警觉性。他将他自己的主力一〇一軍及騎四師首先開出城外，他是否有把握命令十三軍、九四軍等部亦能出城，对於這一点我們是懷疑的。如果蔣党不但不服從傅令，反而將傅總部包围攻击，傅是否尚有足够兵力抵抗，以待我們之援助？蔣党暗害及蔣机轟炸亦須預為計及。（二）一〇一軍先出城，由我軍接替廣安門、右安門一帶防務；騎四師暫留傅總部，然後令中央軍各部依次出城，由我軍依次接其实，傅作义在平津战役打响后，一直在做两手准备，一手是秘密寻求和谈，一手是加强防御。也可以说，傅作义的这两手，一手是做给毛泽东看的，一手是做给蒋介石看的。

傅作义在耍小聪明，他以为手里攥着两张牌，需要哪张，就可以打哪张。

可是傅作义的"牌技"实在不高明，他的每回出牌，总免不了出错。

比如傅作义在派出和谈代表的同时，又主持召开军事会议调整城防部署，并且在谈判过程中，仍然不断加强北平的防御……但傅作义错了，他完全低估了他的对手的能力。

毛泽东一针见血地指出：傅作义的和谈要求，是建立在他的主力尚未被消灭，还保存着自己的力量这个基础上的，只要真正削弱傅作义的力量，才能促使傅作义向接受我军的和谈条件这方面转化。

于是，当时间走到1948年12月22日这一天的时候，傅作义忽然发现平日里自以为威风凛凛的他，竟然脆弱得像是一只被风吹了多日的蛋壳，轻轻一击，便粉身碎骨！

傅作义在得知35军被歼灭的当天就后悔了！他想，要是不派郭景云西援张家口就好了，要是在郭景云率35军西去之后他真心和中共谈判，也许此时就不会让他这般痛心疾首，要是……没有那么多的假设了，傅作义忽然意识到新保安之战仅仅是个开始，35军被歼，随后，张家口朝不保夕！

傅作义一想到此，不由惊出了一身冷汗。

作为溺水者，即使水面上漂来一根稻草，他也会抓住不放。

12月23日，傅作义匆匆给毛泽东发去一封电报：

毛先生：前曾来电赞同先生新民主主义与联合政府之主张，今后治华建国之道，应交由贵方任之，以达成共同政治目的。为求人民迅即得救，拟即通电全国，停止战斗，促进全面和平统一。余绝不保持军队，亦无任何政治企图。在过渡阶段，为避免破坏事件和糜烂地方，通电发出后，国军即停止任何攻击行动，暂维现状。贵方军队亦请稍向后撤，恢复交通，安全秩序。细节问题请派人员商谈解决。在此转圜时期，盼勿以缴械方式责余为难。过此阶段之后，军队如何处理，均由先生决定。望能顾及事实，妥善处理。余相信先生之政治主张及政治风度，谅能大有助于全国之安定。

应当说，以战促和，毛泽东让傅作义多多少少有了一点长进。

但还不够。对于傅作义，教训不深，记性不牢。

仅仅过去一天，即12月24日，傅作义还没来得及喘过气来，当胸又被重击一拳——从张家口突围的105军全部被歼！如果说，失去了35军，傅作义就少了一只胳膊；那么，现在又失去了105军，傅作义的两只胳膊全没有了。他赖以发迹的主力部队，顷刻之间烟消云散、化为灰烬！

宜将剩勇追穷寇，是毛泽东的风格。毛泽东认为，对重症患者，决不手软，该用药时，得用一剂猛药！

紧接着，12月25日拂晓，"新华社"发表电讯稿，中共中央以陕北权威人士的名义，列出以蒋介石为首的43名"头等战争罪犯"名单。其中，傅作义排在第31位。与此同时，中共还发表了一篇短文，指出："像傅作义这样的战犯不惩罚不可能，减轻惩罚是可能的，其出路是缴械投降，立功赎罪。"随后，新华社在12月26日《收复张家口全歼逃敌》的新闻通讯中再一次指出："傅作义是和蒋介石等人处于同一地位的头等战争罪犯。他要减轻人民对他的惩处还是有可能的，'这即是由他下令平津全军不再抵抗，缴械投降，并保证不再危害平津革命人民的生命，不再破坏平津公共财产及武器弹药'。"

傅作义惊呆了！

傅作义起初简直不敢相信这是真的，自己的名字怎么会出现在中共开列的战犯名单上呢？"我真的是战争罪犯吗？我真的是人民的死敌，十恶不赦、罪大恶极？"傅作义一遍遍地在心里问自己。

作为战争罪犯，国人皆知，是要杀头的呀！傅作义觉得"战争罪犯"这顶帽子实在是太重了，压得他喘不过气来。

于是，傅作义精神恍惚，时常一个人静静地坐在办公室里，唉声叹气，情绪十分低落。

傅作义想了很多很多。他想，他祖上世世代代务农，家境困难，说起来，也是穷苦人出身，怎么会与人民为敌呢？15岁那年，他考入太原陆军小学，次年辛亥革命爆发，血气方刚的他曾谋划过刺杀袁世凯。1933年，他率部长城抗战；1936年，绥远抗日，

> 1912年，就任中华民国第二任临时大总统的袁世凯。

袁世凯

河南项城人。1895年在天津小站编练"新式陆军"。1901年任直隶总督兼北洋大臣。1903年任练兵处会办大臣。1907年任军机大臣兼外务部尚书。1912年窃取中华民国临时大总统职位。1913年利用军警胁迫国会选自己为大总统。1914年扑灭白朗农民起义军。1915年接受日本提出的企图灭绝中国的《二十一条》。12月宣布改民国五年为"洪宪"元年。同月云南发起护国战争，各省纷纷响应。1916年被迫取消帝制仍任大总统，不久后暴亡。

绥东战役

即红格尔图抗战。1936年11月12日，德王的伪蒙军和王英的“西北防共自治军”数万人在日本特务机关长田中隆吉指挥下向绥远陶林县城北红格尔图发动进攻。驻守红格尔图的晋绥军骑兵第2旅两个骑兵连奋发抵抗，坚守阵地。中国绥远省政府主席傅作义急令第1师师长彭斌、第218旅旅长董其武率部增援，11月19日歼灭大量伪蒙军和伪军，粉碎了日军打开绥东门户，进攻绥远的阴谋。

> 1936年，傅作义（左一）与部属合影。

五原战役

抗日战争时期，中国第八战区国民党政府在绥远西部五原县进攻日军的战役。1940年3月，日军主力进驻五原后，又向绥西扫荡，准备歼灭在这一地区活动的中国抗日军队。国民党政府军第八战区副司令长官傅作义，乘五原城内日伪军兵力空虚之际，命令第35军第101师决开黄河河堤，引水淹没五原外围，使日军机械化部队处于瘫痪状态。3月20日夜，中国军队突袭五原日军司令部，击毙日本皇族水川中将，歼灭日伪军4,000余人，拔除了日军在绥远西部的这一重要据点。

获百灵庙大捷；1937年参加平型关战役、忻口会战、太原守城、绥南战役、包头战役、绥西战役和五原战役…他为国家、为人民做过不少好事，如今怎么就成了战争罪犯？他实在想不通！

其实，中共中央公布战犯名单，旨在打击当时国民党内部甚嚣尘上的和谈鼓噪，并推动傅作义向接受我军和平条件的方面转变。也就是说，戴上“战争罪犯”这顶帽子，对傅作义是有利的。说到底，是在用一种方式帮助傅作义。其中原委，毛泽东在1949年1月1日2时给林、罗、刘的电报中曾做了详尽阐释。

毛泽东指出：新保安、张家口之敌被歼以后，傅作义以及在北平直系部属之地位已经起了变化，只有在此时，才能真正谈得上我们和傅作义拉拢并使傅部为我所用。因此，你们应认真做傅作义的工作。

毛泽东就中共中央的原则立场和政策以及和平解决平津问题的诚意，拟出原则意

见，并指示林彪通过北平市委直接告诉傅作义。

在这些意见中，有一条是这样的：

傅作义反共甚久，我方不能不将他和刘峙、白崇禧、阎锡山、胡宗南等一同列为战犯，我们这样一宣布，他在蒋介石面前的地位即加强了。傅作义可借此做文章，表示只有坚决打下去，除此以外再无出路，但在实际上则和我们谈判，里应外合，和平地解放北平或经过不很激烈的战斗解放北平。傅作义立此一大功劳，我们就有理由赦免其战犯罪，并保存其部属，北平城内全部傅系直属部队均可不缴械，并允许编一个军……

傅作义，听到了吗？

天地间，一个正义的声音在说：

伸出你的手来，拉你一把！

❶ 我军某部的骑兵部队。

②

③

④

⑤

❷ 解放军通过大桥，向前线挺进。
❸ 在我军强大炮火掩护下，突击部队冲向城垣。
❹ 我军冒着严寒向前线挺进。
❺ 我军炮兵集火射击，敌军碉堡相继被炸塌。

聂荣臻

(时任华北军区司令员)

北平的地下党组织，在刘仁同志的领导下，为了配合当时的军事斗争和政治斗争，正积极进行着各种活动。

他们利用各种关系，获取了大量的情报，源源不断地供给平津战役指挥部，使我们对敌情基本上做到了一清二楚。

他们甚至通过傅作义的女儿、我党地下党员傅冬同志了解掌握傅作义的各方面动态，劝她父亲不要跟蒋介石走。

——摘自:《聂荣臻回忆录》

黄　翔

（时任国民党第92军军长）

在北平被围初期，蒋介石为了鼓舞士气，曾两次派参谋次长李及兰坐飞机到北平来。第一次是传递蒋介石给守城军长以上的一封信，因为临时机场尚未修好，不能降落，只好将信件空投下来，再油印转给各军长。信的内容：首先说北平的重要性，最后要大家“固守待援”，做到不成功便成仁，以完成革命大业，云云。当时我想：好家伙，什么不成功便成仁，完成什么革命大业，简直是废话，现在谁还听你这一套？我接着把一页油印纸片，揉成一团，送进了火炉……大概是1月中旬，李及兰第二次飞到北平，又来传达蒋介石的意旨……告诉我们说：大家要安心，到必要时，准备用飞机把我们接出去。并说在必要时美国可以帮助我们使用细菌武器。这回，李及兰再也没有提到蒋介石上次信中所说的，要我们“不成功便成仁”的话了。

——摘自：黄翔《第92军在北平和平起义经过》

第七章

横扫千军如卷席

★★★★★

∧ 抗日战争时期，时任八路军115师师长的林彪（右）与副师长徐向前在一起。

山坡上，一位年轻的将军，骑着一匹白马，目光穿越手中的望远镜，如鹰，朝着远方展翅疾飞。

太阳升起。阳光将将军的轮廓镀得锃亮锃亮。

将军一动不动地站在那里。他看见了什么？他在思考着什么？不久，将军转过身来，扬鞭催马，迅速离去。

此刻，即使将军的马跑得再快，也走不出那一页辉煌的战争历史……

1. 重任在肩

1948年年末的这一天，对于刘亚楼的戎马生涯，无疑实在太重要了，他被任命为天津前线指挥部总指挥，负责统一组织和指挥攻取天津的战斗。

刘亚楼的这项新的任职，是由林彪提议，经中央军委和毛泽东批准的。

在此之前，刘亚楼就有预感。他感到有一件重大的事情将要发生。那天，他发现林彪不动声色地在朝他看。要说，作为东北野战军司令员的林彪，朝他的参谋长刘亚楼看，本是很平常的一件事。几乎每天，他和他都在一起。他能不朝他看吗？但这一回，刘亚楼感觉到林彪的眼神似乎和以往不大一样，那目光从他浓眉下的一双眼睛里流露出来，有了些许些温润之感，这在以前并不多见。林彪性格内向，即使有着炽热的情感，也是悄悄埋藏在心里，不轻易在人前流露出来。林彪给人的感觉是安静，寡言少语，甚至有些冷漠。在他的脸上，很少有笑容。当然，不能说他的表情冷若冰霜，但最起码可以说是无风无浪。

刘亚楼觉得，林彪的眼神透露出了一个信息，这个信息一定与打天津有关。那会是什么呢？难道他想把天津战役的指挥权移交给他？刘亚楼从林彪的目光里读到的，除了信任、支持、理解，还有爱护。这是用语言无法准确、细腻加以表达的。一想到这，刘亚楼心跳加速，他甚至都能听见自己的血液在血管里潮汛般的哗啦啦涌动。作为一名军事指挥员，刘亚楼渴望能够在大战前夕，接过战役的指挥棒。他的这种感觉，很像多年以后的一些著名艺术家，怀着强烈的表现欲望，期待着自己能够有机会在奥地利的维也纳金色大厅一年一度的新春音乐会上，登台献艺，大展才华！

果然，林彪开口说话了。

林彪说："刘参谋长，打天津，就交给你了。"

林彪说这话时的声音并不大，但对于刘亚楼来说，等同于撼天惊雷，震得他耳畔轰隆隆作响。

∧ 时任新四军第 4 师师长兼淮北军区司令员的彭雪枫。

彭雪枫

河南镇平人。土地革命战争时期，任红三军团师长，陕甘支队第2纵队司令员，第一军团4师师长等职。抗日战争时期，任八路军总部参谋处处长兼驻晋办事处处长，新四军游击支队司令员兼政治委员，新四军第6支队司令员，八路军第4纵队司令员，新四军第4师师长兼淮北军区司令员。1944年9月11日在河南省夏邑县八里庄指挥作战时牺牲。

刘亚楼的目光顿时熠熠生辉。

刘亚楼早有准备地立正答道："请林总放心，坚决完成任务！"

平心而论，林彪要是没有对于刘亚楼的充分了解与信任，他是决不会轻易作出这样的决定的；而刘亚楼，若手中没有金刚钻，他也决不敢痛痛快快地揽这个瓷器活！

这一年，担任天津前线指挥部总指挥的刘亚楼，风华正茂，年仅38岁。

刘亚楼是福建武平县湘店乡大洋泉村人，6岁入本村私塾读书，16岁时因家中无力负担学费而从长汀七中辍学回家。在农村，像刘亚楼这样读过几年书的人并不多，于是，为了谋生，他当了小学老师。这期间，他受到进步思想的影响，不久就被中共党组织派往一个名叫店下的地方建立联络站。1929年春，刘亚楼加入了当地青年会和农民秘密武装组织铁血团；同年8月，加入中国共产党；12月，参加小润暴动，成为中

∧ 直罗镇战役旧址。

直罗镇战役

1935年10月，蒋介石调动5个师兵力，分东、西两路对陕甘苏区继续“围剿”。红军在毛泽东、周恩来、彭德怀的指挥下，选择了直罗镇地区的有利战场，完成了对直罗镇之敌的包围后，对敌人突然发起猛攻，歼其大部。接着阻击由鄜县（今富县）西援之敌。此后共歼敌1个师又1个团，其中俘敌3,000多人，迫使敌第57军退回陇东，敌第67军1个师退出鄜县，彻底粉碎了敌人的第三次“围剿”，巩固了陕甘根据地。

共领导的武平游击队队员。后入红4军随营学校学习。1930年，刘亚楼先后担任红13军连长、营长和营政治委员，10月调红4军12师35团任政委，接着率部参加了赣南、闽西革命根据地的第一、二、三次反“围剿”。“藤田整编”后先后任红一军团2师5团政治委员，2师政治部主任、政治委员，并率领部队参加了中央苏区的第五次反“围剿”。中央红军长征时，他与师长陈光率领红2师，连续突破敌军四道封锁线，接着强渡乌江，智取遵义，攻克娄山关，挺进松坎地区，与红1师组成北部防线，保卫了具有历史意义的遵义会议的召开。在中央军委和毛泽东的直接指挥下，刘亚楼率部四渡赤水，南渡乌江，威逼贵阳，然后佯攻昆明，巧渡金沙江。1935年7月，刘亚楼调任红1师师长。在哈达铺改编后，刘亚楼任中国工农红军陕甘支队2纵队副司令员，协助彭雪枫司令员、李富春政委率部胜利到达陕北。11月，任红2师师长，率部参加了直罗镇战役。

卢冬生

湖南湘潭人。土地革命战争时期，任湘鄂西独立师政治委员、师长，红 3 军第 7 师师长，红二军团第 4 师师长。抗日战争时期，任哈尔滨卫戍司令员，松江军区司令员等职。1945 年 12 月 14 日在哈尔滨市殉职。

谭家述

湖南茶陵人。土地革命战争时期，任茶陵县农民自卫部部长，县游击队副队长、大队长，2 纵队纵队长，湘东独立第 1 师 3 团团长、师参谋长，红 8 军 22 师师长，红 6 军第 18 师参谋长，红六军团参谋长。抗日战争时期，任中国人民抗日军政大学队长、教员。1939 年赴苏联入伏龙芝军事学院学习。解放战争时期，任晋察冀军政干部学校教育长，华北军政大学教育长。

不久，刘亚楼又随以彭德怀为司令员、毛泽东为政治委员的中国工农红军抗日先锋队渡河东征。1936年6月，刘亚楼入红军大学学习，12月出任“抗大”训练部部长，1938年1月，任“抗大”教育长。

在刘亚楼的军事生涯中，他与我军其他将领们不同的是，他曾经啃过洋面包，出过国，留过学。

那是1938年4月，春天刚刚来到延安的时候，刘亚楼与卢冬生、李天佑、谭家述、钟赤兵、杨至诚等，受中央派遣，离开陕北，远赴苏联伏龙芝军事学院学习。三年之后的秋天，刘亚楼以军事学院学员的身份参加了苏联的卫国战争，尔后留在苏联红军部队实习，直到1946年回国。

回国后的刘亚楼于1947年出任东北民主联军参谋长，1948年出任东北军区参谋长兼东北野战军参谋长。他曾参与指挥临江战役和1947年的东北夏季、秋季和冬季攻势作战，参与组织指挥了辽沈战役，随后随林彪、罗荣桓率部入关作战。

由此可见，刘亚楼是一个既有基层带兵打仗经历，又有组织与指挥大兵团作战能

苏联卫国战争

1941 年 6 月，德国撕毁苏德互不侵犯条约，占领苏联大片国土。苏联人民在以斯大林为首的苏联共产党的领导下奋起自卫，抗击德国法西斯的侵略，开始了苏联卫国战争。战争开始第二年先后取得了莫斯科保卫战、列宁格勒保卫战和斯大林格勒保卫战的胜利，扭转了第二次世界大战的战局。1945 年 5 月初，苏军攻克柏林，德国宣布无条件投降，苏联卫国战争胜利结束。

V 苏联卫国战争期间，苏联红军英勇抵御德军的进攻。

中
人民解放

力；既有丰富的军事理论知识，又有理论与实践相结合的经验的我军高级指挥者。人常说，机会是留给那些有准备的人的。刘亚楼就是历史造就的这样的"有准备的人"。当林彪把攻打天津如此重大的任务交给他时，刘亚楼不由心中大喜，接受军令，态度坚决。

在东北多年，刘亚楼太了解林彪了。他知道在这个时候根本不需要向林彪请教攻打天津的有关问题，你要是问了，林彪不仅不会跟你吐露一个字，反而会不高兴。林彪既然把重任交给了你，你就得独自承担。林彪从来不当"保姆"。所以，刘亚楼对怎么攻打天津一事，一字不提。刘亚楼只是问："林总，战役开始前，你能给我多少准备时间？"

林彪说："10天。"

刘亚楼知道林彪给他的时间是经过精确计算的。

刘亚楼觉得用10天时间准备如此大的战役，虽然紧了一点，但也够了。兵贵神速。何况攻打天津是整个平津战役的一个组成部分，因此在发起总攻的时间选择上，自然要牵扯到方方面面。

这时，林彪说完话，也不管刘亚楼有何反应，径直走到挂在墙上的一幅巨大的地图前，仰起头，聚精会神地看起地图来。

平津前线指挥部设在孟家楼。

林彪住在小院北房的东屋。

西边的两间屋子是作战室，两厢是秘书和警卫员居住的地方。

林彪在看地图的时候，屋门大敞，不远处的院墙外传过来鸡的叫声和老乡的说话声，但对林彪毫不影响。林彪看起地图一向很是投入。此时，除了地图上标定的山山水水，以及红色蓝色的箭头，林彪什么都可以不顾及。

林彪看了一会儿，伸手往地图上的某处指了指，头也不回地对身后的刘亚楼说："天津前线指挥部设在杨柳青。你现在就可以走了。"

杨柳青不仅名字好听、好记，景色也不错。一条小河从街心流过，依岸而立的都是镇子上的民居。虽然房子高矮不一，但有一景却趋于一致，那就是家家屋檐下都挂着锄头等农具。

在杨柳青镇以东，一处叫桑园的地方的一个宽敞的院落，成了刘亚楼的天津前线指挥部。

< 出任共和国首任空军司令员的刘亚楼。

∧ 我军炮兵在攻打天津前观察敌情。

刘亚楼抵达杨柳青后，争分夺秒、风风火火地展开了大量的战役准备工作。

——命令参战的东北野战军各纵队，按指定时间，到达指定位置，并顺利地完成了对天津的战役包围。

——召开会议，对部队进行政治动员，要求各部队在战前准备中，做好思想工作，树立作战决心和必胜信心，打好东北野战军入关后的第一仗。

——亲自深入前沿阵地，不分昼夜地勘察地形，了解敌情，以便在制定作战计划时作出客观、准确的判断。

——在多次召集各纵队指挥员研究与讨论的基础上，制定了作战部署。刘亚楼提出攻打天津作战三原则：一是突破前沿战斗中，炮兵坦克的火力掩护、爆破组的开道、架桥组的架桥、尖刀连的勇猛攻击，务必密切结合，做到“协同动作完满”，“突破前沿有保证”；二是“应在思想上和部署上有打退敌反冲锋的准备”，“把对付敌人反冲锋看成是消灭敌人的一种手段之原则和方法来组织打退敌人的反冲锋”；三是在战法上运用“先分割，后围歼；先吃肉，后啃骨头”的分割战术。

——经过周密的侦察与反复论证，选定了10个攻打天津的主要突破口……

在这期间，刘亚楼始终感到肩上的责任很重。他要对部队负责，毕竟有34万指战员参战，面对34万年轻的生命，意味着他的决策不能有半点闪失。他要对天津这座工商业大城市负责，在发起总攻后，注意保护城市的有关设施，保护工商业，保护文化基础，以及保护外国人的居住地，等等，那是他的一种义不容辞的责任。他还要对历史负责。人民解放战争的洪流滚滚向前，他必须站在时代的前头，迎风而立，推波助澜！

当刘亚楼在天津前线忙忙碌碌的时候，有一双目光时常会越过时空落在他的肩上。

那是一双关注的目光。

那双目光，来自一对浓眉下。

目光里，流露出了不轻易发出的热烈赞许……

2. 真真假假、虚虚实实

大战前夕，所有的攻击准备都已就绪。在我军阵地上，大炮高高地昂起头颅；枪口一律朝着敌人的阵地圆瞪着愤怒的"眼睛"；手榴弹在沉默之中等待着惊天动地的爆发；擦得雪亮的战刀渴望饮血，寒光熠熠……就等着一声令下，千军万马将扑向天津！

1949年1月6日，考虑到战争将对城市造成的破坏，平津前线指挥部司令员林彪、政治委员罗荣桓仍然以积极的态度，打算通过和平的方式，来解决天津问题。他们联名给天津警备司令陈长捷、第62军军长林伟俦、第86军军长刘云瀚写了一封信。

陈长捷、林伟俦、刘云瀚将军：

我们即将开始天津战役了，郑洞国将军是榜样，将军如仿效，将为人民立大功，如抵抗只能使自己遭受杀身之灾。希望你们在我们总攻之前，派代表来谈判，

在任何地点都可以找到司令部，然后护送你们与我们商谈。

林　彪

罗荣桓

陈长捷看完信，一脸的阴云笼罩。他问林伟俦和刘云瀚："你们看，怎么办？"

林伟俦说："你是司令，大主意你拿。"

刘云瀚说："是啊，你说吧。"

陈长捷想了想说："还是向北平打电话请示一下吧。"

于是，陈长捷给傅作义打电话。

傅作义有着自己的小算盘。他觉得天津是他与共产党谈判时手中的一枚重要棋子，凭着他对天津的多年经营和了解，解放军休想轻轻松松的就能拿下这座坚固的城池。于是，傅作义让参谋长李世杰给陈长捷回电："坚决守住天津，就有办法。"

陈长捷心里有了数，转身便对林伟俦和刘云瀚说："我们不妨派人出城与共军接触

∧ 我军炮兵部队准备就绪，只等战斗命令的下达。

一下。一来可以探听虚实，摸清对方的情况；二来也是缓兵之计，以便抓紧时间做好守城的准备。”

林伟俦和刘云瀚没意见，只是问：“派谁去好呢？”

陈长捷说：“让天津市参议会去几个人。前一阵，参议会议长杨亦周不是到处嚷嚷说他们代表民意，希望我们罢战，或者与共军讲和吗？就给他们一个表现的机会。”

1月8日，陈长捷派出丁作韵、杨云清、胡景熏、康相九一行4人，身穿长袍，头戴礼帽，手持小白旗，乘坐吉普车来到我军阵地，要求与我军进行谈判。

刘亚楼在城北我军的一个驻地会见了他们。

刘亚楼把会见地点选在城北，是因为他看出了敌人谈判是假，刺探军情是真。于是，刘亚楼在城北的出现，给陈长捷造成一个假象，既我军攻城指挥部设在城北。此前，据陈长捷分析，天津东北面比较平坦，可以展开较大兵力。他判断我军届时将会从城北或是东北方向向天津实施主要突击。这样一来，他在部署天津防守时，将其主力62军151师毫不犹豫地部署在了城北。后来，当他从谈判代表口中得知刘亚楼在城北会见他们时，心中不由暗暗窃喜，更加认为自己最初的判断准确无误。

似乎早已摸透了陈长捷的心理，刘亚楼为了进一步迷惑敌人，让陈长捷坚信不疑，特令炮兵用重炮向天津北部进行试射。同时，让警卫团对城北进行火力侦察，又让工兵进行配合，到处挖交通壕和构筑工事。陈长捷挨了枪炮，心里却别提有多高兴。他由此确定解放军的主攻方向就在城北。

“兵者，诡道也。”刘亚楼一边给陈长捷造成我军主攻方向上的假象，一边不动声色地和陈长捷派来的代表会谈。

针对陈长捷和谈代表提出的只放下重武器，要携带轻武器撤至塘沽，然后从海上南撤的无理要求，刘亚楼根据中央军委的指示，明确提出了四条意见：第一，人民解放军甚希和平，以免天津遭受破坏；第二，天津的国民党军队应自动放下武器，并保证不破坏公私财物、武器弹药及公文案卷；第三，人民解放军保证那些放下武器的官兵的生命财产的安全，并去留自便；第四，如果天津守军不愿自动放下武器，则人民解放军将发动进攻，届时，天津守军的首领们，应担负战争破坏的责任而受到严厉处罚。”

刘亚楼最后限令陈长捷必须在12日8时前答复。

过了几天，陈长捷又派代表前来，提出需要进一步谈判，双方再议条件。

刘亚楼欣然表示同意。他将计就计，让我军战士护送陈长捷的4名谈判代表来到位于杨柳青的平津前线指挥部隔壁的一间屋子里休息，然后有意让联络参谋通知他们，说：“刘总指挥正在路上，大约25分钟后才能赶到，请你们稍等片刻。”

那4位代表就在屋里坐等。

而刘亚楼虚晃一枪。大约20多分钟后，他穿上大衣，从指挥部的另一间屋子的后门出去，坐上一辆吉普车，权当兜风，向天津以北发电厂的方向绕了一圈，然后回来。刘亚楼有意让陈长捷的代表们看到他从城北来，车轮上沾满了泥巴。

刘亚楼下车后，假装风尘仆仆的样子，一进门连声说："对不起，对不起！我紧赶慢赶，还是让诸位久等了。"

那4名代表迎上前说："哪里、哪里，刘将军军务繁忙，十分辛苦，不必客气。"

与此同时，平津前线司令部与傅作义的代表进行和平解决天津的谈判也在进行。1月12日，中央军委致电林彪、聂荣臻：天津既有单独谈判，即可单独处理。"天津之敌如能接受你们所提限时缴械之条件，你们即可不经攻击而占领天津，如该敌不能接受你们所提条件，则你们应于适当时间内攻占天津。"于是，平津前线司令部通知傅作义的谈判代表，要求傅作义命令天津国民党军必须于13日12时前开出城外，听候处理，否则，解放军14日开始攻城。

刘亚楼也把14日攻城的时间及时告诉给陈长捷派来的代表。

听到4名代表汇报，说刘亚楼已经发出了"最后通牒"，陈长捷反倒哈哈大笑。他心想，刘亚楼糊弄你们这些非军人可以，要想骗他就不那么容易了。自古以来，大凡一场大规模作战的攻击时间历来都是军队的最高机密，刘亚楼怎么可能随随便便地就告诉别人了呢？他这样说，纯属是在糊弄人！他本想和面前的4位谈判代表打赌，说解放军绝不可能在1月14日发起总攻，但想了想，还是算了，和他们打这个赌又有什么意思呢？就是赢了，也不算什么本事，其实，他们本来就不懂打仗的嘛！

那么，陈长捷对什么感兴趣呢？

陈长捷喜欢听4位代表讲他们在杨柳青的所见所闻。

当陈长捷得知刘亚楼不住在杨柳青，是从城北的方向乘坐吉普车过来参加谈判的，便喜形于色。陈长捷认为刘亚楼的指挥部肯定设在天津以北的杨村或是宜兴埠。后来，当62军军长林伟俦提醒他，说许多迹象表明，刘亚楼的指挥部设在杨柳青，共军的主攻方向可能在西南面时，陈长捷固执地摇摇头，不以为然地说："那是侦察有误，侦察有误啊！"

刘亚楼略施小计，刚把一粒食饵抛出，陈长捷这条大鱼就迫不及待地自愿上钩了！

刘亚楼这一招棋走得真叫精彩，如同四两拨千斤，一个谋略，就大大削弱了敌军在我军攻打天津时在突破口上进行抵抗的有生力量，为我军迅速破城创造了有利的条件。

面对我军提出的“最后通牒”，陈长捷不以为然。他与林伟俦等人商量后，表示“放下武器有为难处”。而陈长捷本人则讲义气，决心“在军事上为傅作义负责到底”。

随后，由陈长捷口授，天津市警备副司令秋宗鼎执笔，给林彪写了一封信，大意是：为了天津免一糜烂，可以商谈和平，请解放军派代表进城商谈。武器是军人的第二生命，放下武器就是军人的耻辱……

这封信，实际上是陈长捷们对和平解决天津的拒绝。

1月13日12时，林彪向中央军委报告：天津敌未遵令向外开出，本日此刻止，亦无新的消息。由此看来争取和平解决避免破坏的可能似乎不多。本晚24时止，如仍无争取此种可能的征候，则明日开始攻天津。

接着，平津前线指挥部正式下达了如期总攻天津的命令。

14日10时，刘亚楼一声令下，总攻开始了！

东北野战军的500多门大炮一齐怒吼，在一小时的炮火准备内，成千上万的炮弹呼啸着飞向敌人的阵地，轰轰隆隆的炮声，震耳欲聋，大地在颤抖，天空在颤抖，整个天津都在不停地颤抖！

当炮火开始延伸，步兵发起进攻的时候，陈长捷这才发现，解放军的主攻方向不在城北。他上当了。上了刘亚楼的当！

在战争中，什么是虚，什么是实，陈长捷此时统统领教了，只不过这一切来的太晚了。他将为己的自作聪明，付出惨重的代价！

3. 生死极速：29个小时

一辆吉普车急速行驶着。

车尾扬起的尘土，像一缕缕轻轻舞动着的淡黄色薄云，经风吹拂，向路边的田野缓缓飘散而去。

刘亚楼坐在车上。

路况很糟，吉普车不时把刘亚楼从座位上颠起。有几次，刘亚楼的头都顶着吉普车的帆布篷了，可他一点也不介意。他像是在思考着什么，很少说话，只是偶尔看到前方道路上遇有老乡的牛或羊，刘亚楼会提醒司机，让他开慢点，不要吓着了它们。

1949年1月10日，中共中央决定以林彪、罗荣桓、聂荣臻三人组成中共平津战役总前委，林彪为书记，由总前委“统一领导夺取平津，并于尔后一个时期内（大约有

V 由罗瑞桓、林彪、聂荣臻（由右至左）组成的平津战役总前委在部署平津战役作战计划。

三个月）管理平、津、唐及其附近区域的一切工作。”

总前委驻通县宋庄，平津前线司令部机关也由孟家楼移至这里。

刘亚楼此行，是前往总前委汇报关于攻打天津的作战部署和部队攻城的准备情况。

对于攻打天津，刘亚楼虽然成竹在胸，却也不能掉以轻心。

据刘亚楼了解，天津这座城市，早在日寇侵华期间就构筑了大量的城防工事。抗战结束后，国民党一点也没闲着，接着把那里的工事修得登峰造极。1947年2月，作为国民党国防部长的白崇禧，在北平召开四省市的“绥靖会议”上鼓噪，要在平津两市“构筑永久性的工事，以防不测。”参加会议的杜建时得令，回到天津后即大兴土木。他根据天津的地形特点，利用河道多的有利条件，主持设计了天津城防工事线，并于当年4月动工，12月结束。

航空母舰

以舰载机为主要武器并作为其海上活动基地的大型军舰。按战斗使命分为：攻击、反潜和多用途航空母舰等；按动力分为：核动力、常规动力航空母舰。满载排水量2万～9万多吨。最大航速35节。有机库、升降机、飞行甲板、飞机起飞弹射器等特种设施，可携载飞机数十架至百架。在其他战斗舰艇护航下，能远离海岸机动作战，袭击敌海上编队和岸上目标，夺取作战海区的制空权和制海权。

杜建时是陆军大学的优材生，任过军事教官，并留学美国陆军学院。他自以为自己军事知识渊博，见多识广，既要构筑城防工事，就要有超前意识。最起码工事筑好，十年二十年内，均属顶尖力作，处于领先地位。所以，杜建时把天津城防工事线弄得规模不小，在南北长12.5公里、东西宽5公里、周长42公里范围内，建起了连成一片的碉堡群。且在这个碉堡群的外围，杜建时还别出心裁地构筑了一道高4米、宽2米的土墙，土墙外并挖有一道水深3米、宽10米的护城河。此护城河的作用非同一般，它在三元村附近与南运河沟通，河水引入后，即在赵各庄、陈塘庄附近设堵，使水不得流入海河，而改变方向朝天津西南方的郊区一带倾泻，人为地造成一片很大的水淹区。杜建时企图借此增设障碍，增加天津城区的防卫能力。

天津的城防碉堡群被杜建时自称为杰作，它构筑在坏城土墙上。碉堡为立式，一律用红砖水泥建造。在杜建时认为的重点防守处，每隔30米，建一座碉堡；而非重点处，则碉堡与碉堡之间的距离为50米。这样一来，在环城的土墙上，杜建时共建有1,000多个碉堡，连同那些纵深地段配备的500多个小型碉堡群，天津城的模样被大大改变了，形成了一道看上去十分怪异的灰秃秃水泥制造的"风景"！

许是漂过洋留过学的原因，杜建时非常注重工事的"现代化"建设。他在碉堡群四周架设了电网；为了保障通讯联络，每隔三、四个碉堡，就安装一部电话。他还在城防线的内墙里，特地修了一条马路，将全城连贯起来，用于人员、弹药、粮食等后勤补给。城防线周长42公里，杜建时仅留8个门为出入交通口，并加重兵把守……

杜建时为了构筑城防工事线，不惜耗资600多亿元法币。

杜建时梦想把天津打造成一艘陆上的航空母舰！

但是，杜建时辛辛苦苦建造的这艘"航母"，后来竟然遭到了一个人的横加指责。这个人就是陈长捷。

1948年6月，陈长捷出任天津警备司令。

需要说明的是，陈长捷到天津来任职，是华北"剿总"总司令傅作义推荐的结果。傅作义注意到天津的重要性，需要一名对自己言听计从而又资历较深的人坐镇指挥，于是，他把天津警备司令的交椅给了陈长捷。

陈长捷一到天津，就对市长杜建时说："我是来打仗的。"

杜建时听了心里不大舒服，心想，好像在你来之前，我没有准备打仗似的。那么，我构筑的规模如此宏大坚固实用的天津城防工事线难道是闹着玩的吗？于是，身穿笔挺西服，吹着大分头的杜建时，很是看不起眼前的这位五短身躯、说话傲慢的新上任的警备司令。

接下来，更让杜建时不满意的是，陈长捷成立了一个阵地侦察小组，东走走西逛逛地四处看了看地形，就把杜建时的功劳否定了，说他构筑的那些城防工事"高碉林立"，目标显露，如今"共军"早已不是生活在小米加步枪的年代，他们的炮兵完全可以把这些立式的高大的碉堡当作靶子打。

于是，陈长捷按照自己对现代工事的理解，借鉴太原城防的模式，保留杜建时建造的明碉弃而不用，大量地修建钢筋水泥的暗堡。陈长捷事先确定好外围据点、主阵地位置，然后在全城45公里的战线上构筑成5至10公里的纵深地带，让那里的明碉暗堡纵横交错，星罗棋布，绵延不绝，密密麻麻。

这还不算，1948年12月中旬，陈长捷见东北野战军主力入关进入了平津地区，便进一步构筑工事，加强城防。为扫清射界，陈长捷不惜下令拆毁百姓的房屋，在天津外围防御阵地前，制造了10公里的“真空地带”！并在这一带埋下了近4万颗各种各样的地雷。

为了防止解放军向天津进攻，陈长捷指挥部队关闭陈塘庄和赵各庄的水闸，隔断护城河入海通道，致使河水猛涨，水深增至3米。泛滥的洪水，很快漫向津保公路以南10余平方公里地区，使那里成为一片泽国……

陈长捷经常对他的部下夸海口，说他的“大天津堡垒化”，固若金汤。因此，防守天津，绝对不成问题！

那么，面对信誓旦旦的陈长捷，即将指挥34万大军攻打天津的天津前线指挥部总指挥刘亚楼怎么看？那些碉堡林立的工事，能挡得住解放军进攻的步伐吗？

毛泽东曾经这样说过：“指挥员的正确的部署来源于正确的决心，正确的决心来源于正确的判断，正确的判断来源于周到的和必要的侦察，和对于各种侦察材料的连贯起来的思索。指挥员使用一切可能的和必要的侦察手段，将侦察得来的敌方情况的各种材料加以去粗取精、去伪存真、由此及彼、由表及里的思索，然后将自己方面的情况加上去，研究双方的对比和相互的关系，因而构成判断，定下决心，作出计划——这是军事家在作出每一个战略、战役或战斗的计划之前的一个整个的认识情况的过程。”

刘亚楼就经历过毛泽东所说的这样一种过程。

刘亚楼凭着对敌人的了如指掌，于是1949年1月4日，针对守敌“北部兵力强、南部工事强、中部皆平常”的特点，决定将主攻方向置于中部，采取“东西并进，拦腰斩断，先南后北，先分割后围歼，先吃肉后啃骨头”的作战方针。

林彪在收到刘亚楼提出的作战方针后，于第二天，也就是1月5日，回电说：

我军主要突击方向，应以金汤桥、金刚桥及其以南为东西对进夹击的目标，第一步求得东西贯通和肃清第二线阵地内的敌人，然后依情况再以主力向北发展或向南发展，如62军目前尚未进入核心区，则可照你们计划先歼灭南半城（包括核心区）的敌人，但如62军目前业已移至南半城或在战斗过程中移至核心区，则你们应先歼灭北半城的敌人。为了不太分散兵力，我9纵

与12纵在7纵的左翼展开，9纵（一部）在1纵的右翼展开，以加强我东西对进夹击的力量。对正南与正北两个方向，只各派出1个师或4个团的兵力作有力佯攻即够。

林彪的意见是，作战部署要根据敌62军的调动情况作出调整。

现在，刘亚楼就是去向林彪、罗荣桓汇报调整后的作战部署的。

刘亚楼对新的作战部署充满了信心。

吉普车开到了宋庄。

仅仅分别几天，刘亚楼走进总前委的小院，就有了回家的感觉。

同样，林彪等人也很想念刘亚楼。

林彪一见面，与刘亚楼握了握手，尽管话不多，但看得出来，他很高兴。

罗荣桓依旧热情不减。他告诉刘亚楼："你辛苦了，今天中午我们要好好犒劳犒劳你，让伙房特地加了好几个菜呢！"

聂荣臻说："去天津前线几日，很忙，但你还是那么精神！"

大家说着，笑着，一同走进屋里。

接下来，刘亚楼向林彪、罗荣桓和聂荣臻汇报工作。

林彪等人听了汇报，十分满意，当即研究决定于14日上午10时对天津发起总攻击。随后，林彪侧过身来，问坐在旁边的刘亚楼："军委限令三天拿下天津，你需要几天？"刘亚楼说："首长们定。"

"48小时怎么样？"林彪以目光征求罗荣桓与聂荣臻的意见。

罗荣桓、聂荣臻点头同意。

林彪说："这就是说，比军委限定的时间提前一天。"

接着，林彪问刘亚楼："你觉得有把握吗？"

刘亚楼说："要我说真话？"

林彪说："当然。"

刘亚楼说："那就30个小时吧，足够！"

林彪、罗荣桓和聂荣臻听了暗自一惊。

30个小时，也就是一天零6个小时！

比军委的限令在时间上竟然缩短了一半还要多！

要知道，这是打仗，打天津！别说天津守敌13万人，就是那些明碉暗堡，那些数不清的地雷，那些无计其数的电网、堑壕、沟渠等障碍……要一一对付，也不易啊！

那么，30个小时，能行吗？

大家都把目光射向刘亚楼。

片刻之后，林彪说："军中无戏言！"

刘亚楼说："我说30个小时，是有根据的。"

接着，刘亚楼说："我和陈长捷的兵力是3：1，我手里还有他最详细的布防图。我之所以说30个小时，是经过深思熟虑的。"

林彪点点头。

林彪兴奋地说："那就好，我们立即上报军委，30个小时，拿下天津。"

刘亚楼连忙说："别这样，还是留有余地，按三天报上去吧。我呢，保证按30小时拿下天津，不就行了嘛！"

罗荣桓、聂荣臻笑了。

林彪说："好吧，就按你的意见办，上报三天。"

结果，从1949年1月14日上午10时，刘亚楼下达了总攻天津的命令起，到15日下午15时，天津攻坚战胜利结束，整个战役，仅仅用了29个小时！

——29个小时，比刘亚楼战前所言30小时解决战斗，还缩短了1个小时！

——29个小时，一座城市在硝烟战火之中，由死而生！

——29个小时，创造了人民解放军夺取大城市的一个战争奇观！

4. 大战之前的那个夜晚

夜幕降临了。

大地进入沉睡之中。.

这是一个没有星星和月亮的夜晚。四周的景物一动不动地隐藏在黑暗里，成为各种各样形状不同的剪影。

时值一月中旬，天寒地冻。西北风一阵接一阵地刮着，呼呼的声响，此起彼伏，喧嚣不停。

就在这个时刻，一声令下，总攻天津的东北野战军各参战部队，借助夜幕的掩护，按照事先指定的路线，纷纷行动起来。

——炮兵迅速进入了阵地。

——步兵迅速进入了阵地。

——工兵迅速进入了阵地。

——坦克兵迅速进入了阵地……

∧ 平津战役指挥部部分领导人合影。左起：谭政、聂荣臻、萧华、罗荣桓、刘亚楼。

34 万人马，顷刻之间，全部出动，没有惊动树，没有惊动草，也没有惊动夜宿的鸟儿。他们像一阵风，来无影，去无踪。

他们已经和夜色融为一体。

但这仅是暂时的，一旦战斗需要他们现身，他们瞬间就会从夜色中分离出来，成为火，成为光，成为电，成为雷！

此时，同样隐身于夜色中的天津前线指挥部总指挥刘亚楼，用望远镜观察着大部队的行动，脸上露出了满意的笑容。

∧ 我军某部总攻前通过天津护城壕。

刘亚楼心想，他们都是从东北来的他的老部队啊，不久前，在黑山白水间结束的那场大战中，正是这些英勇无畏的将士们，为人民立下了不朽的功勋，仅仅用了52天，就歼灭了国民党47万军队。现在，他们正在按照预定计划，抵达作战位置。他相信，他们一定能够发扬连续作战的优良传统与作风，顺利打好入关之后的第一仗！

等到大部队渐渐消逝在夜幕中，刘亚楼放下手中的望远镜，在原地站了一会儿。天虽然很冷，寒风刺骨，但刘亚楼一点儿感觉不到。相反，他却觉得热，有一股股热气直往他身上窜。于是，他顺手解开了身上黑色皮衣外套的钮扣。

刘亚楼在苏联生活过几年，喜欢穿皮靴、皮猎装、皮大衣。东北野战军司令部的人都知道，任何时候，你只要看刘亚楼脚上黑色的皮靴，总是擦得雪亮。

即使是现在，1949年1月13日的晚上，总攻天津的前一天，刘亚楼照样穿着雪亮的皮靴站在前沿阵地的某个掩体里。此时，刘亚楼大口大口地吸了几下夜间凛冽、清新的空气，然后朝警卫员一挥手，说："走，到前面看看去。"

警卫员说："刘总指挥，不能再靠前了，那样危险。"

刘亚楼说："少啰嗦。"

说完，刘亚楼径自往前走去。

警卫员只好跟在他后面一起走。

其实，在这大战前夕，刘亚楼的心境极不平静。党中央和毛泽东把如此重大的责任交给了他，林彪、罗荣桓和聂荣臻又是如此地信任自己，刘亚楼惟一要做的，就是必须尽心尽职地圆满完成好任务。

作为身经百战的将军，刘亚楼深知战争之中往往情况复杂、变化多端。虽然他的作战部署是针对敌军的防御部署制定的，但谁又能肯定敌人在这个时候会不会出现变化？要是有变，敌人将会怎么变，朝什么方向上变？这是刘亚楼眼下急需要思考和弄清的问题。这个问题很重要，将关系到他的西突击集团和东突击集团各纵队能否如愿以偿地实现突破。只要突破成功，刘亚楼就有绝对的把握让他的部队打进市区，打乱敌人的部署，夺取战役的最后胜利。

于是，刘亚楼很想到最前方的阵地去亲眼看一看。万一敌人的部署有变，他也好及时作出相应调整。战争本是一种活力对抗，交战双方必须根据对方的情况变化而变化，不到最后一刻，刘亚楼这颗心就不会放下来。

> 我军某部通过冰冷的天津护城河进入前沿阵地。

∧ 我军某部攻打天津前，演练攻城战术。

走了一会儿，刘亚楼就不走了。他不走，是因为警卫员不让他继续走。警卫员又一次拦住刘亚楼，说："首长，回去吧。你要想摸敌人的情况，我们去。我们保证完成任务。"

刘亚楼说："你们知道吗，我必须去。我要对作战部署作进一步的核查。你们帮不了我的忙。"

说着，刘亚楼要继续往前走。

警卫员仍然不让。

警卫员说："要走，也得多叫一些人，就我们两个，人太少了，万一遇到情况，不好对付。"

刘亚楼说："兵不在多，而在于精。我也算一个呢。我们以一当十，三个人，就可以顶上一个排！"

警卫员见拦不住刘亚楼，只好一前一后地保护着他，一起往前走去。

刘亚楼欲亲自核实敌情有无变化，还有一个重要原因，是想在预定的30小时内拿下天津。刘亚楼知道，林彪以征求意见的口吻问他48小时可否解决问题，实际上那是林彪的自信，也是他对刘亚楼的期待和要求。刘亚楼从苏联回国后，便在林彪的领导下工作，他对林彪的战争指挥艺术充满了钦佩。林彪说48小时打下天津，可以说那是他深思熟虑的结果。后来，刘亚楼把48小时缩短成30小时，等于是向林彪等人立下了军令状。刘亚楼心想，既然说到，就要做到。

那么，今晚看一看敌军有无变化，就知道他立下的30小时拿下天津的军令状能不能如期实现。这对于刘亚楼来说，相当重要。

此时，刘亚楼带着两个警卫员已经接近和平门方向上的"真空地带"。明天，那里将是我军的一个主要突破口。于是，刘亚楼向一个土堆走去。站在土堆上，他可以抵近清楚地观察到敌人的外围工事。

夜色中，刘亚楼用望远镜一遍遍仔细搜索着对方的可疑行迹，还好，没有发现异常，这让他很高兴。

谁知，就在刘亚楼核查完敌人的情况，准备离去时，敌人的搜索队过来了。

搜索队的人警觉地发问："你们是什么人？"

刘亚楼答："你说呢？"

说完，刘亚楼给了敌人一枪。

敌人还击。

两个警卫员一左一右地护着刘亚楼，手中的冲锋枪格格格地响个不停。

打了一阵子，敌人没有追赶，刘亚楼和警卫员总算摆脱了险境。

回到驻地，警卫员齐声埋怨刘亚楼。

一个说："太危险了！"

一个说："首长以后千万不能太靠前了！"

刘亚楼乐了。

刘亚楼说："这可是一个好兆头啊，你们想想，仗还没打，我军主帅险些被擒，说不定这一仗打响以后，我们就活捉了敌人的主帅呢！"

果然，天津战役结束，天津守敌最高司令官陈长捷当了我军的俘虏。

警卫员说："刘总指挥真是料事如神！"

后来，这话传到聂荣臻那里，聂荣臻说："不是料事如神，是刘亚楼用兵如神！"

❶ 我军某部重机枪手向敌外围据点射击。

②

③

④

⑤

❷ 我军的机枪阵地。
❸ 我军某部战士在追歼残敌。
❹ 我军某部向前线进军途中。
❺ 我军沿铁路北上作战。

谭　政

(时任东北野战军政治部主任)

天津是华北第二大城市，战略地位十分重要，又是敌人坚固设防的城市。守城敌军11个师（旅）的13万人，由天津警备司令陈长捷指挥。天津市区和城郊，地形复杂，河流纵横交错，国民党军又在日军原有工事基础上，耗费巨款，抓夫10万人，构筑城防工事。环城挖了一条长达45公里、宽10米，深3米、水深1.5至2.5米的护城河。护城河内侧筑有高约4米的土墙，墙上有铁丝网、电网等障碍物，修筑大小碉堡1,000多个。敌人为了扫清射界，把距城防线2公里内的村庄拆除或烧掉，逼得人民群众流离失所。环城工事以外，敷设了宽几十米的地雷区。

——摘自：谭政《东北野战军平津战役政治工作》

刘亚楼

(时任东北野战军参谋长)

1949年1月上旬，我军扫清了天津外围据点，完成了艰巨复杂的攻城准备。敌天津警备司令陈长捷为拖延我军的攻击时间，派人与我谈判。

我军当即劝告其放下武器，实行和平解放，以免天津城市及200万人民生命财产遭受损失；并限其于24小时内答复，令其先头部队至迟应于1月13日12时开出城外，否则我军将于14日开始攻城。

陈长捷不仅拒绝我军的劝告，反而提出“只放下重武器，全部人马和轻武器撤往江南”的无理要求。在这种情况下，我军即于14日开始攻城。

——摘自：刘亚楼《平津战役的胜利闪耀着毛泽东思想的光辉》

第八章

当炮火映红历史的天空

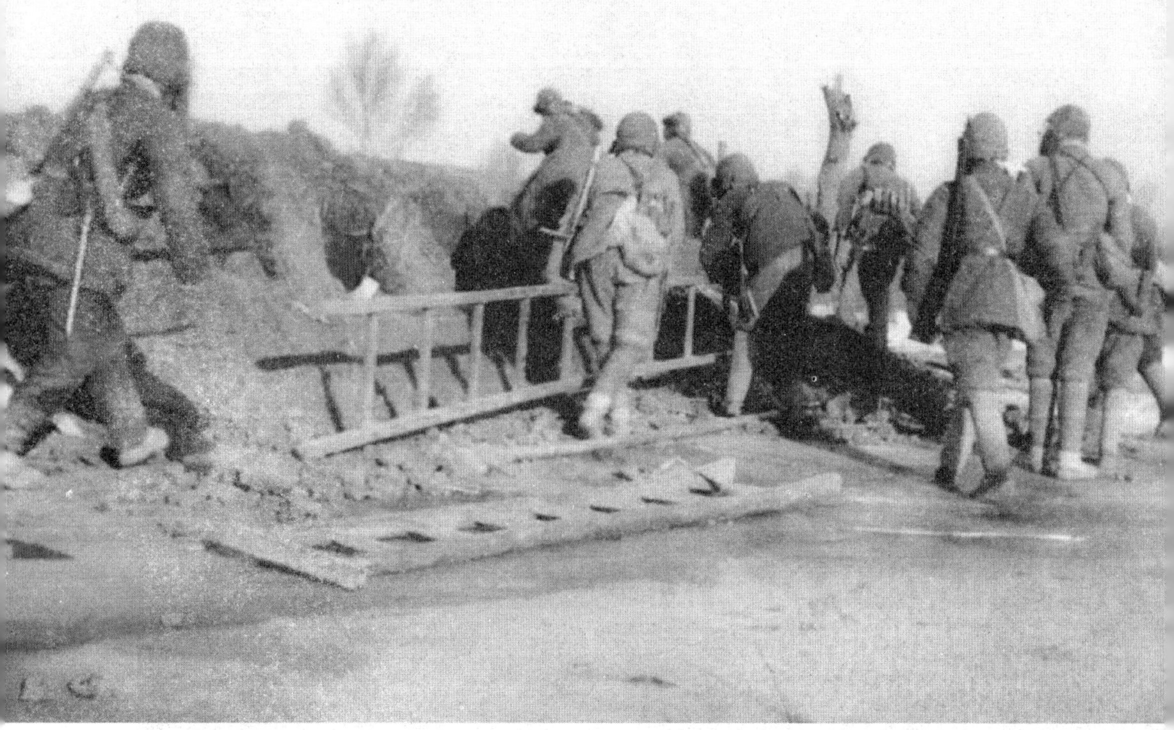

∧ 我军某部突击队正踏着冰雪，进行攻城前的最后准备。

“轰隆”一声，大炮发出愤怒的吼叫。

强烈的后坐力，使炮身一晃，随后，炮栓迅速把弹壳“咣当”退了出来。

此时，一缕淡淡的青烟从空弹壳敞口处徐徐往外冒着，而金灿灿的弹壳躺在地上，一动不动。

大炮仍在发射。

天津外围战仍在进行。

炮口所指的方向，天空红如胭脂……

1. 护城河水的涨与落

陈长捷来到前沿阵地视察时，是在一个下午。那天天气不大好，阴天，厚厚的云层锁住天空，使白天的光线显得很暗。

手下的一个团长向他报告了防区守备的情况，陈长捷心不在焉，含含糊糊地说了声好，就这么干，然后钻进了一座地堡。

刚进地堡，眼睛不适应，黑暗中陈长捷的脚踢着一个什么东西，“咣当”一声响，把跟随在身后的那个团长吓了一跳。他以为陈长捷肯定要训斥他管理不严，可是陈长捷什么也没说，径直摸索着朝地堡的一处岸望口走去。他来到岸望口，伸头朝离地堡不远处的护城河看了看，问那个团长：“护城河水比前两天多了吧？”

团长说：“是多了。”

接着，团长又说：“老天爷真肯帮忙，没下雨，不知哪来的这么多水。”

陈长捷就笑，心想他的这一招真够“共军”喝一壶的了！

早在这之前，陈长捷曾经来过这里。当时也是在这座地堡里，他看了看面前的护城河，回到司令部后，立即让参谋长下达命令，叫部队在三元村附近将南运河与护城河沟通，使南运河河水大部注入护城河，然后关闭护城河陈塘庄、赵各庄的水闸，隔断水朝海河的流入。这样一来，护城河的水便越聚越多，水位不断上涨。

现在，陈长捷看到他的决定颇具成效，十分高兴。

陈长捷说：“水涨了好啊！共军若要进攻，就不那么容易了！”

团长附和道：“那是，那是。”

陈长捷问：“你们丈量过没有，护城河的水位有多高？”

团长认真地说：“足有3米！”

陈长捷不再说什么，一扭头，转身走出了地堡。

护城河水的上涨的确给即将发起总攻的解放军部队带来了困难。为此，刘亚楼特地召集各纵队的负责人开会，研究对策。

刘亚楼开门见山，在会上第一句话就讲："今天会议的主题，就是要解决两个字：一是'河'，二是'水'"。

刘亚楼分析说："天津是个水运商埠，整个地区被子牙河、北运河、南运河、金钟河、新开河、墙子河及海河等切成很多片段。地势低洼，不利于大兵团作战。特别是国民党军守城司令陈长捷，一个多月前，下令环绕城区挖掘了深3米、宽10米的护城河，全长有25公里多。据勘测，护城河的水位前段时间平均保持在2米左右。而最近竟然涨到了3米，给我们即将发起的进攻带来了极大的困难。"

怎么办？

刘亚楼要求各部队就地进行调研，尽快解决问题。同时，他希望大家开动脑筋，想一想有什么好办法，在总攻开始后，大部队能够迅速渡过护城河。

会议热闹起来，参加会议的各纵队负责人纷纷发言，献计献策。

有的说，我们可以发动群众，用芦苇搭桥。当地芦苇多，取材方便。尤其是芦苇浮力大，容易架设。桥架好后，三四分钟通过一个连还是有把握的。

V 支援我军作战的东北民工大车队开赴平津前线。

有的说，用汽油桶，在上面铺上木板，大炮都能过得去。

有的说，用活页桥，也就是把桥板分段，战斗开始后，将若干块桥板同时进行组合。这样机动、灵活，也很适用。

还有的说，用梯子架在护城河上。战士们都练过攀登云梯，一旦行动起来，轻车熟道，得心应手……

可是大家讨论来讨论去，注意力或是兴奋点都在如何渡过护城河上，而对怎样疏通护城河，降低护城河的水位，涉及不多。

这时，一个参谋走来，对刘亚楼悄悄耳语一番，然后离开。

刘亚楼站起来，走到墙上挂着的大幅作战地图前，看了看，随后回到座位上，对大家说："情况越来越严重了，护城河水有进无出，天天都在上涨。据前沿侦察分队报告，现在护城河河水，已经溢出河面，北起大小梢口，南至八里台，津保公路两侧的侯家台、玉顶堤一带，全部被大水淹没……同志们，想一想，这是什么原因造成的？为什么会在这个时候发生这样的事？它的背后有没有一只手在暗地里操纵？情况十分严峻，现在我提议休会，大家回到部队以后，马上行动起来，就地调查研究。通过广泛发动群众，明查暗访，看看当地老百姓有没有人知道护城河里的水，究竟是从哪里灌进来的？务必要

在短时间内弄清原因，然后想办法，彻底解决水患问题。”

说来也巧，会后不久，有一位头发花白的老大爷来到1纵某部3连，对哨兵说：“我要见你们的长官。”

哨兵说：“我们不叫长官，叫连长。”

老大爷说：“那就见你们的连长吧。”

哨兵又问：“有什么事？”

老大爷说：“有事，有大事。你们想不想打胜仗？想打胜仗，就别啰嗦，快带我去。”

这样，哨兵就把老大爷带到了连部。

连长给老大爷倒了一杯开水，然后问：“是找我吗？”

老大爷看了看连长，点点头。

接着，老大爷说：“护城河水上涨，把城西南的一大片土地都淹了，你们该管一管。”

连长眼睛一亮，说：“我们初来乍到，对这里的情况不大了解。那您说说，有什么办法可以管住护城河的水？”

老大爷说：“这个不难，南运河的上游，有一个水闸，把那个闸关了，运河的水就不往护城河里流了，这样，护城河里的水也就少了。”

连长明白，关了闸门，就是切断了护城河的水源！

什么叫踏破铁鞋无觅处，得来全不费功夫？这就是啊！

送走老大爷，连长一边向上级报告，一边带着三名战士往南运河上游寻找那个水闸。

许是连长刚才太高兴了，或者，许是他太粗心大意了，连长竟然没有向老大爷当面打听那个水闸具体在南运河的什么位置。以至于后来错过机会，连长派人去寻找那个老大爷时，老人家却神奇地消失得无影无踪！

好在连长记住了南运河，记住了有个水闸可以切断水源，于是，他带人直奔南运河上游。

南运河，泛指一个很大的区域。

他们顺着河流往前走，走了很久很久，那条河流仍在向远方延伸。

一路上，连长不断向行人打听河的上游有没有一个水闸。

被问的人纷纷摇头，说不知道。

连长疑惑了，心想，难道那个老大爷记错了不成？那个至关重要的水闸不在南运河，而是在其他的一条什么河上？

∧ 华北民众为支援我军攻打天津，凿开冰冻的大清河河道，加速将物资运往前线。

不过，连长没有回头。

连长带着战士们继续往前搜寻。

不久，阳光渐渐失踪了。

天气开始变阴。

湿漉漉的云朵低垂着，预示着雨雪将至。

果然，几朵湿云经风使劲一拧，就拧出了雨水。接着，雨水竟然夹着雪粒子下个不停。连长和战士们的棉袄湿了，雨水带着一股股凉气，直朝他们的骨头缝里钻，冻得他们牙齿格格直打颤。

但他们的脚步没有停。

他们仍在艰难地行走着。

直到晚上，雨雪才止住。此时，他们已经来到三元村。

连长向一位老乡打听南运河水闸在什么地方？

老乡反问，你说哪座水闸？南运河上水闸有十多个呢！

连长愣住了，他万万没想到，刚才一个水闸找不到，现在却突然间冒出来一大堆！

真是神了！

没办法，连长只好和三名战士一个一个水闸挨着去查。

沿着南运河，他们走了一夜。直到天蒙蒙亮，他们来到一个名叫唐官屯的小村子后头，好不容易才找到了第十个水闸。

水闸显然有敌人看守。从那三间草房的窗户上，可以看到在马灯灯光的映照下，有几个人影在晃。

“老百姓一般不用马灯，肯定是敌人。”连长说着，打了一个手势，然后大家迅速就地卧倒。

连长让这三名战士不要动。他弯下腰，以极其隐蔽的姿势向敌人的住处接近。不久，连长又折了回来，对那三个战士小声说：“大约一个班的敌人。我去干掉哨兵。你们冲进屋子。要快，尽量不要开枪，抓活的。”

敌人做梦都不曾想到，在这天凌晨，解放军神出鬼没无异于从天而降，突然出现在他们的面前。他们纷纷举手投降。

经审问，连长得知，正是这座唐官屯水闸，控制了护城河的水位。

接下来，在连长的命令下，俘虏们打开了水闸。

闸门提起后，南运河的水，迅猛向海河飞泻而去……

同样在这天大清早，陈长捷接到手下人紧急报告，说护城河河水急速下落。

陈长捷感到情况不妙，连忙亲自往守备唐官屯水闸的那个班打电话。

电话铃响了几下，终于有人接了。

不过，接电话的那个人，是一名解放军战士……

2. 天津啊，天津

天津是工商业大都市。

天津从新石器时代开始，历经商周、春秋战国、秦汉、隋唐直至辽宋，逐步发展了早期文明。金朝，天津因地理位置重要，成为戍守要塞；元朝因海漕输转形成河港。明朝设卫之后，随着封建商品经济的发展，天津渐渐成为一座新兴的商业城市；在清代中叶之前，天津得河漕、海运和芦盐之利，已是北方的商业集散中心、拱卫京师的畿辅重镇。

“天津”这个名字最早出现于明代永乐初年，为明成祖朱棣所赐，意为天子渡河的地方。永乐二年，天津作为畿辅要地正式设卫，故称“天津卫”。后增设天津左卫、天津右卫。天津三卫直隶于后军都督府，共有官兵1.6万余人。

从此，天津城初具规模。

从此，天津成了离京都最近且最大的漕粮储囤所。

天津的集市和商业区正式出现于明宣德年间。明中叶以后，由于渤海湾西岸盐场逐渐采用晒盐技术，天津地区盐产量大大增加，为后来清代芦盐产销中心转移到天津创造了条件。到了清康熙年间，随着河海航运的发展，南北各地商品大量吞吐，天津的商业空前繁荣。18世纪初，天津就出现了汇兑业务的钱庄。此后，南北商人竟相效尤。商业、金融业的发展，使天津进一步成为中国北方的商贸中心。

1860年10月，中英、中法、中俄《北京条约》签定，天津被迫开为商埠。此时，外商开始进入天津，并设立洋行。以至于眼下，天津随处可见的那些英国中古式、德国歌特式、法国罗曼式、俄国古典式、希腊雅典式等建筑，大多是那一时期及之后的产物。同时，天津的开埠，也使天津由一个内向的封闭性商业城市逐步演变为以华北、东北乃至西北为腹地的外向的贸易中心。

1870年，李鸿章任直隶总督兼北洋通商大臣。这个历史上的著名人物竭力兴办洋务运动，通过创办天津机械局以及开创近代矿业、交通、邮电事业，使天津的工商业得到了进一步的发展……

现在，这座华北地区商业繁荣的大都市，就矗立在平津前线司令员林彪和政委罗荣桓的面前，只要他们一声令下，数十万大军随即便向这座城市的守敌发起猛烈的攻击。

此刻，弓已拉开，箭在弦上。

此刻，锋利的战刀，在风中铮铮作响。

《北京条约》

1860年第二次鸦片战争后，英、法、俄强迫清政府分别签订的不平等条约。《中英北京条约》、《中法北京条约》主要内容有：承认《天津条约》继续有效，增开天津为商埠；割九龙给英国；"赔偿"英、法军费白银各800万两等。《中俄北京条约》主要内容有：将乌苏里江以东约40万平方公里的中国领土强行划归俄国；同时笼统规定了中俄西段边界的走向，为沙俄进一步鲸吞中国领土，提供了条约"根据"。

洋务运动

即所谓的"自强新政"或"同光新政"。19世纪60～90年代，清政府一部分官僚、军阀采用西方资本主义国家的技术，创办新式军事工业、民用工业，建立新式海军和陆军的活动。其代表人物是曾国藩、李鸿章等。所办近代工业，设备、原料和技术依赖外国，并具有浓厚的封建性和垄断性，所建海军和陆军，在中法战争中已经暴露了它的腐败，经中日甲午战争更受到毁灭性的打击。洋务运动遂告失败。

此刻，数不清的子弹与炮弹，等待着撞针的撞击……

可以肯定，打天津，要比辽沈战役开始时的锦州战役规模大。那么，一旦战斗打响，这座城市会是什么样子呢？这是林彪和罗荣桓不得不考虑的问题。

用和平方式解决固然好，已经进行过尝试，可是敌人不愿意放下武器。

于是，只有打了。从某种意义上讲，一场战争，可以使一座城市从死亡的边缘走向新生！

但在作战的同时，林彪和罗荣桓力求最大限度地保护天津，尽量使这座城市在战火中减少不必要的损失。

1948年12月22日，林彪、罗荣桓以平津前线司令员和政治委员的名义，发布了入城公告，宣布了解放北平、天津等城市的约法八章：

一、保护各城市人民的生命财产。望我全体人民严守秩序，各安生业，如有反革命分子及其他破坏分子乘机捣乱、抢劫破坏者，一经查出，定予严办。

二、保护民族工商业。凡属私人经营之工厂、商店、银行、仓库等，一律保护，不受侵犯。望各业员工照常生产，各行商店照常营业。

三、没收官僚资本。凡属国民党反动政府经营的工厂、商店、银行、仓库、铁路、邮政、电报、电灯、电话、自来水等，均由民主政府接管。其中如有一部分民营资本，经调查属实者，当承认其所有权。所有在官僚资本企业中供职之人员，在民主政府接管前，均须照旧供职，并负责保护资财、机器、图表、名册、档案等，听候清点和接管。保护有功者奖，怠工破坏者罚。其愿继续服务者，在民主政府接管后，准予量才录用。

四、保护学校、医院、文化教育机关、体育场所及其他一切公共建筑，任何人不得破坏。学校教职员，文化教育卫生机关，及其他社会公益机关供职的人员，均望照常供职，本军一律保护，不受侵犯。

五、除首要的战争罪犯及罪大恶极的反革命分子外，凡属国民党省、市、县各级政府机关的官员，警察人员，区镇乡保甲人员，凡不持枪抵抗、不阴谋破坏者，本军一律不加俘虏和逮捕。并责成上述人员各安职守，服从本军及民主政府的命令，负责保护各机关资财、档案等，听候接受处理。这些人员中，凡有一技之长，而无反动行为或严重劣迹者，民主政府准予分别录用。如有乘机破坏，偷盗舞弊，携带公款、公物、档案潜逃，或拒不交代者，定予依法惩办。

六、为确保城市治安，安定社会秩序，一切散兵游勇均应向当地政府本军部队及警备司令部或公安局投诚报到。凡自动投诚报到、并将所有武器交出者，概不追究，其不报到及匿藏武器者，即予逮捕查究，决不姑宽，窝藏不报者，亦须受应得的处分。

七、保持外国侨民生命财产的安全。一切外国侨民，必须遵守本军及民主政府的法令，不得进行间谍活动，不得有反对中国革命事业的行为，不得隐匿战争罪犯、反革命分子及其他罪犯。否则，当受本军及民主政府的法律制裁。

八、无论在本军进城以前和进城以后，城内一切市民及各界人士，均须共同负责，维持全城秩序，免遭破坏。凡保护有功者奖，阴谋破坏者罚。

本军纪律严明，公买公卖，不取民间一针一线。望我全体人民一律安居乐业，切勿轻信谣言，自相惊扰。

西柏坡，中共中央机关驻地。

毛泽东签发完一份电报，从桌旁站起来，活动了几下胳膊，忽然想起了什么，问周恩来：“你熟悉文庙吗？”

周恩来说：“当然熟悉。我在天津上过学。”

接着，周恩来说：“文庙，在天津旧城的东门里，又名孔庙，因为与武庙相对，俗称文庙。”

毛泽东说：“有意思。”

周恩来说：“文庙是天津保存完好、规模最大的古代建筑群。它的大殿建于明正统元年。府庙主体建筑的殿顶金碧辉煌，都是用金黄色琉璃瓦覆盖，雕梁画栋，精美得很啊！庙外有二柱三楼式牌坊两座，明代造的，后来万历、清康熙年间重修过，是天津市内仅存的过街牌楼。”

毛泽东若有所思地说：“嗯，要告诉部队，一定要保护好它们。”

对于毛泽东来说，此时，打下并占领天津，已经不成问题，他更多关心的，则是如何保护这座城市的设施，保护这座城市的工商业和文化。

1月3日，毛泽东特地电告林彪：“请令刘亚楼研究在攻击天津时，是否有办法使工业区避免破坏或减少破坏程度。”

同日，毛泽东在收到林彪、谭政关于印发对天津守敌劝降文件的请示电后，立即表示同意。如果劝降成功，无疑是保持天津工商业和文化基础免受战争破坏的最理想的方式。

接着，毛泽东又于1月6日先后两次电告林彪："要注意保护工业区。""还应注意学校。如果敌人占领学校顽抗，非用战斗手段不能解决时，自应使用战斗手段，即使有所破坏亦在所不惜。但如果使用劝降方法亦能解决时，则应使用劝降方法，以便减少对于学校的破坏程度。"

作为天津前线指挥部总指挥的刘亚楼，对即将开始的战役中，如何保护天津的工商业及文化设施，也动了不少脑筋。

——他来到炮兵部队，不厌其烦地告诉那里的指挥员、瞄准手和炮手，射击要准确，这是在大城市作战，稍有不慎，弹落点偏一点，就有可能造成破坏和损失。

——他到步兵分队，要求指战员在战斗打响，突破敌人的前沿阵地后，穿插一定要熟练，特别是要严格遵守城市政策和纪律，不能侵犯老百姓的利益。

——他亲自参与和陈长捷和谈代表的谈判，坚持军事打击与政治劝降同时并举……。

有干部提出，若是在战斗中，敌人据守外国人的房子负隅顽抗，我们该怎么办？是打，还是不打？

针对这个问题，刘亚楼经过再三考虑，向中央军委提出了三条意见："（一）敌人已加以设防并据以顽抗的街道、房屋，不管他过去是否是租界，不管这个房屋是中国人的或是外国人的，不管他插有哪个国家的旗子，都一律加以进攻。（二）不能因为怕炮弹偶然落到外国人房屋里去，不敢向顽抗的敌人打炮。（三）敌人未加设防和未加以抵抗的、挂有外国旗子的房屋，则不必进入，但必要时，可派人在适应位置实行监视。

刘亚楼的这三条意见，毛泽东看了电报之后，大加赞同……

1949年1月，当解放军的500多门各种口径的大炮对准天津，战争一触即发之时，有着悠久历史的天津，有着发达工商业的天津，有着丰厚文化底蕴的天津，在平津战役的决策者和指挥者心中，情感依旧是那样的深，分量依旧是那样的重。

天津——一个不能不让人重视的城市！

3. 一束不灭的火焰

连长赵子安的驳壳枪上拴了一根红绸子，这使他的枪和其他连队连长手枪不大一样，枪从枪套里拔出来，人便显得威武了许多，精神了许多。

在团部开会时，曾有一个连长想用子弹换他的红绸子，他说什么都不干。

那个连长说："不就是一块红绸子吗？看你把它当成宝贝似的，舍不得！"

赵子安什么也不说，就是不换。

后来，团里的许多连长就送赵子安一个绰号："小气鬼！"

赵子安把那块红绸子当成心肝宝贝，是有原因的。那块红绸子是他未过门的媳妇麦子给他的信物。那天早上，赵子安要走了，娘让麦子送他，麦子不好意思，红着脸，低着头，不吭声。赵子安知道麦子想送送他，他也想和麦子多说几句话，就说："娘说了，让你送，你就送呗。"麦子这才跟在他身后，一直走到村头的大路旁。

赵子安说："我走了，你要好好照顾俺爹俺娘。"

麦子低着头答应："嗯。"

赵子安说："等着我回来。"

麦子仍然低着头答应："嗯。"

赵子安不知道往下再说什么好了，就站在那里看麦子。

麦子感觉到他在看她。

V 天津战役中，我民工担架队在火线上抢运伤员。

∧ 华北人民政府副主席蓝公武（左三）率慰问团来天津慰问我军。

麦子从怀里掏出一块还带着她的体温的红绸子，递给赵子安。

麦子说："哥，你把它带上。看到它，就会想着麦子了……。"

赵子安把那块手绢一般大的红绸子连同麦子的手，一同接了过来。

赵子安说："麦子，等着哥。"

麦子说："嗯。"

麦子早先姓什么，叫什么，谁也不知道。麦子是赵子安的娘从麦地里捡来的。那时候麦子还小，只有五六岁，从哪里来，家在哪里，一概不知。当时，她饿得不行，在地里抓麦子胡乱往嘴里填。赵子安的娘看她可怜，就把她带回家。从此，娘就叫她麦

金汤桥

建于清光绪三十二年（1906年），桥分三孔，全长76.4米，其中较大孔径为固定跨，两孔为平转式开启跨，用电力启动，是天津早期为数不多的大型钢梁铁桥，其名寓意固若金汤。1949年1月14日10时，中国人民解放军采取东西对进、拦腰斩断、先南后北、各个歼灭的战略方针，向国民党守军发起总攻。东西两面主攻部队历经16个小时的激战，于15日凌晨在金汤桥胜利会师。

子。时间久了，她的名字就叫麦子了。这个名字好记，喊起来顺口。

赵子安比麦子大三岁。麦子喊他“哥哥”。小时候两人在一起玩，赵子安总是护着麦子，谁要是欺负麦子了，赵子安就和谁打架。经常赵子安被人打得鼻青脸肿，但他不怕，再遇到这样的事，他还和人家打。

那时候家里穷，没什么吃的。如果偶尔麦子在地里抓住一只蚱蜢什么的，她会拿回家，烤着给赵子安吃，而她自己不吃。赵子安问她为什么不吃？她说她怕蚱蜢。一开始，赵子安没多想，以为麦子真的害怕虫子，后来稍稍长大了，才知道，麦子能抓蚱蜢，她怎么会怕虫子呢！

后来，麦子渐渐长大了，长成了大姑娘。有一天，赵子安忽然发现麦子在悄悄地看他，他朝她一望，她的脸就红了。赵子安问她，脸怎么红了？麦子不说。麦子低着头，扭着身子，脸却更加红了。

娘说：“你别问了。麦子已经不是小孩子了。”

再后来，由娘做主，让麦子当了他的未过门的媳妇。

要不是赵子安的爹被日本鬼子打伤，也许他还不会离开家。他是为了给爹报仇，才参加八路军的。赵子安说好了，等打完仗，赶走了鬼子，他就回来娶麦子。

赵子安一走，就是六年！

抗战胜利的那一年，赵子安遇到一个同村的乡亲，得知他爹已经过世了，后来他娘带着麦子来到天津，投奔他娘家的一个亲戚。赵子安听说过那个亲戚，在天津码头上扛大包。他想，等以后有机会，一定去找他娘和麦子。

让赵子安没想到，机会来得那么快，辽沈战役胜利后，他所在的东北野战军7纵还没来得及休整，就马不停蹄、人不下鞍，风尘仆仆地入关，和兄弟部队一起，把天津围了个水泄不通。

按照上级部署，7纵先消灭天津外围东局子的守敌，然后由东至西向天津发起攻击，最后与西路友军在金汤桥胜利会师。

眼下，赵子安所在连队的任务，是拿下东局子东北角的一个敌人的阵地。

防守东局子的是陈长捷的嫡系部队。敌人为了扫清射界，在解放军到来之前，不仅将战壕前500米开外的障碍物全部夷为平地，而且修建了一个接一个的明碉暗堡，筑成了纵横交错的防御体系。这为赵子安的连队发起攻击带来了一定的困难。

从团里接受任务后，赵子安在连里召开了小“诸葛亮”会议，让大家献计献策，看看用什么好办法能够更快更好地夺取敌人的阵地，圆满完成上级交给他们的战斗任务。

俗话说，办法总比困难多。

不多一会儿，办法就有了。按照大家的主意，连里开始挖交通壕。也就是说，把交通壕尽可能地向前延伸，一直伸到敌人的跟前，那样战斗打响，攻击的速度便会加快，同时，也可以尽量减少伤亡。

冻土非常难挖。

不过，难不倒连里的小“诸葛亮”们，有人提议，用身上背的长长的米袋子装上炸药，一个一个连起来，再用导火索，进行引爆。后来这个办法真的派上了大用场，用不了多久，交通壕就按计划挖好了。

总攻前的那天夜里，连队提前进入交通壕，等待着攻击命令的下达。

等待之中，连长赵子安问身边的通信员在想什么？

通信员说他想多杀敌人，多抓俘虏，争取火线入党。

赵子安对通信员进行了一番鼓励。

过了一会儿，通信员问连长，你在想什么？

赵子安说，他在想早日打下天津。等战斗结束后，一定要抽出空来，去找他的那个亲戚，看他的娘，看他未过门的媳妇麦子。

赵子安在说这话的时候，一只手握住驳壳枪，一只手在一下一下地抚摸着枪上拴的红绸。

通信员问，他的未来的嫂子一定很好看吧？

赵子安肯定地说，好看，漂亮得就跟过年时贴在门上的年画似的……

1月8日凌晨，三颗信号弹升起，攻打东局子的战斗打响了！

连长赵子安挥动手中的驳壳枪，大喊：“同志们，冲啊！”话音未落，他第一个跳出交通壕，向敌人的阵地冲去。

此时，天刚蒙蒙亮，光线比较暗，可是连长驳壳枪上的红绸子竟是那样的醒目。后来据连队的战士们说，他们就是看着前面飘飞的红绸子，拼命跟在连长身后往前冲的。

红绸子像一面旗帜在舞动；

红绸子似一团火焰在升腾。

前面遇有铁丝网，红绸子风一样掠了过去；

迎面枪弹泼如雨，红绸子电一样穿透硝烟……

V天津战役中被我军击落的国民党军飞机残骸。

就在离敌人阵地越来越近的时候，敌人利用枯枝烂叶作伪装的一个暗堡，突然向战士们开火。机枪的火舌，如同蛇的毒信子，从暗堡的射击孔内不停地朝外喷吐。有不少战士中弹。前进严重受阻。

连长赵子安立即组织人爆破。

一个战士刚冲上去，就倒下了；

又一个战士冲上去，接着倒下了。

赵子安大吼一声："老子不信，就炸不掉你！"

赵子安冲上去。那束红绸子如一团火，在猛烈燃烧！

如雨的枪弹朝赵子安射来，打得他四周地面的泥土乱飞。

赵子安没有停止脚步。

他飞快地接近了地堡。

他朝地堡里扔出两颗手榴弹。

顿时，"轰隆"一声巨响，敌人的地堡炸塌了！

连队继续向前冲锋。

红绸子继续在前方飘动。

突然，一颗子弹击中了连长，他身子晃了晃，倒下了。

通信员大喊着"为连长报仇！"然后，通信员含着热泪，从赵子安的手中接过那支拴着红绸子的驳壳枪，冲向敌人的阵地！

那束红绸子，如同一团火焰，仍在炮火硝烟中熊熊燃烧……

在通信员的身后，赵子安静静地躺着，他的眼睛睁得大大的。

在他的前方，是东局子，再往前，便是天津城了。

天津城离连长赵子安很近很近。

天津城里，有连长赵子安的娘，还有等着他回来的未过门的媳妇麦子……

4. 民权门前拔"钉子"

尖刀连连长牛海泉顺着团长手指的方向，把目光投向范家堡。那是个大约只有几十户人家的小村庄。民房大部分被敌人拆毁。透过开阔、平坦的土地，天津近在咫尺，顶多也就200米的距离。也就是说，范家堡是天津通往东郊的必经之地。或者说，要打天津，必须先拔掉范家堡这颗"钉子"。

团长问："看清楚了？"

牛海泉说："看清了！"

∧我军某部首长将锦旗授予立功部队代表。

团长说："师里给我们的任务，是总攻发起后，部队从市区以东的民权门实施突破，直插位于市中心的金汤桥，和从西边打进来的兄弟部队会师。民权门外有两个敌人的据点。特别是眼前的这个范家堡据点，离民权门最近。那里有敌人的一个营把守，工事坚固，号称'模范工事'。我们团现在的任务就是拿下它，打好攻打天津的外围战，为总攻击扫清障碍。"

牛海泉说："明白。"

团长说："团里研究了，决定先进行土工作业，构筑好进攻的出发阵地，接下来，就看你们的了。"

牛海泉说："没问题。我们和对面的敌人，在东北新立屯战斗中就较量过。他们是我们的手下败将。这一回，得好好教训教训他们，让他们彻底完蛋！"

从前沿勘查地形回来，牛海泉立即召开干部会，进一步讨论和研究尖刀连的作战方案。

在牛海泉所在8纵24师72团阵地的对面，是国民党所谓"善于守备"的第26师76团2营。这个营，附加一个机关炮排，共有500多人。敌人的阵地坚固，由大大小小若干个形状不同的地堡组成。每个地堡内部筑有地下掩蔽部，用于屯兵。地堡与地堡之间，筑有交通壕，而且用1米多厚的土木进行了被覆，以至于形成了防御体系较为完善的连环堡。这样的工事，既能扼守前沿，又有纵深配置，射界开阔，火力交叉，对我军即将发起的进攻，构成了一定的威胁。此外，敌人的全部活动，都可在地下掩蔽的部分内进行，要想消灭敌人的有生力量，看起来困难不小。再加上敌人在阵地周围用钢轨和铁丝

∨ 我军某部在天津战役结束后举行庆功大会。

网设障，最宽障碍处竟达80米以上，且埋有大量的地雷。因此，尖刀连的任务很重。

按照团里的决定，1营担任主攻，2营的2个连担任助攻，3营和团直属队负责土工作业。

1月8日晚上，趁着天黑，敌人不易发现，实施土工作业的部队悄然开始进行。

这是一次在敌人的眼皮底下进行的艰难施工。按照团长要求，战士们要从我方阵地挖一条交通沟，直达敌人前沿阵地30米处，以便在战斗打响时，由爆破组开道尖刀连，从这里向敌人阵地发起突然袭击。

时值1月，天寒地冻。战士们施起工来非常困难。挥起的铁镐，使劲凿下去，地上只浅浅地出现一个洼坑。但战士们不怕吃苦，不怕劳累，情绪高涨，斗志昂扬。一夜干下来，竟然创造出了奇迹，战士们在冻土地上掘出了蛛网似的交通壕和连成一片的可供各种火器射击的单兵掩体。

这时，天蒙蒙亮了，敌人听到咚咚的刨土声，大吃一惊，这才发现解放军已把壕沟挖到了他们的家门口。这还了得！于是，敌人不惜动用一切火力，疯狂地进行阻止，机枪子弹像水一样泼来，打得我方掩体前的泥土四处飞溅。

敌人的火力很猛，影响到余下部分土工作业的进行。

施工速度明显慢了下来。

3营8连的一个班长向连长建议，全连按各个战斗小组区分任务，随后分散开来，先筑单兵掩体；接着，在单兵掩体的基础上，构筑工事；再接着，把各个单兵掩体之间通道打通，连成交通壕。

连长连连夸道，这个主意好，就这么办！

结果，部队在敌人火力的严密封锁下，比预定时间提前了23小时完成了土工作业的任务！

在战士们的努力下，一条条交通壕向前延伸，就像一双双伸出的手，奋力地扼向敌人的喉咙。

敌人慌了，却又无可奈何。他们一伸头，就被我军打了回去。

近在眼前的解放军新挖的交通沟，让敌人看到了死亡的阴影！

1949年1月10日，72团向范家堡守敌发起猛烈攻击。

近日以来，具体地说，也就是1月3日以来，根据天津前线指挥部的统一部署，我军在加紧攻城准备的同时，先后对天津外围敌人的所有据点进行了地毯式的清扫和打击。

——1纵攻占了八玟、西营门碉堡群、王顶堤、大堤等据点；

——2纵攻占了安徽义地、鲁西义地、三元村、丁家沽、霍家嘴等据点；

——7纵攻占了曾家窑、义顺窑、东局子、广东义地、浙江义地、姜家窑等据点；

——8纵攻占了范家堡、刘家场坊、四家窑等据点；

——9纵和第34师分别攻占了造纸厂、大河庄、灰堆及赵家坝、李七庄、纪家庄等据点。

至1月12日，天津外围作战结束时，我军共歼敌近5,000人，基本扫清了敌人天津外围防御地带的大小据点，缩紧了对天津城垣的包围，使整个天津敌人的城防完全暴露在我军的炮火之下。

而眼下，8纵24师72团正在进行的对范家堡的进攻，仅仅是整个天津外围作战的一个组成部分。

战斗打响了。

72团的炮兵真厉害，第一轮炮火急射，就把敌人设在高窑顶上的观察哨打掉了。随后，在地动山摇的炮火密集射击中，敌人的地堡纷纷被炸得飞上了天！

尖刀连跟着炮弹后面走。

20分钟的火力急袭后，炮火开始延伸。牛海泉一挥胳膊："同志们，跟我上！"

尖刀连如同一把尖刀，猛烈地向敌人的要害之处刺去！

铁丝网挡道。

牛连长一声："给我炸了！"

1排长李九龙提着爆破筒就冲了过去。

接着，"轰隆"一声，前进道路打开了！

尖刀连继续往前冲。

突然，通道一侧出现了一个敌人的暗堡。这个事先没有料到的瞬间发生的情况阻碍了尖刀连的突击。有两个战士负了伤。部队被暗堡里的敌人射出的密集的机枪子弹打得抬不起头来。

一定要炸掉敌人的暗堡！

连长牛海泉急了，抱起炸药包准备往上冲，被战士王九维和孔宪章拦住。

"交给我们吧，保证完成任务！"这两个战士说。

接着，王九维和孔宪章一人扛着一个炸药包，在尖刀连6挺机枪的掩护下奋不顾身地冲了上去。

敌人发现了他们。

敌人用子弹企图阻止他们前进。

一颗子弹射中了王九维。

但王九维真是好样的，身子晃了晃，接着继续扑向敌人的暗堡。

随着距离的一步步接近，暗堡里的敌人被两位勇士大无畏的英雄气概吓呆了，竟然惊惶失措，中断了射击……

就在这时，二位勇士猛冲上前，快速拉着了炸药包上的导火索。随后，敌人的暗堡顷刻在爆炸声中化为灰烬！

王九维和孔宪章的英勇事迹传到师部，政治部当即批准授予他们"毛泽东奖章"！

∧ 天津守敌纷纷向我军缴械投降。

暗堡炸掉后，牛海泉带领尖刀连很快打开了突破口。

后续部队紧跟着冲过来，越过突破口，向纵深发展。

在主攻方向突破之后，助攻方向的情况也在顺利进行之中。

有一个小插曲：担任助攻部队的一个班战士正沿着交通沟向敌人的方向猛打猛攻，迎面不知道从哪里突然冒出来一个敌人的副营长。这个副营长肯定被打晕头了，竟然对我军战士说："我是副营长，特地来指挥你们打仗的。"我们的战士用枪指着他，要他交枪投降。这个糊涂虫却连连摆手，叫嚷："自己人，别误会，别误会！"

后来，随同1营指挥所行动的72团副团长韩怀智审问了这个敌人的副营长。

即使是当了解放军的俘虏，这个副营长还不相信眼前的一切。他不停地眨着眼睛说："这是真的吗？怎么可能呢？我们耗费那么多力气构筑的工事，如此坚固，竟会被你们这么短的时间内攻破，难道你们是神兵天将不成？"

很多年以后，已身为中国人民解放军副总参谋长的韩怀智提及这段发生在战场上的小插曲，仍然记忆犹新。他说："敌人的工事即使再坚固，对于战无不胜、攻无不克的我人民解放军，统统如同一张薄纸，只要伸出手指，一戳就通！"

范家堡战斗，历经50多分钟，守敌26师76团2营500多人被我军全部歼灭。

民权门前的"钉子"被拔掉了。

天津外围，已无敌人的立足之地。

下一步，我军的刀锋，直指天津！

❶ 我炮兵等候上船渡河。

②

③

④

⑤

❷ 我军某部缴获的国民党军汽车 100 多辆。
❸ 追击逃敌的我军部队在行进途中。
❹ 我军一部正在山区追击敌人。
❺ 我军某部战士们在守卫阵地。

[亲历者的回忆]

谭　政

(时任东北野战军政治部主任)

天津是200多万人口的大城市，严格城市纪律非常重要。为此，除了加强部队政策纪律教育外，经中央批准成立了以黄克诚为主任，我为副主任的军事管制委员会。

在攻打天津的作战中，我军指战员做到了保护城市工商业、工厂和学校，严格遵守城市政策纪律，做到一切原封不动，受到中央军委的表彰……

——摘自：谭政《东北野战军平津战役政治工作》

梁必业

(时任东北野战军第1纵队政治委员)

在战前的各项准备中，各级指挥员和司、政、后机关的参谋、干事、助理员，都深入下去，具体指导，发动群众，召开“诸葛亮会”，研究战法，搞好演练，构筑工事，解决疑难问题。

数九寒冬过护城河是个难点，部队缺少经验，通过发动群众，只用了3天时间就创造了芦苇桥、汽油桶桥、门板桥、梯子桥等十几种渡河办法……

——摘自：梁必业《摧金汤 擒敌酋》

第九章

人民英雄纪念碑浮雕上的人们

★★★★★

∧ 我军炮兵在天津巷战中向守敌做抵近射击。

太阳的桂冠放金辉/月亮的桂冠闪银辉/士兵的桂冠是什么/火焰铸成铁钢盔/钢盔它带在头颅上/紧紧地贴着英雄眉/士兵的桂冠最豪迈/托起祖国山和水/年轻的头颅最高贵/戴得起光荣和壮美/士兵的桂冠像什么/阳光催开向日葵

——摘自歌曲《士兵的桂冠》

1. 高高飘扬的战旗

总攻开始了！

1949年1月14日10时，随着数发信号弹的腾空而起，参加天津战役的东北野战军各个纵队的所有大炮一齐发出了愤怒的吼声！

此刻，空气被成百上千发炮弹撕扯着，发出阵阵刺耳的尖啸。

黑色硝烟组成的蘑菇云，瞬间在敌人的阵地的上空腾起。

火光不停地闪烁。

硝烟遮蔽天空……

有两架敌人的飞机，像是张开翅膀的黑色乌鸦，刚刚出现在天津东南方的上空，就遭到配置在津保公路两旁我军高炮团1营的狠狠打击。随后，敌机发出阵阵哀鸣，拖着长长的浓烟，从空中急速坠落……

一小时急速射击之后，我军的炮火开始延伸。

接着，突击部队以气吞山河、排山倒海之势，对天津守敌，发起了猛烈攻击！

争夺突破口，是一场恶战。

我军按照事先部署，城西两个纵队，城东两个纵队，加上城南的一个纵队，如同同时挥动的五只铁拳，从三面向敌人进行猛烈夹击。

在城东，8纵24师70团1连，担负着突破民权门的任务。

出征前，师长亲自来到1连，将一面写着“杀开民权门”的红旗交给1连连长张希尧。师长说：“师党委要求你们迅速突破民权门，为解放天津开辟道路。”

连长说：“坚决完成任务！”

列队站在连长身后的全连184名指战员振臂高呼：“坚决完成任务，决不辜负首长的信任！”

随后，连长把“杀开民权门”的战旗双手交给了年轻的不到20岁的战士李银根。

连长说：“这面战旗，是我们连队的光荣。只要人在，就要战旗在。你一定要代表我们连，把这面战旗，牢牢地插在民权门的城头！”

李银根接过战旗，答道：“是！人在，旗在；即使人不在，光荣了，在倒下之前，我也要把战旗牢牢竖起来，让它高高飘扬！”

战斗打响后，李银根手握战旗，紧紧地跟在连长身后往前冲。

民权门的工事坚固，曾经受到陈长捷的嘉奖。敌人为了扫清射界，在民权门外2.5公里之内，烧毁民房，把那里制造成一片开阔地。据事先侦察，从第一道铁丝网到民

∨ 我军爆破小组向敌城防工事冲击,实施爆破任务。

权门城下，敌人设置了11道障碍物。其后是护城河，河宽7米多，水深2米多。再往后是密如蛛网的交通壕，星罗棋布的地堡群，且周围埋有大量的地雷。最后是城墙，那里筑有钢骨水泥大型碉堡13个，暗堡更是多如牛毛……

这就是说，从冲锋出发地到民权门城墙下大约400米的路程，每前进一步，都面临着死亡的威胁。但战士们毫不畏惧，以飞快的奔跑速度向敌人逼近。

根据连里的部署，1排的任务是架桥，要在护城河上架起1米宽的便桥；2排的任务是把炸药包、爆破筒送上去，炸毁敌人的障碍物，为1排架桥、3排突击开辟道路。

爆破手的任务很重，他们冒着枪林弹雨，抱着炸药包往上冲。一个倒下了，另一

个接着上，直至炸开前进的通道。在这顽强的连续爆破中，2排真是好样的，他们仅用2分钟，就摧毁了敌人设在护城河前的11道障碍物！

任务较重的是架桥的1排。由于桥体笨重，两个班战士一齐上，都没有把桥架好。连长张希尧急了，怕延误时间，便带领3班冲上去。

敌人见有人架桥，拼命射击，进行阻拦。

连长和3班的战士们纷纷中弹，倒在了血泊中。

护城河近在咫尺，只要加一把劲就能把桥架上去。就在这时，突击排的战士孙国臣、刘杰和江发谷冲上来，一起用力，终于把板桥推下了护城河。

桥刚架好，担任突击任务的3排便迫不及待地踏着桥板冲向对岸！

就在8纵24师70团1连接近民权门的时候，攻打天津的战斗正如火如荼地全面展开，捷报频传，进展顺利。

在城西第一主攻方向上，2纵第6师、1纵第2、第1师在南运河以南，2纵4师在南运河以北，并肩突击。11时30分左右，各主攻师相继突破敌人的城防。在和平门两侧的几个突破口上，面对突破后敌人的疯狂反击，我军战士竟与敌人短兵相见，拼起了刺刀！1纵2师的勇士们，多次打退了敌人的反扑，巩固并扩大了突破口，把红旗插上了城头。位于1纵左侧的2纵6师，与1纵联手出击，打得敌人抱头鼠窜，狼狈而逃！至16时，我攻打天津的总预备队6纵17师，从1纵右翼投入战斗，随即，1纵、6纵第17师向金汤桥、海光寺、中原公司实施突击。2纵突破城垣后，沿忠庙大街、金华桥向纵深发展。一把锋利的战刀，正在刺向敌人的胸膛！

在城东，7纵第21师第61团在炮火向纵深转移的同时，迅速冲破敌人的多道防御设施；爆破组清障进展十分顺利，很快炸开了前进的通道。担负突破民权门的8纵24师70团尖刀1连，利用炮火射击造成的烟幕作掩护，杀开一条血路，仅用数分钟就冲至民权门的城下……

1连连长张希尧在架桥的战斗中光荣牺牲，手握“杀开民权门”战旗的李银根没有停下脚步。他踏着烈士的血迹大步前进。在民权门城下，2班副班长李和第一个登上城墙，紧接着，李银根跟了上去。

敌人的子弹像雨点一样向李银根射来，企图把他打倒。他听到子弹贴着耳边吱溜溜飞过去的声音。他看到他的袖口被子弹“咬”得绽露出了朵朵棉花；但他没有畏惧。他一手握住战旗，一手撑住城墙，身子一使劲，跃了上去。

城墙上无遮无挡，再加上李银根手中握着一面鲜红的战旗，当他出现在城墙上的时候，敌人立即把他当作主要目标进行射击。

炮弹在他的四周纷纷落下。

子弹在他的头顶嗖嗖飞过。

李银根眼睛眨都没眨一下。此刻，他早已将生死置之度外，没有胆怯，没有惧怕，没有战栗，没有退缩。他心里只想着，一定要完成连长交给的任务，把战旗插在城头！

那面“杀开民权门”的红旗，虽然布满了弹孔，但仍是那样的鲜艳夺目。李银根把她擎在手中，就像是高举着胜利。

他向前奔跑了几步，然后用力把战旗插在城上。

啊，战旗飘飘！

战旗在风中猎猎飞扬！

身后的战友们看到了这面战旗，如同听到了胜利的召唤，他们深受鼓舞，大声呐喊着，更加猛烈地冲向敌阵。

突然，一发炮弹射来，“轰隆”一声，李银根中弹倒了下去。

人倒在地上，但他的手却向前伸着；向前伸出的手，紧紧握着那杆高高竖起的战旗。

李银根的双腿被炸断了，血流如注。

李银银低头看了看血肉模糊的双腿，又抬头看了看高高飘扬的战旗。他的脸上露出了动人的微笑。他心想，战旗还在，这就很好。于是，李银根艰难地手拄旗杆，忍住巨痛，站了起来。

腿断了，他就用断了的腿着地。

他用身体紧紧地护着战旗。

此时的战旗，早已胜过了他的生命！

就在此时，又一颗炮弹飞来，李银根再次负伤。

当李银根又一次从地上爬起时，他发现战旗的旗杆已被炸成两截！

战旗不能倒！

战旗决不能倒！！

李银根一面大声喊着，一面忍住伤口的痛疼，咬紧牙关，用两肘撑地，一步步爬到战旗旁，然后把那仅有半截旗杆的战旗重新竖了起来！

最终，李银根实现了自己战前的承诺，“人在，旗在；即使人不在，光荣了，在倒下之前，我也要把战旗牢牢竖起来”！

李银根光荣牺牲了！

一位年龄不到20岁的战士，为了中国人民的解放事业，献出了年轻而宝贵的生命！

战后，李银根被师政治部追记荣立大功一次。

战后，原先184个人，现仅剩20个人的“尖刀连”，被上级授予了“钢刀连”的光荣称号。

战后，李银根插上民权门城头的那面布满硝烟和弹孔的战旗，保存了下来，至今，被陈列在北京的中国革命军事博物馆里……

2. 奇袭

冬天，天黑的快，还是下午5点多钟，光线已经很暗，暮色早早降临了。

一支队伍走着走着，竟然停了下来。是继续往前走，还是掉头回去？他们面临着选择。

进入纵深战斗后，营、团主力紧跟8连、7连通过突破口后，向东南方向攻击。后来8连直向东插，同营、团距离渐渐拉远，失去了联系。

这时，右后方的炮声弱了，左翼友军的动静也没了，8连指导员卢锡勤发现他们穿插得速度太快，和后面的部队脱节了，连忙让2排长谷世全带几个人返回搜寻，看一看营、团主力在什么位置，离他们多远，以便决定下一步行动如何进行。

不一会儿，搜寻的人回来，说：“没有找到。”

这可怎么办？

战斗中，情况多变。作为指挥员，你必须适应情况的变化，在最短的时间内，作出正确的判断与决策。于是，卢锡勤当即与连长赵芳玉商量。

卢指导员认为，营、团主力可能现在在西南方向。

赵连长问，依据是什么？

卢指导员说，你听，那边不断传来枪声。有枪声，说明有战斗。有战斗，说明有我们的人。这一带，是我们团的作战范围，如果没有特殊情况，友军不会在那里出现。

赵连长点点头，表示同意。

赵连长说，那我们掉转方向往西南穿插。

卢指导员想了想说，你看我们能不能这样，继续往东走。

赵连长说，往东？那不是孤军深入了吗？

卢指导员说，西南方向已经在打了，我们赶到那里，很有可能肉吃不上，只能喝汤。如果往东边走，肯定会有敌人。你想想，整个城里到处都是敌人，我们怎么会没仗打呢？说不定水面越是平静，水底越会藏有大鱼！

赵连长仍在犹豫。

赵连长说，眼下我们连仅有70号人，加上7连跟上我们的那个班，也就90个人。人不多，独自行动能行吗？

卢指导员说，夜战是我们的特长。只要我们大胆向东朝纵深发展，就可以出其不意，打敌人一个措手不及。因此，我们不能被动地往回走，要发挥主观能动性，做积极的努力。

接着，卢指导员又说，虽然我们向东走属于孤军深入，但我们并不孤单。记得吧，战前团长说了，我们作战的总的方向是突破敌阵，向纵深穿插，然后通过东西并进，会师金汤桥。我们现在若是向东，朝金汤桥打，那里肯定会有我们的部队。因此，我们并不孤单。

赵连长表示同意。

赵连长说，那我们就按上级作战总的意图办，向东穿插，穿插得越深，对敌人的打击就越狠！

行动方案确定后，连队立即出发。

紧接着，夜色之中，一支利箭，向东射去！

当时，8连对向东穿插具有什么样重大的意义，并非知根知底。那位曾4次荣立战斗大功，5次荣立工作大功，后于1950年8月荣获中南军区授予的“战斗英雄”称号，并光荣出席全国首届英模代表会议的8连指导员卢锡勤，只是凭借一种意识，即在大的攻击方向不变的情况下，哪怕是一支小部队插入敌人的腹地，也会对敌人构成威胁，于是，积极主张连队向东进发。结果，事实证明，他的想法完全正确。在当时的情况下，1纵1师2团8连先行一步，杀入了敌人的心脏，给敌人以深重的打击，这是后来让8连指导员卢锡勤和连长赵芳玉完全没有想到的事情。

8连以极快的速度向东穿插、再穿插。

连队已经进入市内。

大街上没有人。

沿街所有的房屋都关着门，且没有灯光。

为了弄清前进的方向，指导员卢锡勤和连长赵芳玉不得不敲开几家市民的门，进行询问。

天津的市民们见是解放军，很是热情，他们为8连指明了金汤桥和沿途敌人的所在位置。

8连如鱼得水。他们避开大街，沿着僻静的小巷，利用敌人的缝隙，神不知鬼不觉地以最大的限度往纵深穿插。

不多一会儿，他们来到了东马路。

再往前，已经能够看到横跨海河的金汤桥。

随着一声令下，1排1班的战士悄悄向桥西头摸了过去。

桥西头有座敌人的碉堡。大概敌人见四周没什么动静，认为平安无事，便钻进碉堡里避寒。战士们一脚踹开门的时候，敌人还以为是自己人，稀里糊涂地当了俘虏。

经审问得知，离金汤桥西边大约20多米开外的那栋楼房，竟是国民党天津市的警察局！

到嘴边的肥肉，哪有不吃的道理。连长赵芳玉和指导员卢锡勤商量，趁敌人没发觉，快动手，把它连窝端了！

接下来，开始行动。

1排迅速控制桥头。

3排负责解决门前抱着枪正在打瞌睡的哨兵。

然后，大家一起冲上楼，一枪未发，就缴了200余名警察的枪械。

国民党天津市警察局局长李汉元，曾是“中美合作所特警班第一教务组长”，老牌的“军统特务”。他见解放军战士如同神兵天降，突然出现在他的办公室，竟以为是梦。他不停地揉着眼睛，说：“这是真的吗？贵军真那么神速，没见什么动静，就到了金汤桥？想不到，实在是想不到……。”

就在这个时候，富有戏剧性的一幕发生了。电话铃突然响起，是陈长捷打来的。陈长捷问李汉元情况怎么样？李汉元看看身前身后解放军战士对着他的枪口，只好撒谎说：“平安，平安，无事，无事……。”

当警察局被连长和指导员带人拿下的同时，担负控制桥头任务的1排，也打了一个漂亮仗。1排副排长赵相林带着一个班摸到东边的桥头，听两侧的碉堡里传来阵阵鼾声，知道里面的敌人数量不少，要是硬打，费劲不说，还会惊动附近的敌人。于是，赵相林灵机一动，让手下的战士在门外架起机枪，然后掏出一只铜哨子，使劲地吹起了急促的哨声。等哨声落后，赵相林便朝两侧的碉堡里大喊：“集合啦，集合啦！”敌人以为上司前来视察，急急忙忙起床，拿起枪迷迷糊糊地就往门外跑。谁知刚出碉堡的大门，就被解放军战士的枪口堵住了。战士们低吼：“举起手来，快快投降！”敌人乖乖地放下了武器。

就在赵相林把20多名俘虏押进警察局大院之后不久，东马路上吵吵嚷嚷地走过来一伙敌人。连长赵芳玉一看，就知道敌人并没有发现他们。当即，赵连长打了个手势，战士们在桥头埋伏下来。等敌人走近了，赵连长大喊一声："站住，你们是哪部分的？"敌人没想到金汤桥已经被解放军控制。敌人一边走，一边答："第26师炮兵营的，奉长官命令，到河东去。"赵连长说："噢，自家人啊，那你们就过去吧。"等敌人毫无戒备地走到桥头时，才发现他们对面根本不是"自家人"，而是解放军！面对解放军战士手中黑洞洞的枪口，60多个敌人就地缴械投降！

看到前面的人成了解放军的俘虏，跟在后面的另一伙敌人吓得掉头就跑。他们边跑边喊："不好啦，不好啦，金汤桥已经被共军占领啦！"

此时，敌人如梦初醒，这才发现，原先平静如水的位于市中心的金汤桥，竟然落在了解放军的手中！

敌人极不甘心，他们对控制住金汤桥的解放军发起了猛烈进攻。

很快，一辆装甲车从桥东开了过来，敌人企图凭借厚厚的铁甲掩护步兵跟进。可是敌人打错了算盘，8连是不会让敌人阴谋得逞的。只见8连3班副班长侯玉禄，抱起一包炸药包冲了上去。侯玉禄利用桥上钢梁的阴影作掩护，一步步朝敌人的装甲车接近。随后，他先朝敌人的装甲车扔了三颗手榴弹，接着，趁着爆炸的烟雾升起，冲上前去，拉响了炸药包！

敌人的装甲车被炸毁了！

跟在装甲车后面的敌人步兵顿时无处藏身，纷纷成了我军战士们射击的活靶子……。

敌人的反扑被打退了！

当敌人再次发起进攻时，几乎横穿整个天津市区的8纵第2师的部队，从东鼓楼大街那边杀了过来。接着，2纵第5师、1纵第2师的先头部队也纷纷抵达金汤桥。这样一来，标志着天津战役中第一步的战役分割，至此业已顺利完成。终于，我军攻打天津的东、西两支主力部队，于15日凌晨2时，在金汤桥胜利会师！

我军在金汤桥的会师，将敌人的防御体系拦腰截断，天津守敌开始全线动摇。

一座失去根基的大厦，摇摇欲坠，就要倒塌。

这是历史的大趋势。

天津，透过炮火硝烟，已经看到了解放的曙光！

3. 位于护城河的跨越

用千变万化来形容战争，最恰当不过了。

总攻天津的战斗打响后，一个意想不到的情况发生了，由于风向的转变，空中浓浓的硝烟，突然由西北向9纵第26师的突击地段漫卷而来。

天空瞬间被黑色的浓烟遮盖。

炮兵的瞄准镜里竟然一片黑暗！

战役已发起40分钟，友邻部队地段的敌人工事，已大部被炮火摧毁，可是26师面前的突破口两侧，敌人的碉堡仍旧矗立着。

10时40分，眼看一侧的34师的一个团开始发起冲击，26师76团急了，也派出了攻城突击队。那是由30名战士组成的突击队，他们抬着10多米长的苇子桥，冒死冲向护城河。

敌人用密集的枪弹阻止突击队员的接近。

子弹如雨一般射来。

1米、2米、3米……突击队每前进一步，都显得异常艰难。

突击队仅仅前进了20多米，30名勇士纷纷倒在了攻击的路上！

76团政委皋峰和副团长巩玉然眼见出击不利，心急如焚，再次组织火力掩护，派出了第二批架桥分队。

架桥的战士们在前来助战的7辆装甲车的掩护下，向护城河迅猛扑去。

∨ 东北野战军第9纵队某部突击队冲进敌设置的鹿砦，向市区冲锋。

有装甲车掩护，架桥分队出击之初，进展比较顺利。

但尚未抵达护城河，装甲车就被敌人打坏，架桥用的苇子桥也在敌人燃烧弹的袭击下，化成了一团灰烬！

仗打到这时候，指挥员的头脑开始发热，他们打红了眼，接下来，又派出第三批、第四批突击队。其结果，护城河没能渡过，突击队员们却一个个倒下了，倒在了冲击的途中，倒在了血泊里……。

76 团的指挥员着急。

26 师的师长、政委更急。

燃烧弹

又称“纵火弹”，以燃烧剂作弹药的炮弹。用来点燃敌人配置地域内的土质建筑物、弹药库、油库等易燃物体，以及毁伤敌军事装备和有生力量等。定时燃烧弹由弹体、燃烧炬（装有燃烧剂的金属盒）、头螺、抛射药、推板和时间引信（信管）组成。在飞行中，引信经过一定时间间隔，将燃烧炬和抛射药点燃。抛射药形成的火药气体顶掉头螺，并将燃烧炬高速抛出。燃烧弹的头部涂有红色标志，通常与杀伤爆破弹结合使用。

师长萧全夫还想打，被政委李振声拦住。

李振声说：“老萧，等到天黑再打吧？”

萧全夫说：“再等大半天，黄花菜都凉了！”

就在这时，电话铃响了。是9纵司令员詹才芳打来的。詹司令说：“萧全夫吗？锦州攻坚你们打得那么利索，今天怎么回事啊？”

萧全夫无话可答。

能怪风向突变吗？不能。你没有任何理由不打开突破口。

詹司令接着说：“不能犹豫！我相信76团一定能够完成任务！”

放下电话，萧全夫忽然清醒地意识到，这是战场，蛮干不仅会付出血的代价，而且会把事情搞得更糟。于是，萧全夫给76团政委打电话，说：“部队伤亡很大，仗不能再那样打了。你们看看，有什么好办法，最好能够换一种方式出击。”

76团政委皋峰说：“我和巩玉然副团长商量过。我们觉得先架桥，然后大部队再发起冲击，是打仗中老的套路。要是能够改一下，选几个懂水性的战士先过护城河，那样，情况就不一样了。”

接着皋政委说：“护城河只有10余米宽，何况河里有许多地方都结着冰，相对说来，几个人先过河，比较容易得手。而我们的人一旦过了河，问题就简单多了，就等于过去了一支突击队，就等于有了一个进一步深入作战的支撑点。”

萧师长当即表示赞同：“好，就这么办。立即组织人，付诸实施！”

在机枪的掩护下，76团组织了10多名懂水性的战士，向护城河发起攻击。

和前几次出击相比，这次战士们肩上没有扛苇子桥，也就是说，目标较小，人也显得灵活。他们跃出战壕，一个个利用地形地物，或冲锋，或卧倒，或匍匐，或腾越……敌人想阻止他们，枪声，手榴弹爆炸声更加剧烈，却拿他们没有办法。他们分散前进，一步步地向护城河接近。

终于，他们跳进了护城河。

1月份，正是天气最寒冷的季节。护城河里有冰，但更多的是水。战士们涉水冲向对岸。等到他们渡过护城河走上岸时，衣服立即就结上了冰。

他们就像穿上了银色盔甲的勇士。

很冷。但他们却毫不在乎。

他们冲到了城墙下。

他们纷纷用手榴弹向城头上的敌堡投去。

在手榴弹的不断爆炸声中，后续部队立即发起了冲击。

高举红旗的是2连尖刀排排长宋宝林。他一边喊：“同志们，跟我冲啊！”一边奔跑着。敌人的射击很猛烈，子弹嗖嗖地从宋排长的耳边飞过。宋排长毫不畏惧，仍旧往前冲锋。

> 萧全夫，1955 年被授予少将军衔。

萧全夫

安徽金寨人。土地革命战争时期，任红四方面军总部手枪队排长，营通信参谋等职。抗日战争时期，任抗日军政大学大队长、第二分校科长，晋察冀军区第2军分区教导大队大队长、第4区队区队长，冀热辽军区第17军分区参谋长等职。解放战争时期，任冀东军区第13旅旅长、独11旅旅长，东北民主联军第9纵队26师师长，第四野战军46军137师师长。

> 李振声，1955 年被授予少将军衔。

李振声

湖南茶陵人。土地革命战争时期，任红六军团第16师46团政治处青年干事、连政治指导员。抗日战争时期，任晋察冀军区第4军分区7团政治处主任，第3军分区2支队政治委员，第20团政治委员，冀东军区第18军分区副政治委员等职。解放战争时期，任晋察冀军区独立第13旅政治委员，第9纵队26师政治委员，第四野战军46军137师政治委员，衡阳警备司令部政治委员。

∧ 我军在炮兵掩护下通过浮桥冲入天津市区。

不幸的是，一颗子弹射中了他。

负伤后的宋排长，把红旗交给了身后的 8 班长吕树华。

吕树华高举红旗，继续冲锋。

后来，8 班长吕树华又中弹倒下了，战士于米福接过了红旗。

冲啊，冲过护城河就是胜利！

接下来，高举红旗的战士于米福负伤，红旗转到了副班长罗开云手中。

再接下来，罗开云负伤了，已经受了伤的于米福重新接过红旗，又往前冲。

在抵达护城河的时候，2 连尖刀排已经倒下了 20 多人……

这条冲击之路，分明就是一条血路！

此时，护城河已经不再是 76 团打开敌人突破口的障碍。战士们冲过去了，胜利地完成了一次跨越。

——这是对于艰难险阻的一次跨越。

——这是对于常规作战模式进行变革的一次跨越。

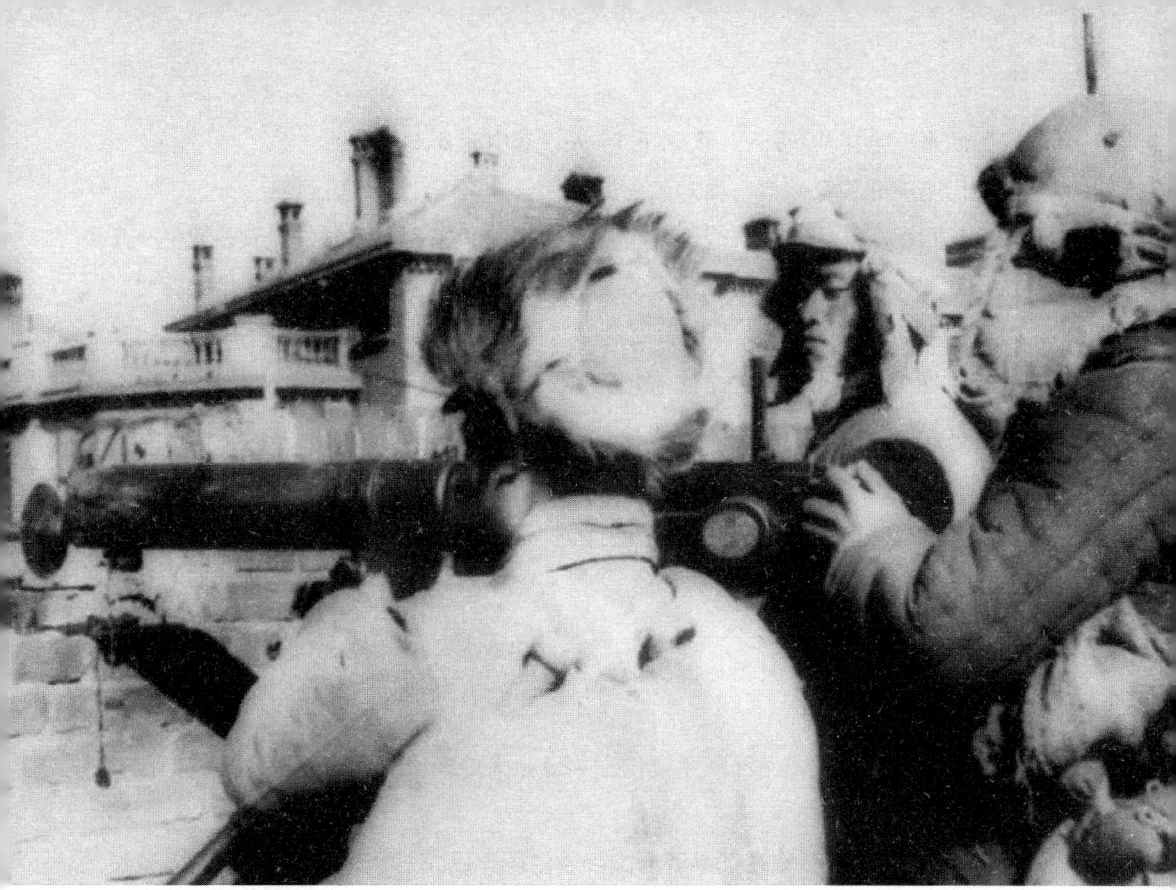

∧ 天津战役中，我军机枪手向敌阵地射击。

作战，本无定律。怎么好打，就怎么打。怎么打得赢，就怎么打。从某种程度上说，76 团在打开津南守敌的突破口的同时，也打开了自己思维方式上的一个突破口。

战斗，仍在激烈进行着。

攻城开始取得实质性的突破。

高举红旗的战士于米福向正在疯狂扫射的敌人的地堡连扔了三颗手榴弹，然后借助爆炸的威力，飞步跃上了城头。他是第一个把红旗插上津南城头的我军战士。此时是13时20分，"登城先锋"的大旗迎风招展，对战友们奋勇杀敌，是一种极大地鼓舞和激励。排长宋宝林虽已负伤，但他轻伤不下火线，带领全排余下的 19 名战士大声呐喊着，紧紧跟了上来。他们在占领城头后，及时扩大战果，纷纷向突破口的两侧迅速拓展。

敌人的反扑开始了。

敌人垂死挣扎，企图夺回城头阵地。

2 连排长宋宝林指挥战士们沉着应战。

他们打退了敌人一次次进攻。

打到后来，全排40多人，仅剩下11人，其中有5人负伤。

但他们坚决守住突破口，面对凶恶的敌人，寸土不让、英勇顽强。

宋排长利用战斗间隙鼓舞战士们说："同志们，大家都是好样的。只要我们一息尚存，就不让敌人从我们手中把突破口夺回去。人在，阵地在。我们与阵地共存亡！"

由于敌人的封锁，跟在尖刀排后面的部队未能及时跟上，这样一来，宋宝林排长和他的战友们便处于孤军奋战的危险境地。

敌人反扑的兵力一次比一次增加，火力一次比一次凶猛。

而76团好不容易打开的突破口则在渐渐地缩小。

面对如此危急的情况，萧全夫师长看在眼里，急在心上。他严厉命令76团："无论如何，都要赶快组织兵力支援尖刀排。不能让敌人的反扑得逞，不能让我们的作战成果前功尽弃！"

随后，76团1营、3营前往城头接应尖刀排。

战斗空前惨烈。

在通往城头的过程中，部队竟以伤亡420余人的代价，相继进入了突破口！

敌人继续反扑。

16时，76团政委皋峰在征得萧全夫师长的同意后，下令动用团第2梯队2营投入战斗。

敌人不死心，亦不断增加兵力，接连不断地发起进攻。

战斗进入相持阶段。

此时，76团的伤亡人数已达836人！

15日零时，萧全夫师长急令师第2梯队78团投入战斗。

一小时过后，萧全夫师长带领师指挥所抵达硝烟弥漫的突破口，坐镇指挥。他根据敌情和战况，决定立即调整部署，利用夜色掩护，兵分三路，向敌人的纵深进击，即：令78团3营、76团2营巩固突破口；78团2营进攻前尖山子；78团1营夺取土城。

战至凌晨4时，敌人开始全线动摇。

1949年1月15日，当第一缕晨曦降临战火纷飞的天津城时，胜利已经来到战士们的身边……

4."坦克兵"的传奇经历

1纵113师在总攻开始后的第13分钟，担任主攻的337团3连，就快速突破西营门，抢先把第一面红旗插到了天津的城头。

> 曹里怀，1955 年被授予中将军衔。

然而，不费吹灰之力突破敌人坚固城防工事的 113 师，杀入城内后，却连连受阻。

原因何在？

天津市内的永旺寺街、邢家胡同、清化寺街东口一带，地形复杂，道路难辨，别说是刚刚入城的解放军，就是在天津做生意的外地人，也很少有人弄得清东西南北。113 师抵达这里后，很快弄错了方向，建制被打乱，结果，一个师的兵力挤在不到 1 公里的地段，就像老牛掉进井里，有劲使不出。

而敌人却凭借高楼和地堡进行顽强抵抗。

战斗激烈地进行着。

密集的枪声、炮声、坦克的吼叫声，此起彼伏，震耳欲聋。

113 师和敌人打起了巷战。

战士们逐屋逐街地与敌人进行争夺，企图控制这一地带，然后按照计划，杀向金汤桥。

情况传到纵队指挥所，司令员李天佑、政委梁必业十分着急。他们认为，部队必须摆脱现状，不必考虑一街一巷的得失，应快速穿插，对敌人进行分割。他们还认为，指挥员必须靠前，到作战第一线去，了解与掌握情况，进行当场处置。

纵队副司令兼参谋长曹里怀提出要去 113 师。

政委梁必业表示同意。

一向打起仗来喜欢靠前指挥的李天佑，见曹里怀抢先一步，不好再争，便拿起电话向天津前线指挥部总指挥刘亚楼请示。

刘亚楼说："我正考虑这个问题。战斗进展快，出现新的情况也就多，我们的指挥员应当深入第一线，把战斗的主动权紧紧握在手里。"

有刘亚楼支持，曹里怀当即带着参谋和两个警卫员沿113师突击的路线直奔城里。

曹里怀是湖南资兴七里柏树村人，1928年春参加湘南起义，同年5月上了井冈山，后历任师参谋长、代理师长、少共国际师师长、红五军团参谋长等职。抗战时期，当过抗大第4队、第6队队长，以及八路军后方总留守处参谋处处长，留守兵团参谋长。1945年8月，他奉命赴东北，任长春卫戍司令员、长春军分区司令员。1948年9月，在第1纵队副司令兼参谋长的位置上，他率部参加了辽沈战役。他是我军的一员战将，功勋卓著。1955年我们实行军衔制，他被授予中将军衔，曾一度担任过中国人民解放军空军副司令员。当然，那已是后话。

湘南起义

1928年1月朱德、陈毅率领南昌起义军余部到达湘南地区，在湘南特委配合下，发动了旧历年关起义，史称湘南起义。起义军占领了湖南宜章，下旬将前来进攻的国民党军许克祥部2,000余人大部歼灭。湖南南部郴州、永兴、资兴、耒阳等10余县的群众纷纷举行起义。国民党先后派出7个师进行围攻，3月底湘南起义失败。4月朱德、陈毅等率部到达井冈山，与毛泽东领导的部队会师，组成中国工农革命军第4军。

曹里怀进城后，很快在花园大街，找到了113师指挥所。

作为左翼主攻师，113师指挥部设在一座楼房的地下室里。

师长贺东生和政委王树君正在火炉旁看地图。由于他们的部队已经进入市区，离师指挥部很近，副师长和参谋长都到前面去了。各团的干部也分头下到了营、连。因此指挥所里人不多，只有作战参谋和一些警卫人员。

见曹里怀到来，贺东生很高兴。

贺东生说："说曹操，曹操就到。"

曹里怀便问："说我什么了？"

贺东生说："我们想你肯定在纵队指挥部待不住，会往我们这里跑。果然，你就来了。"

曹里怀就笑。

曹里怀说："我靠前，你们也不能闲着。跟我走吧，到前面看看去。"

贺东生一听要到前面去，高兴得不得了，急忙说：“好啊，我们这就走。”

政委王树君说：“你们都走了，指挥所怎么办？”

曹里怀说：“这还不简单嘛，天塌了，由你顶着！”

说着，曹里怀拉着贺东生出了师指挥所。

指挥所的门口停着两辆刚刚缴获来的坦克。原本已经从坦克旁边走过去的贺东生忽然停步，回头看了看，然后狡黠地一笑，对曹里怀说：“我们怎么走啊？”

曹里怀愣了一下，心想这问的是什么话啊？

贺东生有个很多人都知道的特征，即他的帽子扣在后脑勺上，帽檐朝上翘，是高兴的表示。这时候，他不会作弄人，也不会跟你顶牛。他的态度会很好，无论对谁，都是一副兴高采烈的样子。反之，如果他不高兴了，则帽檐下压，无论对谁，一视同仁，说发火，就发火。所以，日长天久，熟悉贺东生的人，都要看看他头上戴的帽子处在什么位置，以至于作为参照，对他的言行作出必要的判断。

曹里怀见贺东生的帽子扣在后脑勺上，就开玩笑地说：“怎么走，两腿走呗。莫非还能用八抬大轿抬着你走不成？”

贺东生笑了笑，手指坦克，说：“坐这家伙去，怎么样？”

曹操里怀说：“好啊，以前光看敌人坐这玩艺儿横冲直撞，今天咱们也尝尝鲜，大姑娘上轿，坐它一回。”

说完，曹里怀、贺东生便和随从的参谋及警卫员钻进了坦克。

贺东生是一位很有性格特点和传奇色彩的将军。

1930年，红军部队经过攸县时，贺东生报名参军，招兵的人见他又黑又小又瘦，不收他。后来，红军开拔，贺东生尾随大部队，一连走了多日，每天都跟那个招兵的人死缠活搅，硬是磨着要求参军，最终如愿以偿。

抗日战争期间，在一次战斗中，贺东生率领部队攻打架子山，被日军包围。贺东生以一个团的兵力，与数倍于他的敌人展开激战，仗整整打了一天。到了第二天上午，部队分散突围，却不见贺东生。当时架子山上到处都是日本兵，当地的老百姓以为贺东生阵亡，痛苦万分，特摆灵堂祭他。谁知，到了晚上，贺东生竟然皮毛未伤地和他的警卫员押着一名日军俘虏回到了部队。于是，

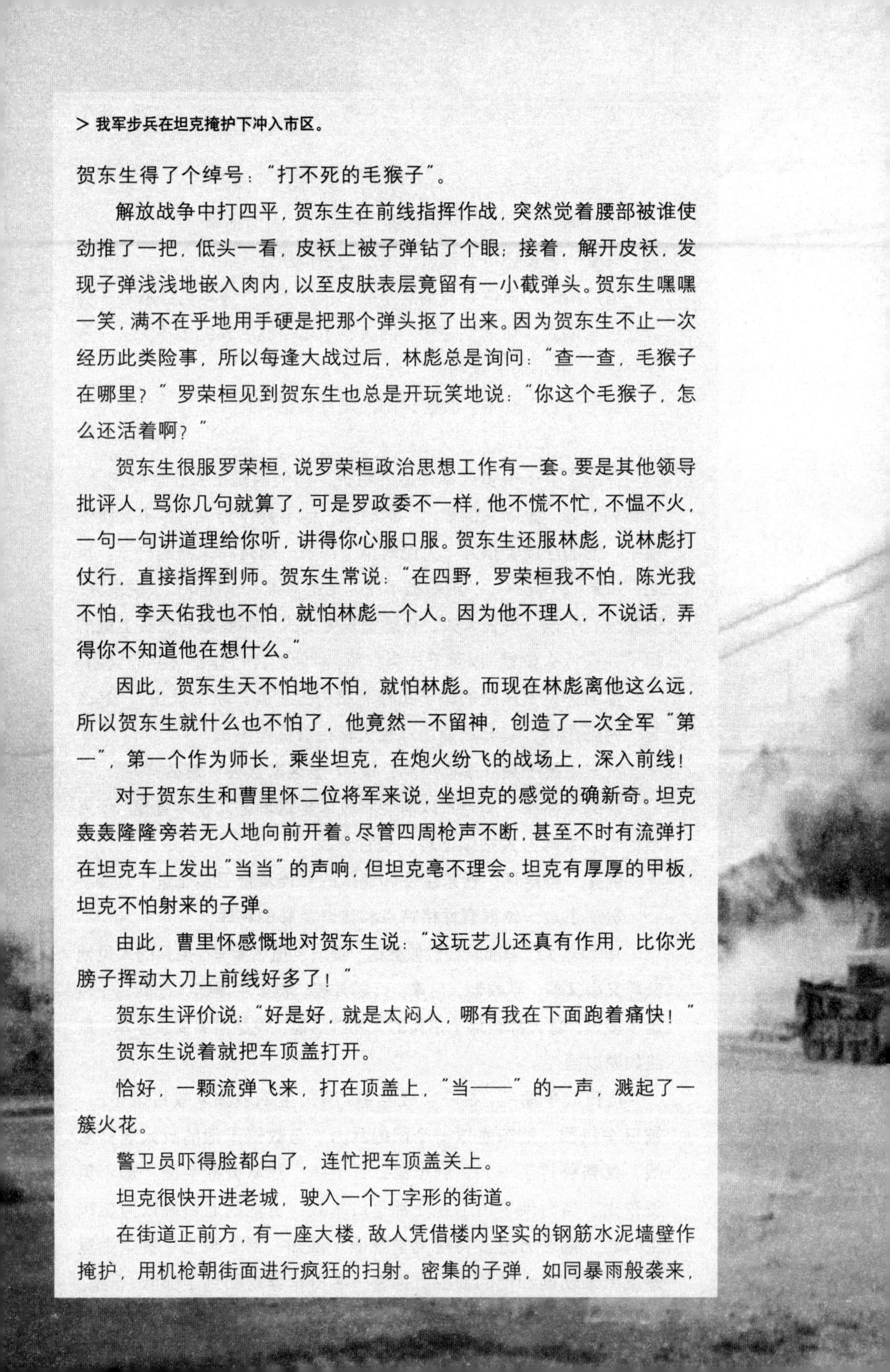

> 我军步兵在坦克掩护下冲入市区。

贺东生得了个绰号：“打不死的毛猴子”。

解放战争中打四平，贺东生在前线指挥作战，突然觉着腰部被谁使劲推了一把，低头一看，皮袄上被子弹钻了个眼；接着，解开皮袄，发现子弹浅浅地嵌入肉内，以至皮肤表层竟留有一小截弹头。贺东生嘿嘿一笑，满不在乎地用手硬是把那个弹头抠了出来。因为贺东生不止一次经历此类险事，所以每逢大战过后，林彪总是询问：“查一查，毛猴子在哪里？”罗荣桓见到贺东生也总是开玩笑地说：“你这个毛猴子，怎么还活着啊？”

贺东生很服罗荣桓，说罗荣桓政治思想工作有一套。要是其他领导批评人，骂你几句就算了，可是罗政委不一样，他不慌不忙，不愠不火，一句一句讲道理给你听，讲得你心服口服。贺东生还服林彪，说林彪打仗行，直接指挥到师。贺东生常说：“在四野，罗荣桓我不怕，陈光我不怕，李天佑我也不怕，就怕林彪一个人。因为他不理人，不说话，弄得你不知道他在想什么。”

因此，贺东生天不怕地不怕，就怕林彪。而现在林彪离他这么远，所以贺东生就什么也不怕了，他竟然一不留神，创造了一次全军“第一”，第一个作为师长，乘坐坦克，在炮火纷飞的战场上，深入前线！

对于贺东生和曹里怀二位将军来说，坐坦克的感觉的确新奇。坦克轰轰隆隆旁若无人地向前开着。尽管四周枪声不断，甚至不时有流弹打在坦克车上发出“当当”的声响，但坦克毫不理会。坦克有厚厚的甲板，坦克不怕射来的子弹。

由此，曹里怀感慨地对贺东生说：“这玩艺儿还真有作用，比你光膀子挥动大刀上前线好多了！”

贺东生评价说：“好是好，就是太闷人，哪有我在下面跑着痛快！”

贺东生说着就把车顶盖打开。

恰好，一颗流弹飞来，打在顶盖上，“当——”的一声，溅起了一簇火花。

警卫员吓得脸都白了，连忙把车顶盖关上。

坦克很快开进老城，驶入一个丁字形的街道。

在街道正前方，有一座大楼，敌人凭借楼内坚实的钢筋水泥墙壁作掩护，用机枪朝街面进行疯狂的扫射。密集的子弹，如同暴雨般袭来，

把113师的一个步兵分队堵在街道旁边的一条胡同里。贺东生从坦克里看见一个战士用炸药包去炸大楼，却未能奏效。于是，贺东生便扯着嗓子，大声朝外喊："喂，你们都给我听着，我来给你们开道。你们跟在坦克后面往前冲！"

其实，贺东生喊归喊，坦克装甲太厚，外面的他的那些士兵们根本听不见。

接下来，贺东生指挥驾驶员驾驶坦克，朝着敌人的大楼猛冲过去。

被堵在胡同里的战士们见自己的坦克助战来了，高兴得不得了，纷纷跟在坦克后面冲了出来。

坦克加足马力撞向大楼。

大楼在坦克的撞击下，恐慌地摇动了几下。

贺东生和曹里怀不约而同地吩咐驾驶员，说："再撞！"

驾驶员把坦克倒回来，接着又一次朝大楼撞去。

几次撞击的结果，把大楼撞开了一个大窟窿！

跟在坦克后面的步兵随即蜂拥而入，很快占领了大楼。

战斗结束，有几个战士高兴地用枪托敲敲坦克，大喊："喂，你们是哪个连的？告诉你们指导员，该给你们记上一功！"

坐在坦克里的曹里怀和贺东生听了哈哈大笑。

贺师长的警卫员小张打开车顶盖，冲他们喊道："喂，你们可要搞清楚啊，帮你们用坦克撞大楼的，是纵队曹副司令员和我们的贺师长！"

战士们不信，说："是真的吗？"

警卫员说："你要不信，就到坦克里来看一看。"

一个战士马上说："那你能不能告诉我，现在贺师长的帽檐是向上翘着的，还是耷拉着的？"

警卫员说："你说呢？消灭了大楼里的敌人，我们师长现在的帽檐，当然是向上翘着的啦！"

那个战士听了，兴奋地对大家说："真是首长在坦克里面呢！"

①

②

③

④

❶ 战斗中的我轻机枪阵地。
❷ 我军某部炮兵正对敌阵地进行猛烈轰击。
❸ 解放军某部向敌军发起冲击。
❹ 我军炮兵进入阵地，准备向敌阵地轰击。

[亲历者的回忆]

谭　政

(时任东北野战军政治部主任)

1月14日，我军数百门大炮一齐怒吼，向敌人的火力点和突破口地段猛烈轰击。

我军各路攻城部队，英勇奋战，强突护城河，克服各种障碍，伴随坦克，勇猛地冲进市区向纵深发展，穿插、分割、包围和歼灭敌人。

经过激烈奋战，连续打退敌人的多次反击，东西对进部队于15日晨在市中心的金汤桥会师……

——摘自：谭政《东北野战军平津战役政治工作》

★★★★★

梁必业

（时任东北野战军第1纵队政治委员）

（**14**日）上午**11**时许，纵队观察所的同志兴奋地向我们报告：“两个突击连冲上去了！”接着，两个主突击师也分别报告突破情况。

炮火急袭**10**分钟，左翼突击师正面城垣已打开**40**米宽的口子。

我军炮群还在向敌军阵地倾泻炮弹，友邻部队在已排除障碍的地段上插上了小红旗，担任尖刀连的**2**师**4**团“红三连”，以为突击已经开始，战士们呼着口号，跳出战壕，勇猛冲击。爆破手首先排除了障碍，开辟了通路；架桥排紧紧跟上，许多战士争先跳进冰冷刺骨的水里，奋力架桥，保障突击队越过护城河。

英雄旗手王玉龙将红旗插上天津城头，突破成功了……

——摘自：梁必业《摧金汤 擒敌酋》

第十章

风展红旗如画

★★★★★

∧ 我军某部在完成预定战斗任务。转而攻击另一方向的敌军。

战斗继续进行着。
在这城市的上空，硝烟弥漫，化作大朵云彩腾起；爆炸产生的光芒闪耀四方。
当这一切消失之后，一个战士把一杆红旗插在这座城市的废墟上。
这时，云开日出，阳光下的红旗，分外醒目！

1. 攻击、攻击、再攻击

1 月 14 日上午 10 时，刘亚楼发出总攻天津的命令之后，反而轻松了许多。

昨天夜里，刘亚楼心里很不平静。大战在即，他并不担心他的作战部署和部队的作战能力。他担心的是，明天发起总攻前的这段有限的时间里，敌情会不会发生变化。战争中，未预料到的情况经常发生，关键是要做到及时把握，随机应变，牢牢掌握战争的主动权。于是，刘亚楼几乎一夜未睡。他带着警卫员到前沿观察敌情。直到他认为敌情没有变化，直到第二天上午他下达了作战的命令，刘亚楼这才松了一口气。接下来，如果没有意外，战争将按照他事先纳入的轨道运行。至此，他觉得自己已经完全可以把握住这场战争了。

天气虽然寒冷，但刘亚楼却解开了领口的衣扣。他随手把一支红铅笔往桌上铺着的作战地图上一扔，然后兴致很高地向屋外走去。

他需要放松一下自己。

天津前线指挥部设在杨柳青镇药王庙东大街 2 号一座四合院里。

院内有几间瓦房。

院子中央还有一口水井。

一棵落去叶子的枣树，紧挨着井台，树上的枝干朝下弯曲着，仿佛好奇心十足，在向井里探头探脑张望着什么。

刘亚楼在院子里走了几步，随后站在枣树旁。他仰起头，望着天空，让万炮齐鸣而发出的滚滚雷声，在他的耳畔不停地回响。

这时候，刘亚楼忽然想到了他的对手陈长捷，此时此刻，这位国民党天津守备区司令在干什么？

其实，早就告诉过陈长捷，我军将在 1 月 14 日攻打天津。可是他不相信。他以

∧ 我军某部向天津市区发起冲击。

为那是我军虚晃一枪。现在，总攻如期而至，陈长捷该领教了吧，我们说话历来是算数的。

1月12日，毛泽东电致林彪、聂荣臻："估计天津守军13日必不会按我们所说时间、条件出城，你们应准备于14日攻击天津。"13日12时，我军限定的时间已到，天津守敌仍没有放下武器的表示。林彪当即电告中央军委：天津敌未遵令向外开出，本日此刻止，亦无新的消息，由此看来争取和平解决避免破坏的可能似乎不多。本晚24时止，如仍无此种可能的征候，则明日开始攻击天津。13日19时，林彪下达了攻击天津的命令："（一）天津之敌毫无投降的诚意，仅在拖延时间。（二）各部应按计划于明（寒）日开始攻击，坚决歼灭该敌。"刘亚楼接到命令后，立即向参战部队下达了对天津的攻击令。

这些，陈长捷不可能知道。

此时的陈长捷已被我军打得措手不及，慌乱无序，急得团团转，成了热锅上的蚂蚁！

一想到这，刘亚楼发出了会心的微笑。他要的，就是这样的效果。

我军总攻开始后的一小时炮火袭击仍在进行。

天空被急速发射的炮火映得火红。

炮弹的爆炸声接连不断，震耳欲聋。

大地在脚下不停地晃动着。

刘亚楼在院子里站了一会儿，过后便回到前线指挥部。一旦炮火延伸，部队就要开始出击，寻求突破，刘亚楼需要同步掌握战斗的进展情况。

天津前线指挥部里一片紧张与繁忙景象：发报员在"嘀嘀嗒嗒"地发报；内勤人员手持送话器在与前方联系；机要秘书不时进进出出送发电文；作战参谋伏案聚精会神地在地图上标定目标……

刘亚楼看了一下手表，预定的炮火准备即将结束，下一步，坦克将迎着枪林弹雨冲向敌阵；工兵迅速排雷，爆破手则扛着炸药包开辟通道；步兵各主攻团的突击营、连，将以排山倒海之势冲向敌人！

一场好戏开场了！

接着，前线的战报不断传来。

在城西的第一主攻方向上，西突击集团的两个纵队，具体地说，是2纵第6师、1纵第2、第1师在南运河以南，2纵第4师在南运河以北，同时发力，并肩出击，进展十分迅速。若扣除总攻发起后的炮火准备时间，各主攻师仅在不到1个小时的时间内，便势如破竹，力不可挡，一举突破了敌人的城防！

刘亚楼得知战况后，立即指示作战参谋，让他转告城西主攻部队，注意敌人的反扑，务必守住并扩大突破口。

果然，在和平门城垣两侧，被我军攻击打蒙了的敌人，经过最初的一阵慌乱，过后清醒过来。他们凭借残碉破堡，向刚刚撕开突破口的我军进行了猛烈的反击。据报告，1纵、2纵的主攻部队竟与敌人拼起了刺刀！

激烈的战斗中，敌人的反扑，一次次被我突击部队打退。

我军插在突破口城头上的红旗，始终迎风而立，高高飘扬！

在城东，担任第二主攻方向上的是7纵和8纵这两支部队。7纵的突破口选在民族门以北，由21师和19师担任主攻，20师为二梯队，独立12师为助攻。8纵的突破口选在民权门，以24师为主攻，22师为助攻，23师为二梯队，24师之后跟进，独立4师以一部策应纵队主力突破，师主力为纵队预备队。

从总体上看，东突击集团的主攻方向为突破民权门以及包括民族门、中正门在内的地段。民权门是天津东北面的重要门户，由敌人第26师4个营防守，另有4个营在两侧作为机动，随时可对民权门进行支援。

担负突破民权门的是8纵第24师70团尖刀1连。这个连作战勇猛，在攻击开始后不久，就将“杀开民权门”的大旗插在了敌人的城楼。后来，刘亚楼听说那个名叫李银根的战士，把红旗插在城楼后，多次遭到敌人的炮火袭击，先是双腿炸断，他从地上爬起来，把红旗竖起；接着，旗杆被炸成两截，他又把半截旗杆竖起；再后来，他中弹倒在了血泊中，再也没有站起来，可是红旗却仍然竖立着……。刘亚楼深受感动，心想，多么好的战士啊，为了战斗的胜利，不惜献出了年轻的生命，人民不会忘记他，历史不会忘记他。他竖立起的那面旗帜，将永远在天津城的上空高高飘扬！

很快，主攻部队打开突破口，迅速向市区穿插——

越过敌人用铁丝网设立的障碍；

炸毁敌人在街头巷尾用麻袋包垒起的工事；

敌人凭借民房企图阻挡我军前进，就和他们打巷战、街垒战；

敌人出动了坦克，就用反坦克炮把它彻底干掉！

分割、分割、再分割；

攻击、攻击、再攻击！

当总攻发起后3小时，我围攻天津守敌的各路大军，已经分别在东、西、南三个方向上，打开了9个突破口！

9个突破口，就像插在敌人胸前的9把尖刀，给予敌人致命的打击！

这时，刘亚楼问身边的作战参谋，各个部队所在位置，以及他们现在离金汤桥还有多远。

按照预定计划，金汤桥是我东西两路突击部队的会合点。一旦各路大军在金汤桥会师，就意味着天津守敌末路来临，败局已定。

作战参谋手指地图，一一将情况报告给刘亚楼。

刘亚楼从地图上看到一支支刚刚标定的红色箭头，正从东、西、南三个方向，朝金汤桥接近。

刘亚楼不禁笑了起来。

刘亚楼曾向林彪和罗荣桓承诺30个小时拿下天津，看来，已经不成问题了。

第二天清晨5时，我军包围了敌人位于核心区的海光寺。

接着，1纵1师2团副团长刘海清带领前卫营打到了敌人的防守司令部，并在一间地下室里，活捉了国民党天津防守司令陈长捷。

15日下午3时，天津战役胜利结束。

刘亚楼接到战斗告捷的报告时，特意看了一下手表，天津战役从14日上午10时开始，至15日下午3时，共历时29个小时。

2. 噩梦未醒的陈长捷

陈长捷得知解放军发起总攻击，头脑“嗡——”的发出一声鸣响，随即一阵眩晕袭来，禁不住身子晃了一下。他没想到解放军说14日进攻，真的就打起来了。

这一天早晨8时，陈长捷还在司令部会议室召开会议，宣布加强战地纪律，决心与“共军”血战到底；必要时，即使是打巷战，进行逐室逐屋的争夺，也要打。只要赢得时间，就是胜利！

谁知会后仅仅过了两个小时，解放军密集的炮火就把他精心构筑的“大天津堡垒化”工事摧毁得所剩无几。更要命的是，“共军”的炮火刚刚延伸，步兵就跟了上来，他们多路出击，连续突破，顷刻间就打开天津城防的多处缺口。

陈长捷意识到危险正向他步步逼近。于是，他打电话给刘云瀚：“刘军长，务必组织力量夺回失地。不能让共军守住和扩大突破口。趁他们立足未稳，尽快进行反击！”

刘云瀚得令，立即派出一个团气势汹汹地向位于突破口的解放军攻城部队扑来。

V 我参战部队在海河金汤桥上胜利会师。

他们前有敢死队，后有督战队，但士无斗志，军心涣散，接连反扑了多次，都被解放军打了回来。打到后来，解放军竟然趁刘云瀚不备，打了个反冲击，不仅扩大了突破口，而且还一鼓作气，顺手牵羊，收拾掉了第 86 军的预备阵地。

眼看刘云瀚无力阻止“共军”的攻击，陈长捷干着急，一点办法也没有。这时，西门告急。城防主阵地西门，对防守天津起到至关重要的作用。于是，陈长捷放下刘云瀚那头不顾了，连忙派出他的总预备队保安师，到西营门监狱附近进行紧急增援。他在电话中对第67师师长李学正说：“总预备队归你指挥。你告诉那个保安师师长，就说是我说的，让他老老实实待在你的67师师部，不要乱跑。缰绳一松，你就再也找不到他了！”

国民党第 86 军

中央军嫡系部队，即新编第 5 军。军长刘云瀚，副军长范玉书，参谋长裴治熔，下辖第 26、第 284、第 293 师。该军原隶属于东北“剿总”锦州指挥所，驻防山海关、秦皇岛、绥中地带，辽沈战役结束后撤到天津附近，改隶华北“剿总”，正式启用第 86 军番号。参加平津战役的天津防御作战，被人民解放军全部歼灭，中将军长刘云瀚、少将副军长范玉书等被俘。

后来，那个保安师师长倒是人在67师师部，可他的部队却找不到了。保安师一上阵，就被解放军打得哭爹叫娘，抱头鼠窜！保安师师长联络不上他的士兵们，于是，他在67师师部，便成了一个多余的人。

战斗进行到下午，情况越来越对陈长捷不利。这时候，他的部队已在各个区域被解放军分割成若干小块，零零散散，前后不能呼应，以致他的指挥完全失灵。而那些被解放军分割切成豆腐干大的他的部队，下场似乎已经注定，到了肯定是要被解放军消灭的地步。现在，陈长捷还能够指挥的，仅是两个军的军部，以及总部的特务营、工兵营。就这么一点点兵力，在强大的势不可当的解放军面前，如同蚍蜉撼树，又有何用？

此时，手下人密报，说 62 军军长林伟俦派他的参谋擅自与解放军接洽停火等事宜，而且86军军长刘云瀚也蠢蠢欲动，有着与林军长同样的打算。

陈长捷什么话也没说，挥挥手，让手下人退去。

陈长捷需要静下心来想一想。他想，现在已是无兵力可以调动了，再打下去，无非是死路一条。解放军太厉害了，没有他们攻不破的城垣，没有他们拿不下的堡垒。那么，既然林伟俦和刘云瀚都有与“共军”接洽的意思，索性就放下武器，和解放军谈和吧……于是，陈长捷召集林伟俦和刘云瀚商量，决定写一个放下武器的“和平宣言”，然后再派人和解放军接洽。

但这一切来的太晚了。

开弓没有回头箭，我军攻击部队已经打到了国民党天津警备司令部。

1949年1月15日拂晓，1纵的主攻部队冲进敌人司令部院内东边的那幢二层楼。战士们一边冲锋，一边开枪扫射。楼内的敌人顿时丢魂失魄，像一群无头苍蝇乱成了一团，他们有的在楼道里狂呼乱叫，有的提着皮箱把脑袋伸向窗外企图寻路逃命，有的爬向桌底双腿直抖……1纵1师2团副团长刘海清带领战士们，毫不费力，就抓到了大批俘虏。

就在这个时候，传来纵队首长指示，让战士们赶快占领地下室，活捉陈长捷。

战士们听说陈长捷就在楼里，顿时精神大振。

可是刘海清副团长带人在敌人司令部大院找了一圈，也没找到地下室在哪里。

怎么办？

提审俘虏！

6连1排长邢春生问：“你们的司令官在哪里？”

俘虏哆嗦着说：“就在‘忠烈祠’，那里有个地下室。”

邢春生问：“陈长捷在吗？”

俘虏低头说：“在。陈长官就在那里。”

随后，邢排长带着战士王义凤和傅泽国，直奔“忠烈祠”而去。

在接近“忠烈祠”时，遇到了敌人机枪的猛烈射击。邢春生见状，说：“看来陈长捷就躲在这里面了！”

接下来，邢春生排长带两个战士找到一处有利地形进行隐蔽，经过观察，发现一堵半截子墙边有一个小亭子，小亭子的上方，刻着三个字：忠烈祠。

终于，邢排长他们发现了秘密，原来地下室的入口，竟隐藏在小亭子里。

邢排长做了一个进攻手势，然后毫不犹豫地端着冲锋枪冲进地下室。

王义凤和傅泽国紧紧跟着。

下到地下室的底层，邢排长和两个战士大喝一声："不许动，举起手来！"

闻声，20多个敌人司令部的参谋人员立即举手缴械投降。

"你们谁是司令？"邢排长问道。

没有人回答。

过了一会儿，一个军官模样的人小声说："司令官在里边。"

里面是另一间地下室。

邢排长立即带两个战士冲了进去。

这间地下室里聚有十多名国民党军官，他们见解放军战士用枪口指着自己，纷纷把手举了起来。

后来得知，这十多名国民党军官中，除了有陈长捷，还有少将副司令秋宗鼎、少将杨威，以及蒋介石从南京派来督战的高级视察官程子践等人。

王义凤和傅泽国本打算押着俘虏往外走，被邢春生拦住。邢春生为了尽快在这人群中找到陈长捷，决定当场对他们的身份进行识别。

邢春生挨个问那些俘虏的姓名和职务，当问到一个个子不高、黑黑胖胖的军官时，那人迟疑了一下，刚吐出一个"陈"字，邢春生马上打断了他的话，说："知道了，你就是天津警备司令陈长捷！"陈长捷头一低，便不吭声了。

陈长捷搬进这个地下室是在14日的晚上20时，当时，天津东、西、南三个方向都在激战，解放军的远射程大炮已向纵深延伸……可是仅仅过了一夜，陈长捷绝没有想到，他竟然当了解放军的俘虏！

就在这时候，副营长朱绪庆来到地下室。

邢春生兴奋地说："抓到陈长捷了！"

陈长捷不以为然地看了一眼朱绪庆副营长，傲慢地说："我要见你们部队高级别的长官，与他进行谈判。"

朱绪庆副营长说："你现在是我们的俘虏，我们与你之间没有谈判可言！"

< 我军某部攻进国民党军天津警备司令部大楼。

接着，朱副营长命令陈长捷："你听着，立即通知你的部队放下武器，停止抵抗，无条件向我军投降！否则，我们将坚决、彻底地把你们全部消灭！"

陈长捷再次把头垂了下去。

陈长捷有气无力地吩咐他身边的参谋长："去吧，照解放军说的办。"

敌人的参谋长拿起电话，准备通知部队放下武器，可是电话线路不通。敌人的指挥部与外界的联络此时已经完全中断。

陈长捷见了，摇摇头，然后让他的副官替他打一面小白旗，走出地下室，告诉附近还在进行顽抗的国民党军别再打了，全部缴械投降……

当陈长捷被押到1纵司令员李天佑面前时，李天佑问："你还认识我吗？"。

陈长捷当然认识李天佑。抗战期间，李天佑曾就双方配合作战事宜，在吉县685团杨得志那里同陈长捷有过一面之交，当时，李天佑劝他积极抗日，但他置若罔闻。这次解放大军兵临城下，要陈长捷放下武器，他又没听。现在可好，陈长捷束手就擒，成了解放军的俘虏，他还能说什么呢？于是，陈长捷仅是抬头看了李天佑司令员一眼，随后，伸手把帽檐往下拉了拉，一副没脸见人的样子。

许多日子之后，作为俘虏，陈长捷对平津战役，谈了四个没有想到：一没有想到，东北野战军入关那么快；二没有想到，毛泽东挥师张家口出奇制胜，使傅作义部被动；三没有想到，天津工事那样坚固，却被解放军一夜之间大部突破；四没有想到，解放军攻城的第二天，他就当了俘虏。

对于陈长捷，这简直就是一场尚未醒来的噩梦！

1月15日下午3时，天津战役胜利结束。我军全歼天津守敌一个警备司令部、两个军、10个师，共计13万人。

天津解放了！

3. 追撵敌人狠狠地打

天津前线总指挥刘亚楼面对作战地图看了又看，然后用红铅笔在地图上重重地划了一个圈。这个圈，后来便成为12纵35师、36师的设防地域。

在这之前，总部曾电令12纵的两个师参加攻打天津的战斗，以一个师部署在津塘间，监视敌人，用于机动。后来，刘亚楼考虑再三，认为我军攻打天津时，塘沽之敌如果西援天津，我军用一个师进行拦截，很难堵得住，于是，刘亚楼经报请总部批准，仅以12纵34师攻打天津，而将35师、36师设防于津塘之间，以防塘沽之敌西援或天津之敌突围。这样一来，12纵的两个师就像一把铁钳，一方面钳制住天津之敌休想让它出逃，一方面对塘沽之敌构成直接的威胁。

1949年1月3日，12纵36师沿海河至新河镇一线布防。随后，35师也由天津西南外围进抵塘沽之间。纵队将指挥所设在军粮城东南的大宋庄。

作为整个天津战役棋盘上的一粒棋子，12纵的这两个师任务很重。他们要根据战役打响后敌情的变化，随时随地进行应机处置。

国民党海军第3舰队司令马纪壮

河北南宫人。毕业于河北工学院电机科、青岛海军军官学校航海科、革命实践研究院军官训练团高级班第一期、三军大学第二期。1944年赴美国学习，1946年回国。曾任海员、枪炮官、舰长、舰队参谋长、国民党政府军事委员会委员长侍从室视察、第3舰队司令、海军总部参谋长，海军副总司令等职。1949年后去台湾。

他们是一颗炸弹，一旦引爆，便惊雷滚滚，威力无穷；

他们是一把利剑，届时无论劈向何方，都会让敌人闻风丧胆，不寒而栗！

1949年1月15日3时许，天津大捷，喜讯传来的同时，意味着塘沽之敌要从海上逃跑。于是，追歼这股敌人，便成为12纵35师和36师的主要任务。

其实，塘沽之敌早就有从海上撤退的准备。在塘沽海域，由蒋介石下令派他的海军第3舰队司令马纪壮率领的十多艘舰船，已在那里停泊多日。这些舰船本来是接傅作义从海上撤退用的，可是傅作义不走。傅作义有自己的打算。不到万不得已，傅作义决不从海上南撤。对于傅作义来说，轻易放弃华北，纯属下策。于是，那些舰船便停在海上等待，至于等待什么？蒋介石有数，傅作义有数，就连负责指挥这些舰船的17兵团司令侯镜如也有数。所以，眼看局势不妙，侯镜如不仅早早就把他的兵团司令部搬到船上，还悄悄把眷属和一些贵重物资也登船入舱。这还不算，为了避免天津失守，部队撤退时出现混乱局面，侯镜如竟把各师乘船逃离时所用渡口提前进行了分配。现在，眼见天津被解放军占领，陈长捷成了对方的俘虏，蒋介石急忙下令，让侯镜如从海上赶紧撤离。毕竟侯镜如手下还有5万人马，这对于痛失华北的蒋介石，只要他们顺利撤离，已是意外的收获。

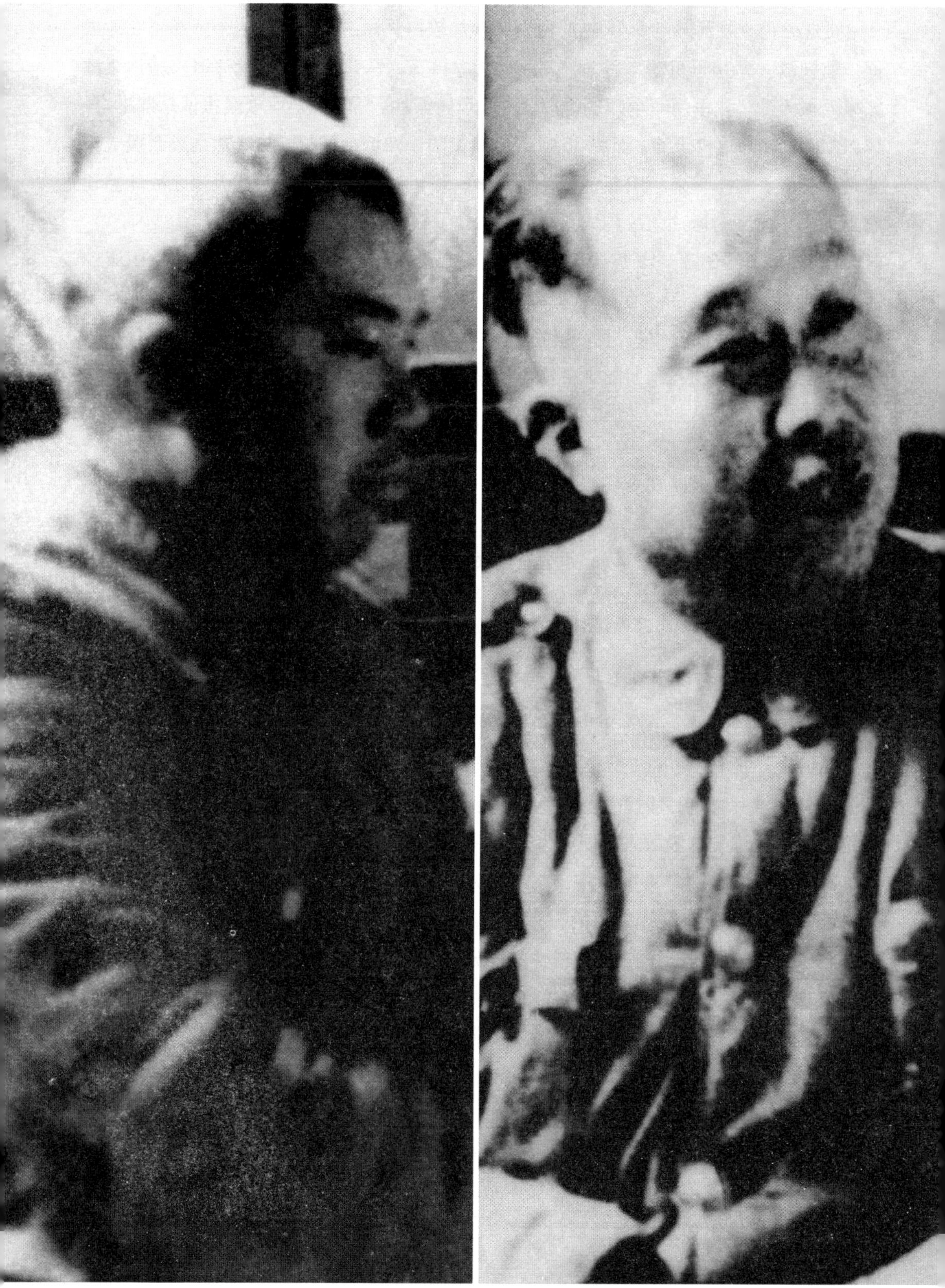

1月16日拂晓，侯镜如接到蒋介石的命令，急忙组织部队从海上撤离。

几乎是同时，为了不让塘沽之敌全部逃跑，12纵于凌晨3时，对盘踞在材料厂的敌人发起了猛烈攻击。

材料厂位于塘沽西端、津塘铁路南侧、海河北岸，是敌人控制出入塘沽的交通要道。在那里，敌人部署了一个加强营，并在其左侧和津塘公路两侧，各设有一个团的兵力。这就是说，12纵要完成追歼塘沽逃敌的任务，必须先拔掉材料厂这颗钉子，打通通往港口的通道。

担任主攻材料厂守敌的是108团3营，配属作战的是团82迫击炮连。

战斗打响后，突击队的战士们在炮火的掩护下，奋不顾身地往前冲。

敌人凭借碉堡和工事，拼命进行反抗。

“必须炸掉它！”营长一挥手，“爆破手，上！”

爆破手跃出战壕。

可是没跑多远，爆破手就被敌人打倒了。

接着，又一名爆破手冲了上去。

仍然没有成功。

接下来，爆破手再次出击……

但接连3次爆破都没有奏效。

为了转移敌人的火力，营长命令8连从担任正面攻击的7连左翼向敌人反复冲击，侦察分队则从7连的右翼实施佯攻。

> 被我军俘虏的国民党军天津警备司令部中将司令陈长捷。

< 被我军俘虏的国民党军第62军军长林伟俦。（左页右图）

< 被我军俘虏的国民党军第86军军长刘云瀚。

∧ 我军缴获的敌装甲汽车等战利品。

< 沈启贤，1955 年被授予少将军衔。

沈启贤

陕西汉阴人。土地革命战争时期，任陕南抗日义勇军第 1 军参谋长，红十五军团警卫团参谋长等职。抗日战争时期，任八路军 115 师 344 旅教导营营长，新编第 4 旅参谋长，新四军第 3 师 10 旅 29 团团长，苏北军区淮海军分区第 1 支队支队长，第 3 师司令部参谋处处长等职。解放战争时期，任吉江军区参谋长，北满军区第 4 军分区司令员、独立第 5 师师长，东北野战军第 36 师师长，第四野战军 49 军 147 师师长、145 师师长等职。

结果，打到后来，因部队伤亡过重，3 营只好在拂晓前撤出战斗。

初次战斗就碰钉子，打得如此不顺，12 纵司令员钟伟和政委袁升平坐不住了。他们立即赶到 3 营阵地。

这时已是 1 月 16 日早晨，天刚刚亮。

在东北野战军中，12 纵队司令员钟伟，是个具有传奇色彩的人物。作为纵队一级的指挥员，除他之外，人人见到林彪都毕恭毕敬。可他却不然，他在林彪面前比较随便，甚至可以对林彪指手划脚，对此，林彪不但不恼，反而还很高兴。钟伟平时不骂人。他骂人都是在打仗的时候。一打起仗来，钟伟的口头禅就出来了："娘卖×，给我冲，不冲老子枪毙你！" 钟伟的作风，导致整个部队都跟他一样好战。

钟伟一到 3 营，不容对方解释，劈头盖脸地就把 36 师师长沈启贤、108 团团长余致泉挨个痛骂了一顿，然后才坐下来听 3 营营长蒋顺学、副营长牛传珍汇报作战情况。

听完汇报，钟伟和袁升平不表态。

接下来，他们去看地形。

等到从前沿阵地回来，钟伟心也就静了下来。他对作战的有关人员说："你们为什么首战失利？问题在于求胜心切，生怕敌人跑了，于是，恨不能一口吃下一个大西瓜，一仗就能把敌人歼灭干净。这样一来，上阵就很仓促，连夜间作战的攻击道路都没有选择好，就动手打了。炮兵也犯了同一个错误，射击目标没有精确捕捉，炮打得倒挺热闹，可效果怎么样？你们自己心里有数，我就不批评你们了。"

钟伟话音刚落，袁升平接着说："打仗既要讲战术，又要讲谋略。要尽量减少不必要的牺牲。下面再打时，你们一定要按照钟司令的指示，进行认真的准备。不打无把握之仗，要打，就要把这一仗打好。"

临走前，钟伟司令员特地决定抽调纵队的炮兵团（欠1营）配属36师指挥，连同师属山炮营，组成火力队，抵近敌人，进行直射，加大摧毁敌人工事的力度，给予步兵突击部队最有力、最直接的支援。

鉴于前次作战的教训，108团团长在纵队司令员和政委离去后，及时组织团、营、连干部重新分析敌情，重新勘察敌情，重新标定炮兵的射击诸元，重新选择突破口及进攻道路，重新研究步炮协同作战等问题。总之，他们要把战前各项准备工作做扎实了，争取届时一剑封喉，拿下材料厂，致敌于死地。

16日下午5时，第二次攻击开始。

一阵猛烈的炮击过后，3营营长蒋顺学亲自率领担任主攻的9连，向敌人的阵地发起冲击。

炮兵经过重新标定诸元，射击精度大大提高，仅仅几炮，就摧毁了材料厂南侧敌人的大碉堡。接着，围墙又被炮兵炸开了很大的口子。

在激越嘹亮的冲锋号声中，战士们纷纷向前冲去，很快就把敌人的防御阵地撕开了一个大口子。

此时，担任助攻的8连沿铁路线突入敌阵。

随后，作为二梯队的团警卫连也及时投入了战斗。

仗越打越顺，经过一番短兵相接的战斗，3营很快歼敌300余人，并俘虏了敌营长。

与此同时，团主力沿着海河堤岸和铁路、公路猛插敌人的侧后，尽可能地阻止敌人向海上逃窜。

紧接着，106团和107团先后跟了上来；103团和105团沿着

108团3营打开的突破口迅速往纵深插入；而104团，则沿着海河南岸，如同一把尖刀，直逼大沽之敌！

随着暮色降临，一场有声有色的追击战进入了高潮。

敌人乱成一团，慌不择路，丢盔弃甲，狼狈逃窜；

我军则士气高昂，越战越勇，如虎添翼，奋起直追！

天将拂晓时，108团4连首先抵达新港；6连尾随其后。这两个连队来了个大包干，一下子就俘虏了聚集在港口正待逃走的全部敌人。而该团5连，则追到海河的另一个港口，拦截了两艘载满敌人且尚未离港的船只。

106团的1营、2营动作不慢，他们相继追到新港附近的一个渡口，俘虏敌人1,500余人。

104、105团也当仁不让地一路追杀，俘获溃逃之敌500余人。

搜索残敌的战斗一直持续到17日下午4时，塘沽追歼战胜利结束。除16日拂晓从海上乘船逃走的敌5个师计5万余人之外，我军12纵共歼残敌3,400人，缴获各种火炮44门，轻重机枪125挺，步枪1,773支，军马300余匹，以及大量的军用物资。

至此，天津战役圆满划上了一个句号。

4. 天津方式

天津解放了！

踏着烽火硝烟，一位身穿普普通通的棉布军装，戴着一副高度近视眼镜，已是人到中年的干部，随攻城部队一道，徒步走进了天津。

他就是大名鼎鼎的黄克诚。

黄克诚在我军将领们中，属于老资格了。他是湖南永兴人，1925年入党，1928年初在湘南起义中参与领导永兴起义，率部随朱德、陈毅来到井冈山，历任中国工农革命军团长、师政治委员、军政治部主任、红一方面军政治部组织部部长、红军总政治部组织部部长等职。抗战中，他担任过冀鲁豫军区司令员兼政治委员和军政委员会书记，领导创建了冀鲁豫根据地。抗战进入尾声，黄克诚考虑到内战势不可免，为了应对国民党军队的大规模进攻，我党必须尽快创建连成一片的总战略根据地，而东北正是这一战略目标的理想之地，于是，经向党中央提议，他迅速带兵北上，来到东北。随后，他历任西满军区司令员，东北民主联军副司令员兼后勤司令员、政治委员，中共冀察热辽分局书记兼冀察热辽军区政治委员，东北野战军第2兵团政治委员等职，为创建和巩固西满、冀察热辽根据地，为夺取东北解放战争的胜利建立了不朽的功勋。接下来，随着东北野战军入关，天津的解放，中央任命黄克诚作为这座城市的军管会主任，前来天津代表中国共产党执政。

黄克诚没有乘车，也没有骑马。他是一步一步走进天津的。

他来到军管会的办公室，对外界宣布，由他黄克诚任主任，谭政、黄敬为副主任，黄火青、张友渔、李聚奎、钟伟、袁升平、王世英等为委员的中国人民解放军天津军事管制委员会即日成立。该军管会为天津军事管制期间的最高权力机关，统一全市军事、政治、经济、文化等管制事宜。同时，黄克诚还对内宣布："我黄克诚进天津时穿着这身衣服，有一日出天津时，还是穿着这身衣服，保证原封不动！"

黄　敬

北京人。土地革命战争时期，任山东大学中共地下党支部书记，中共青岛市委宣传部部长，中共北平市委宣传部部长、市委书记等职。抗日战争时期，任中共晋察冀区委员会书记，冀中区党委书记，冀鲁豫区党委书记，平原分局书记，平原军区政治委员等职。解放战争时期，任晋察冀边区财经办事处主任，华北军区后勤司令部政治委员，华北人民政府企业部部长，天津市市长等职。

黄火青

湖北枣阳人。土地革命战争时期，任红14军第1团政治委员兼参谋长，江南省委兵运书记，红军学校总支书记，红14军政治委员，红九军团政治部主任，红四方面军政治部军人工作部部长等职。抗日战争时期，任新疆反帝总会秘书长，中央党校秘书长等职。解放战争时期，任冀察热辽中央分局副书记兼组织部部长、冀察热辽军区副政治委员兼政治部主任、中共热河省委书记，等职。

张友渔

山西灵石人。土地革命战争时期，任天津汉文《泰晤士晚报》总编辑，北平《世界日报》总主笔，燕京大学、北平大学法商学院等院校教授。抗日战争时期，任中共山东、豫鲁联络局书记，中共中央南方局文委秘书长等职。解放战争时期，任中共四川省委副书记兼宣传部长，重庆《新华日报》社长、晋冀鲁豫边区政府副主席兼秘书长，中共华北局秘书长等职。

∧ 天津解放后，我军宣传队在街头进行宣传。

＜ 天津首任市长黄敬在祝捷大会上发表讲话。

就在这一天，以黄敬为市长、张友渔为副市长的天津市人民政府随后宣告成立了。

天津，经过战火的洗礼，沐浴着阳光，走向了新生！

然而，离天津不远的另一座大城市北平，仍被国民党军队占据着；由北平向南、向西乃至大半个中国，尽管“蒋家王朝”处于风雨飘摇、朝不保夕之中，但蒋介石手中还有一百多万军队，旧的腐朽的政权还没有被彻底摧毁，人民解放战争还将继续进行下去。那么，刚刚结束的天津战役，将对于今后战争格局的改变，起到什么作用和影响？

平津前线司令部发言人在天津战役结束时，曾向新华社记者谈及这次战役的特点：“第一，这次天津战役我军以雄厚的兵力首先截断和包围了天津、塘沽两地的守敌18万余人，在这一水网地区打烂了敌津塘守备区的防御体系，随即在扫除天津外围和完成周密的准备工作后，于1月14日、15日两日，以29小时的激战，攻克敌人坚固设防的华北最大工商业城市天津，全歼守敌13万余”。“第二，这次战役的特点，又表现在我军各兵种的协同动作更加熟练，这说明我军正规化作战的战术大大地前进了一步"。"第三，人民群众热烈地支援前线和东北、华北两只兄弟野战军胜利会晤配合作战，是这次战役迅速获得胜利的重要因素"。"第四，这次战役的另一特点，表现在我军严格执行党的政策和遵守群众纪律。"

事隔两个多月，毛泽东提到天津战役，是在1949年3月上半月举行的中共七届二中全会上，他把天津作为解决国民党军队的一种方式。

毛泽东说："辽沈、淮海、平津三大战役以后，国民党军队的主力已被消灭。国民党的作战部队仅仅剩下一百多万人，分布在新疆到台湾的广大的地区内和漫长的战线上。今后解决这一百多万国民党军队的方式，不外天津、北平、绥远三种。用战斗去解决敌人，例如解决天津的敌人那样，仍然是我们首先必须注意和必须准备的。人民解放军的全体指挥员、战斗员，绝对不可以稍微松懈自己的战斗意志，任何松懈战斗意志的思想和轻敌的思想，都是错误的……。"

在这次讲话中，毛泽东提出了"天津方式"。具体地讲，天津方式，就是"用战斗去解决敌人。"天津守敌13万人，凭借坚固的工事，拒绝我军提出的和谈条件，我军仅用29个小时就将其全部歼灭。这次战役，将给国民党军队以极大的震慑，也就是像毛泽东所说的那样，"一切不明大义，不愿服从人民意志，企图负隅顽抗的人们只能有天津战役的下场；中国人民和中国人民解放军对他们则只好用天津方式加以解决。"

这是对国民党军队提出的严厉警告。

这也是给国民党军队指出的一条出路与方向。

实际上，天津方式已经成为一把高悬于敌人头顶的一把那达摩克利斯之剑，敌人的任何顽抗都将无济于事，到头来，只能是自取灭亡！

就在天津战役进入尾声的时候，傅作义得知陈长捷被俘，当场扔下了正在与陈长捷通话的送话器，身子朝后一仰，瘫倒在座椅上。

> 1949年3月，毛泽东在中共七届二中全会上作报告。

∧ 罗荣桓、林彪、聂荣臻、刘亚楼（右起）在北平前门箭楼上检阅我军入城部队。

> 天津军民举行隆重祝捷大会和声势浩大的游行庆祝天津解放。

人民解放军天津一战，把傅作义企图通过和谈向我军讨价还价的幻想破灭了，同时，还把他从海上逃跑的幻想破灭了。此时的傅作义，已经没有退路，面对兵临城下的解放军，最终，他只能接受北平和平解放。

从1月22日起，北平城内的20多万国民党军队陆续开出城外，进行改编。

1月31日，我人民解放军进驻北平城内。

2月3日上午10时，人民解放军举行了隆重的人城仪式。

古都北平，获得了新生！

而北平的和平解放，与天津战役的胜利密不可分。

天津攻坚战，促进了北平和平解放，并作为解决国民党残余的一百多万军队的一种方式，将大大加速全国解放的进程。

至此，中国人民解放战争的全面胜利，已经为期不远了！

看，一轮红日，正在中国这片古老而又年轻的大地上，冉冉升起……

❶ 我军战士们把俘虏押上帆船，运送到后方。

★ ②

★ ③

★ ④

★ ⑤

❷ 我军某部追击向山区逃窜之敌。
❸ 我军某部正日夜兼程向前线进军。
❹ 我军某部急行军，追歼逃敌。
❺ 我军在严寒中打击敌人。

梁必业

（时任东北野战军第1纵队政治委员）

15日5时，部队开始向敌警备司令部发起攻击。1师政治委员黄玉昆给1团团长刘海清打电话，鼓励他们一鼓作气，迅速拿下敌警备司令部，活捉陈长捷。

部队听说要抓陈长捷，忘记了饥饿和疲劳，决心大显身手。

部队冒着猛烈的交叉火力，先后拿下敌警备司令部东西两侧制高点，2营的战士们敏捷地冲进敌司令部大门，勇猛拼杀，由楼下打到楼上，占领了大楼，歼灭和俘虏了一批敌人。

6连副排长邢春福从俘虏中了解到陈长捷在警备司令部大院的忠烈祠地下室，马上带领战士傅泽国、王义凤冲进去，先后缴了20多个参谋人员的枪支。

正在作战室里与傅作义通电话的陈长捷，以及中将副司令秋宗鼎，少将高参杨威和蒋介石派来的视察官程子践等7名高级将领，被我们的战士俘获……

——摘自：梁必业《摧金汤 擒敌酋》

黄克诚

(曾任东北民主联军第3师师长)

……4月中旬，马歇尔从美国返回中国，美国政府支持蒋介石打内战的阴谋已经明朗化了。

在此情况下，我军再固守据点已无意义，应当把大城市暂时让出来，给国民党军队背上这个包袱。

当林彪移驻四平附近时，我向林彪谈了我的想法和建议，并同时把西满部队的主力部队全部交给林彪统一指挥，以便部署大规模作战。

——摘自：黄克诚《从苏北到东北》

《聚歼天津卫》《解放大上海》《合围碾庄圩》《进军蓉城》
《保卫延安》《血拼兰州》《喋血四平》《剑指济南府》
《鏖战孟良崮》《席卷长江》《攻克石家庄》《总攻陈官庄》
《围困太原城》《登陆海南》《兵发塞外》《重压双堆集》

1.部分图片由解放军画报社供稿

摄影作者(按姓氏笔画排列)：

于天为	于庆礼	于成志	于　坚	于　志	于学源	马金刚	马昭运	马硕甫	化　民	孔东平	毛履郑
王大众	王文琪	王长根	王仲元	王纪荣	王甫林	王纯德	王国际	王　奇	王学源	王　林	王述兴
王青山	王春山	王振宇	王晓羊	王　鼎	王　毅	邓龙翔	邓守智	丕　永	冉松龄	史云光	史立成
田　丰	田建之	田建功	田　明	白振武	石嘉瑞	艾　莹	边震遐	任德志	刘士珍	刘长忠	刘东鳌
刘　叶	刘庆瑞	刘寿华	刘保璋	刘　峰	刘德胜	华国良	吕厚民	吕相友	孙天元	孙庆友	孙　候
安　靖	成　山	朱兆丰	朱　赤	朱德文	江树积	江贵成	纪志成	许安宁	齐观山	何金浩	余　坚
吴　群	宋大可	张　平	张　宏	张国璋	张　举	张炳新	张祖道	张崇岫	张鸿斌	张谦谊	张　超
张颖川	张　熙	张醒生	张　麟	时盘棋	李　丁	李九龄	李久胜	李书良	李夫培	李文秀	李长永
李　风	李克忠	李国斌	李学增	李家震	李　晞	李海林	李基禄	李　清	李维堂	李雪三	李景星
李　琛	李　锋	李瑞峰	杜　心	杜荣春	杜海振	杨绍仁	杨绍夫	杨　玲	杨荣敏	杨振亚	杨振河
杨晓华	沙　飞	肖　迟	肖　里	肖　孟	肖　瑛	苏卫东	苏中义	苏正平	苏河清	苏绍文	谷　芬
邹健东	陆仁生	陆文骏	陆　明	陈一凡	陈书帛	陈世劲	陈希文	陈志强	陈福北	周有贵	周　洋
周　鸿	周　锋	周德奎	孟庆彪	孟昭瑞	季　音	屈中奕	林　杨	林　塞	罗　培	苗景阳	郑景康
金　锋	姚继鸣	姚维鸣	姜立山	祝　玲	胡宝玉	胡　勋	赵　化	赵　良	赵　奇	赵明志	赵彦璋
郝长庚	郝世保	郝建国	钟　声	凌　风	唐志江	唐　洪	夏志彬	夏　枫	夏　苓	徐　光	徐肖冰
徐　英	徐振声	流　萤	耿　忠	袁汝逊	袁克忠	袁绍柯	袁　苓	贾　健	贾瑞祥	郭中和	郭　良
郭明孝	钱嗣杰	陶天治	高　凡	高礼双	高　帆	高　宏	高国权	高洪叶	高　粮	崔文章	崔祥忱
常　春	康矛召	曹兴华	曹　宠	曹冠德	盛继润	章　洁	野　雨	隋其福	雪　印	博　明	景　涛
程　立	程　铁	童小鹏	董　青	董　海	蒋先德	谢礼廓	雁　兵	韩荣志	鲁　岩	楚农田	照　耀
路　云	熊雪夫	蔡　远	蔡尚雄	裴　植	潘　沼	黎　民	黎　明	冀连波	冀　明	魏福顺	

(部分照片作者无记载：故未署名)

2.部分图片由gettyimages供稿